WIEN MUSEUM

NAGOYA

DAS WERDEN DER JAPANISCHEN GROSSSTADT

VERLAG ANTON PUSTET

Nagoya. Das Werden der japanischen Großstadt.
344. Sonderausstellung des Wien Museums

Wien Museum Karlsplatz
7. Februar – 4. Mai 2008

Ausstellung

Konzeptteam
Eitaro Mizutani
Haruki Tanaka
Wolfgang Kos
Isabel Termini

KuratorInnen
Haruki Tanaka (Nagoya City Museum)
Isabel Termini
Wolfgang Kos

Mitarbeit Nagoya City Museum
Yoshihiro Inoue
Chifumi Kirihara
Izumi Kojima
Yūji Taneda
Kazuyuki Torii

Wissenschaftliche Beratung
Sepp Linhart

Kuratorische Assistenz
Kazuo Kandutsch

Produktion
Barbara Denk
Reinhard Pohanka

Ausstellungsarchitektur
BWM Architekten und Partner /
Johann Moser, Christoph Panzer

Ausstellungsgrafik
Perndl+Co / Nina Pavicsits,
Josef Perndl

Übersetzung
Mine Scheid-Katayama

Audiovisuelle Medien
Cat-x conceptual art technologies

Restaurierung
Christine Maringer
Gertrud Wieser
Elisabeth Woelfl-Graff

Registrar
Christiane Rainer
Katrin Sippel

Aufbau
Artex Kunstausstellungsservice GmbH
Werkstätten Wien Museum /
Josef Brunner, Andreas Faigl,
Johann Frantsich, Günter Fröhlich,
Herbert Hawel, Christian Hofer,
Christian Schierer

Presse
Peter Stuiber
Barbara Wieser

Marketing und Kommunikation
Alexander Pazdernik
Martina Tichy

Bildung und Vermittlung
Edith Fridrich
Clara Kaufmann
Daniela Sommer
Christine Strahner
Isabel Termini

Katalog

HerausgeberInnen
Isabel Termini, Wolfgang Kos

Produktion
Kazuo Kandutsch

Wissenschaftliche Beratung
Sepp Linhart

Redaktionelle Mitarbeit
Edith Fridrich
Walter Öhlinger

Gestaltung
Perndl+Co / Roland Hörmann,
Nina Pavicsits

Übersetzung
Mine Scheid-Katayama

Lektorat
m∞bius

Lithografie
Pixelstorm, Wien

Schrifttype
Gravur Condensed

Papier
Magno Satin 170 g/m²

Druck
REMAprint, Wien

AutorInnen Objektteil
NCM	Nagoya City Museum:
	Tadaharu Andō
	Mai Harada
	Yoshihiro Inoue
	Izumi Kojima
	Yoshiko Noba
	Mikio Ogawa
	Kōji Yamada
CK	Chifumi Kirihara
EF	Edith Fridrich
HI	Hiroshi Ishihara
HT	Haruki Tanaka
IT	Isabel Termini
JW	Johannes Wieninger
KY	Kōji Yamada
MH	Mai Harada
PS	Peter Stuiber
SL	Sepp Linhart
WK	Wolfgang Kos
WM	Wolfram Manzenreiter
YT	Yūji Taneda

Verlag Anton Pustet
Salzburg – Wien – München
A-5020 Salzburg, Bergstraße 12
www.verlag-anton-pustet.at

ISBN 978-3-7025-0589-9

Hauptsponsor des Wien Museums

Ausstellungssponsoren

Kooperationspartner

Eine Kooperation mit dem
Nagoya City Museum

„Marsch von Groß-Nagoya", 1931

Sapporo

Sendai

Tokio
Yokohama Chiba
Nagoya
Kioto
Kobe
Hiroshima
Osaka
Kitakyūshū
Fukuoka

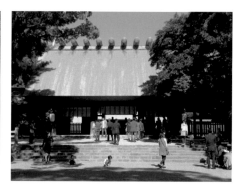

Stadtansichten von Nagoya, 2007
li. Burg, Torii vor dem Atsuta-Großschrein, Atsuta-Großschrein
re. Toyota Tower, Blick zum Bahnhof, Golfabschlagplatz
(5.27)

Vorwort

Diese Ausstellung ist bereits die vierte Zusammenarbeit von Wien Museum und Museum der Stadt Nagoya. Das Wien Museum schlug diesmal das Thema vor, nämlich *Nagoya. Das Werden der japanischen Großstadt*. Traditionelle Kunstgegenstände aus Japan sind in Europa schon mehrfach vorgestellt worden, doch kann es als singuläre Neuheit bezeichnet werden, dass die Geschichte einer einzigen japanischen Stadt bis herauf in die Gegenwart zum Gegenstand einer Ausstellung gemacht wurde.

Nagoya war seit seiner Grundsteinlegung im 17. Jahrhundert eine generalstabsmäßig geplante Stadt. Die planmäßige Urbanisierung setzte sich auch in der Moderne fort, etwa in der Umsetzung eines kühnen Wiederaufbauplans nach dem Zweiten Weltkrieg, der in ganz Japan als vorbildlich angesehen wurde. Nagoya ist aber auch eine Stadt der Industrie, die traditionelles Handwerk mit fortschrittlicher Technologie zu verbinden weiß, und stellt das Zentrum einer Region dar, die sich der effektivsten Produktionsrate in ganz Japan brüsten darf.

Dass die Geschichte dieser Stadt, die in Österreich bisher noch nicht allzu bekannt sein dürfte, nunmehr durch das Wien Museum vorgestellt wird, erfüllt mich mit großer Freude. Die Bemühungen des Wien Museums, das die Darstellung der urbanen Entwicklung in Japan am Beispiel Nagoyas nicht nur plante, sondern auch durchführte, sind dabei gar nicht hoch genug einzuschätzen.

Ich möchte aber auch alle anderen Institutionen erwähnen, ohne die diese Ausstellung nicht zustande gekommen wäre. Vor allem dem Kunstmuseum der Präfektur Aichi und dem Nagoya Urban Institute, die uns diverse Exponate zur Verfügung stellten, sowie den Firmen Toyota, Noritake und Brother gebührt unser aufrichtigster Dank.

Hiroshi Okada
Geschäftsführender Direktor des Museums der Stadt Nagoya
Vorsitzender des Stadtschulrates Nagoya

Stadtansichten von Nagoya, 2007
li. Sakae-machi, Fernsehturm, Love-Hotel
re. Rundblick vom Urban Institute, Geschäftszentrum Sakae-machi, Oasis 21
(5.27)

Vorwort

Vor 136 Jahren gab es bereits prominenten Besuch aus Nagoya, der damals schon viert-
größten Stadt Japans. Einer der berühmten goldenen „shachi"-Fische vom Dach der Burg,
bis heute Wahrzeichen Nagoyas, wurde 1873 als Blickfang im Japan-Pavillon der Wiener
Weltausstellung gezeigt. Diesmal kommen die „shachi" zwar nicht in Originalgröße, dafür
aber in vielen Versionen: als Modell, auf prachtvollen Holzschnitten, auf einem bemalten
Wandschirm, auf einer Miso-Werbung aus der Meiji-Zeit, als knallfarbene Plastiksouvenirs
von heute. Allein diese Aufzählung zeigt die Vielfalt der Exponate. Jedoch möchte diese
Ausstellung mehr sein als eine exotische Schatzkiste, so kostbar und außergewöhnlich das
Gezeigte auch ist: Ob virtuoses Kunstgewerbe, Bordellrechnung oder Tramwaymodell – die
Bilder und Objekte treten nicht als Solitäre auf, sondern als Zeitzeugen in einer großen und
faszinierenden Geschichte.

Thema ist der Wandel japanischer Stadtkultur zwischen Tradition und westlichem Einfluss.
400 Jahre japanische Großstadtgeschichte am Exempel von Nagoya: 1610 gegründet als
feudale Burgstadt, in der zehntausende Samurai lebten; Zentrum der neuen Populärkultur
der Edo-Zeit; in die Moderne katapultiert im späten 19. Jahrhundert und innerhalb weniger Jahrzehnte zur Millionenstadt geworden. Nach den Zerstörungen von 1945 wird das
neue Nagoya zum Paradebeispiel des urbanen Funktionalismus, eine riesige Rasterstadt
mit breiten, schnurgeraden Straßen. Heute liegt Nagoya inmitten einer dicht besiedelten
Industrieregion mit über acht Millionen Bewohnern. Nach Jahrzehnten des ungehemmten
Wachstums gilt das Nagoya der Gegenwart in Japan als ökologische Musterstadt.

Das Ausstellungskonzept wurde über drei Jahre hinweg im intensiven Austausch zwischen den langjährigen Partnern Nagoya City Museum und Wien Museum entwickelt. Es wurde versucht, Kultur, Wirtschaft, Lifestyle und Alltag zueinander in Beziehung zu stellen, anders als in den meisten Japan-Ausstellungen, die auf pure Ästhetik setzen.

Für den lebhaften Dialog bedanke ich mich bei den vielen Beteiligten in beiden Häusern, insbesondere beim umsichtigen Chefkurator Haruki Tanaka, der die Ausstellung in Nagoya koordinierte, sowie bei Eitaro Mizutani, der in der Vorbereitungsphase wichtige Weichen stellte. Und bei Isabel Termini, die mit enormem Einsatz die Umsetzung in Wien und die Herausgabe des Katalogs betreute. Unverzichtbar war die fachliche Beratung durch den Japanologen und Soziologen Sepp Linhart. Als Assistent und Katalog-Producer bewährte sich Kazuo Kandutsch, der in der Schlussphase zum Team stieß.

Ein großer Dank geht auch an BWM Architekten und Partner (räumliche Gestaltung) und Perndl+Co (grafische Gestaltung), deren Interesse an japanischer Kultur den gemeinsamen Kreativprozess belebt hat. Wichtig war die große Japan-Erfahrung von Reinhard Pohanka; in der „heißen Phase" übernahm dann Barbara Denk souverän die Produktionsleitung. Herzlich bedanken möchte ich mich vor allem bei den Sponsoren der Ausstellung, Brother und Toyota. Beide Unternehmen haben ihre Wurzeln und ihre Headquarters in Nagoya.

Vielleicht ist diese Ausstellung ein Beitrag zum internationalen Wissensaustausch zwischen Museen und Stadtkulturen mit vielen Unterschieden, aber auch erstaunlich vielen Parallelen.

Wolfgang Kos
Direktor Wien Museum

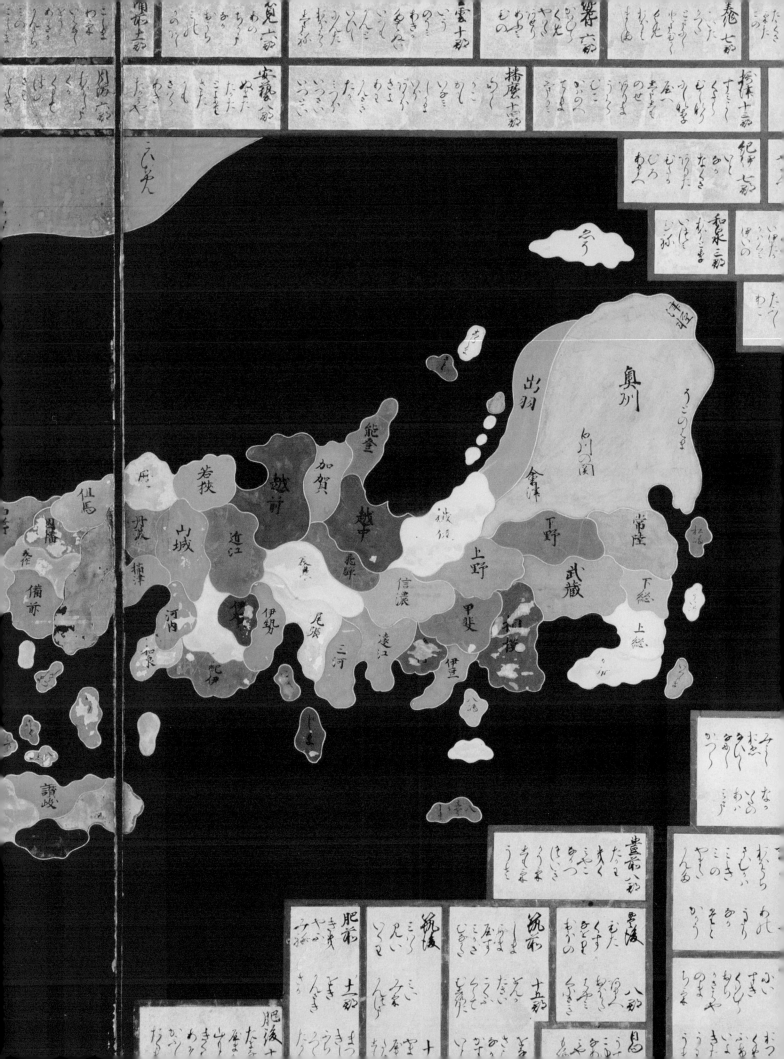

BEITRÄGE
GESCHICHTE
UND GEGENWART

Keizō Kitajima
PORTRAITS + PLACES
1992–2007

Wolfgang Kos

PORTRAITS + PLACES ist ein Langzeitprojekt des 1954 in der Präfektur Nagano geborenen und heute in Tokio lebenden bedeutenden japanischen Fotokünstlers. Seit 1985 sammelt Keizō Kitajima scheinbar austauschbare Ansichten von – zum Großteil – japanischen Stadtlandschaften. Aus welcher Stadt seine Fotos stammen, ist in seinen Ausstellungen meist unwichtig. Auch in Nagoya hat Kitajima fotografiert. Durch ihre Namenlosigkeit wird den Orten jede Individualität entzogen. Befindet man sich in der Nähe des Zentrums (falls es ein solches gibt) oder irgendwo im Zwischenland einer suburbanen Megalopolis? Typisch für weitmaschige Großstädte wie Nagoya ist, dass Zentren und Peripherien scheinbar nahtlos ineinander übergehen.

„Wenn sich Kitajima entschlossen weigert, die Orte seiner Bilder mit Namen zu versehen, so bedeutet das, dass sie alle vom Himmel oder vom Weltraum aus betrachtet zu einem undifferenzierten Ort verschmelzen."
(Masafumi Fukagawa in *Camera Austria International*, 84 [2003])

In Ausstellungen und Publikationen kombiniert Kitajima die strukturellen Stadtfotografien der Serie *PLACES* häufig mit dem Zyklus *PORTRAITS*. Gezeigt werden Frauen und Männer, deren Alterungsprozess jeweils über mehrere Jahre hinweg dokumentiert wird. Im Foyer des Wien Museums wird während der Ausstellung *Nagoya. Das Werden der japanischen Großstadt* eine DVD-Präsentation von *PORTRAITS + PLACES* gezeigt.

Keizō Kitajima
PORTRAITS + PLACES, 1992–2007

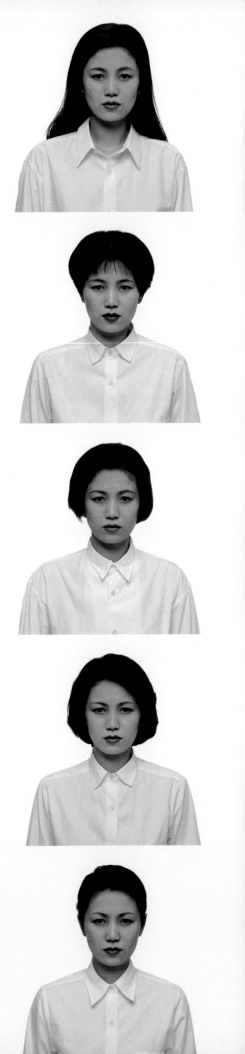

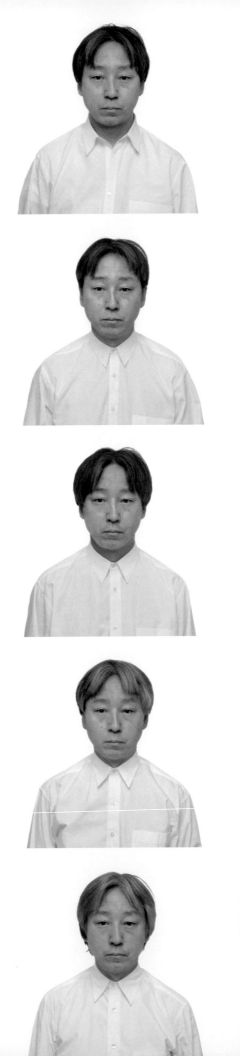

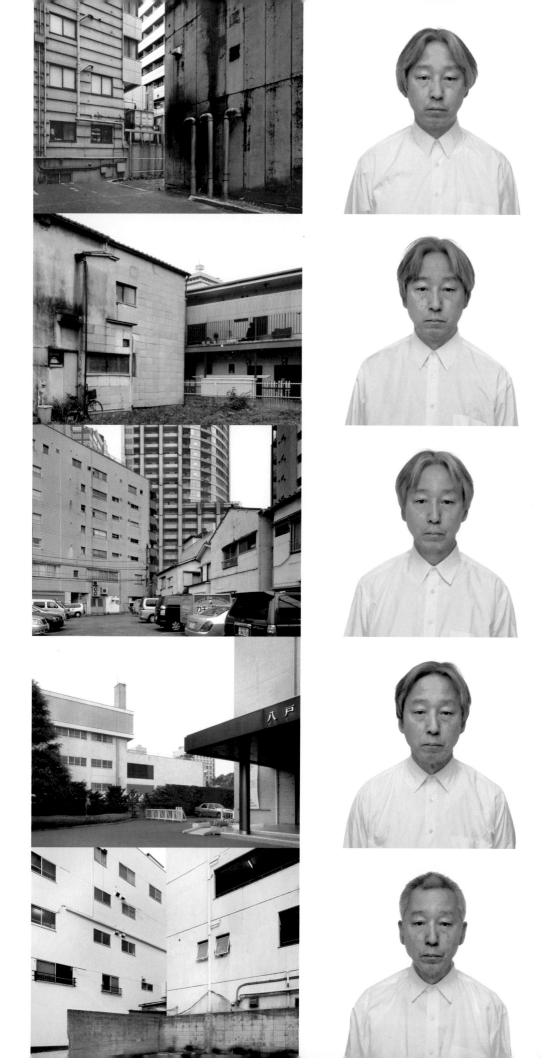

Sepp Linhart

Nach einer im Jänner 2007 veröffentlichten Statistik über die größten städtischen Agglomerationen lag die Stadtregion Nagoya mit neun Millionen Einwohnern an 22. Stelle der Welt, knapp hinter Karatschi, Paris und Istanbul und unmittelbar vor Beijing, Chicago und London. Wien rangierte in der gleichen Statistik an 118. Stelle. Innerhalb Japans befindet sich Nagoya trotz dieser gewaltigen Bevölkerungsansammlung allerdings nur an dritter Stelle. Davor sind Tokio/Kawasaki/Yokohama platziert, die Nummer eins der Welt mit 33 Millionen, sowie Osaka/Kobe/Kioto mit 16 Millionen, immerhin die Nummer sechs der Weltrangliste[1]

Die Megalopolis Nagoya ist natürlich nicht identisch mit der administrativen Stadteinheit Nagoya. Diese umfasst mit 2,1 Millionen Einwohnern nur etwa ein Viertel der gewaltigen Stadtagglomeration. Bereits in der zweiten Hälfte der Edo-Zeit war Nagoya nach Edo, Osaka und Kioto die viertgrößte Stadt Japans. Rund 40.000 Nagoyaner gehörten damals dem Samurai-Stand an. Ihnen standen etwa 50.000 bis 70.000 Bürgerliche (chōnin) gegenüber.[2]

Wenn wir annehmen, dass der Bevölkerungsstand zu Beginn der Meiji-Periode (1868 bis 1912) also etwa 100.000 Menschen betrug, dann war in den nächsten 50 Jahren schon eine beträchtliche Bevölkerungszunahme zu verzeichnen: 1920, als in Japan der erste Bevölkerungszensus durchgeführt wurde, hatte sich Nagoyas Bevölkerung auf 430.000 vervierfacht. Nur zehn Jahre später, 1930, hatte sie sich auf 1,12 Millionen mehr als verdoppelt.

Der Marsch von Groß-Nagoya

Im Jahr 1931, kurz nachdem Nagoya zur Millionenstadt aufgestiegen war, erschien der Schlager *Dai-Nagoya kōshinkyoku* (Marsch von Groß-Nagoya), dessen Musik vom damals berühmtesten japanischen Schlagerkomponisten, Shinpei Nakayama, und dessen Text von einem bekannten Dichter, Yaso Saijo, stammt.[3] Das aus heutiger Sicht Interessante daran ist der sich in diesem Liedtext offenbarende, anscheinend unbegrenzte Fortschrittsglaube. Die Modernität, symbolisiert durch diverse Industrien, den neuen Hafen, die breite Hirokōji-Straße, scheint in dieser Stadt nie enden zu können. Sprachlich findet diese Dynamik der Modernität ihren Ausdruck in der Verwendung des Wortes „nobiru" (wachsen, sich entwickeln, einen Fortschritt machen), das in den insgesamt sieben Strophen gleich zwölfmal vorkommt. Selbstverständlich spielt diese Häufung von „nobiru" auch auf die große Nōbi-Ebene an, deren Mittelpunkt eben Nagoya bildet. Wo sonst, wenn nicht in der „Ebene des Wachstums", die natürlich mit anderen Schriftzeichen geschrieben wird, sollte sich denn eine Großstadt so prächtig entwickeln können?

1 Vgl. City Mayors Statistics, *The largest cities in the world by land area, population and density* (http://www.citymay ors.com/statistics/largest-cities-population-125.html), eingesehen am 29.10.2007.

2 Vgl. Nagoya-shi Hakubutsukan (http://www. museum.city.nagoya.jp/jyose tuten9.html), eingesehen am 29.10.2007.

3 Yaso Saijo (Text), Shinpei Nakayama (Musik), Chikashi Matsubara (Arrangement), *Dai-Nagoya kōshinkyoku*, Tokio: Bikuta- shuppansha, 1931 (= Bikuta- Ha-monika Chōtokusen Gakufu 19).

Satellitenaufnahme Großraum Nagoya, 1989

Seki

Mino-
kamo

Kani

Toki

Gifu

Inuyama

Tajimi

Kōnan

Ogaki

Ichinomiya

Komaki

Seto

Inazawa

Kasugai

Nagoya
City

Isushima

Toyota

Toyoake

Kuwana

Tokai

Ōbu

Okazaki

Kariya

Anjō

Yokkaichi

Toyo-
kawa

Handa

Nishio

Toko-
name

Toyohashi

Suzuka

Kame-
yama

Tsu

Matsu-
saka

Ise

200.000–400.000 Einwohner

100.000–200.000 Einwohner

Aufgrund der Kriegswirren gab es in der Folge allerdings ein leichtes Auf und Ab, aber 1960 zählte Nagoya bereits knapp 1,6 Millionen Einwohner, und 1970 hatte es endgültig die Zwei-Millionen-Grenze überschritten. Seither nahm die Einwohnerzahl nur noch geringfügig zu.[4]

Die Kenntnis solcher Statistiken ist für eine Auseinandersetzung mit den Freizeit-aktivitäten der Stadtbewohner insofern von Bedeutung, als mit der Einwohnerzahl die Unterhaltungsmöglichkeiten deutlich ansteigen. Von einer zentralen Stadt inmitten einer riesigen Bevölkerungsagglomeration wie dem heutigen Nagoya kann man sich praktisch alles erwarten, was an Freizeit-, Unterhaltungs- und Erholungseinrichtungen im urbanen Bereich möglich ist, während es sich mit der Burgstadt Nagoya zu Beginn der Meiji-Zeit noch völlig anders verhielt.

Bevölkerungsstatistik

Für die Charakterisierung der Stadt Nagoya sind vielleicht noch zwei kurze Blicke auf die Bevölkerungsstatistik aussagereich. Am 1. Oktober 2004 waren rund 13 Prozent der Bewohner von Nagoya Kinder (null bis 14 Jahre); 18 Prozent gehörten zur Jugend (15 bis 29 Jahre); die Gruppe der Erwachsenen (30 bis 64) umfasste zirka 49 Prozent, und rund 19 Prozent waren 65 Jahre und älter, also Senioren.[5] Damit entsprach Nagoya dem gesamtjapanischen Trend einer alternden Gesellschaft: Die Kategorie der Senioren beinhal-tete schon deutlich mehr Menschen als die der Kinder, und während die beiden jüngeren Altersgruppen auch in den nächsten Jahren eine Abnahme erwarten ließen, war für die höchste Altersgruppe ein deutlicher Anstieg prognostiziert.

Die Berufsstatistik zeigt, dass von den am 1. Oktober 2005 rund 1.090.000 Erwerbstäti-gen Nagoyas weniger als ein Prozent in der Primärindustrie tätig waren, hingegen zirka 25 Prozent in der Sekundärindustrie. Letztere verteilten sich zu einem Drittel auf Arbeitnehmer der Bauindustrie und zu zwei Dritteln auf solche der produzierenden Industrie. Auf die terti-äre Industrie, den Dienstleistungssektor, hingegen entfielen mehr als 70 Prozent.[6] Das heißt, dass Nagoya heute im Wesentlichen die Kriterien einer postindustriellen Stadt erfüllt.

4 Vgl. *Nagoya Metropolitan, City & Suburban Population from 1920* (http://www.demographia.com/db-jp-nagsub.htm), eingesehen am 29.10.2007.

5 Vgl. *City of Nagoya: Population* (http://www.city.nagoya.jp/global/en/sketch/nagoya00013838.html), eingesehen am 29.10.2007.

6 Vgl. ebd.

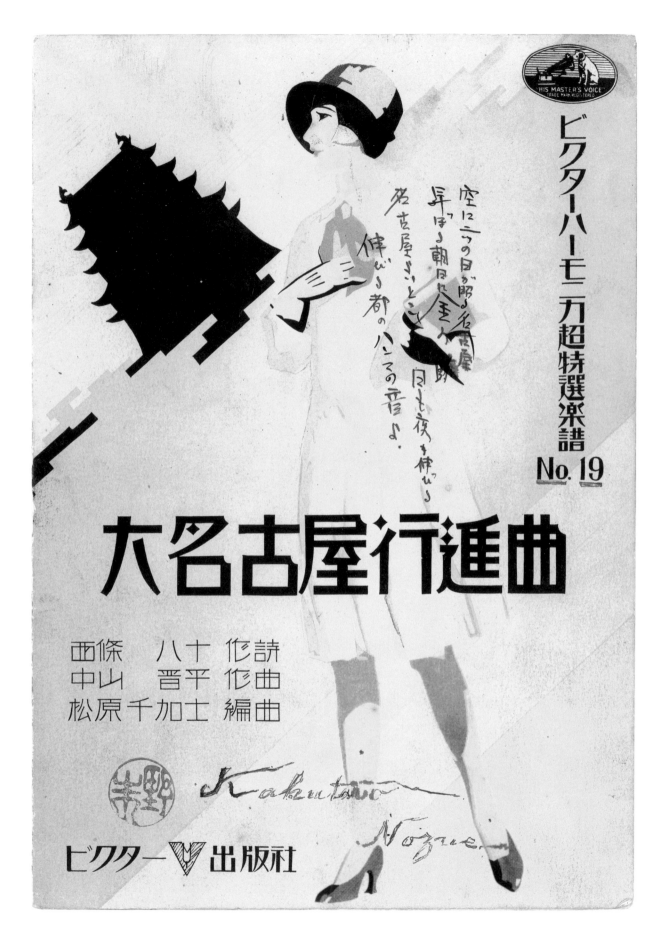

„Der Groß-Nagoya-Marsch", Notenheft, 1931
(3.72)

Wolfgang Kos

Beim Durchblättern von Japan-Reiseführern vor der Abreise stellt sich Irritation ein. Fast alle Guides widmen Nagoya nur wenige Seiten. Typische Einleitungssätze: „Es gibt nicht unbedingt viele Gründe, warum man seine Zeit ausgerechnet in Nagoya verbringen sollte. Die Stadt ist zwar nach Tokio, Yokohama und Osaka viertgrößte des Landes, doch ist sie nicht gerade mit Sehenswürdigkeiten gesegnet." Immerhin wird auf einige Highlights hingewiesen: Auf die 1959 wieder aufgebaute Burg, den Atsuta-Großschrein oder das glanzvolle Museum der Tokugawa-Dynastie. Charakterisiert wird Nagoya als „Industriestadt, die vom Firmenimperium Toyota dominiert wird". Touristisches Ranking und objektive Bedeutung widersprechen einander. Denn Nagoya ist ein hochtouriger wirtschaftlicher Umschlagplatz – für Industrieprodukte ebenso wie für postindustrielle Dienstleistungen. Der Handelshafen ist der größte Japans. Auf im Meer aufgeschütteten „landfills" stapeln sich kilometerweit Container: USA, China, Südostasien, Australien. Einen internationalen Airport gibt es erst seit einigen Jahren. Anlässlich der Expo 2005 in Aichi wurde er – wie jener von Osaka – auf einer künstlichen Insel im Meer errichtet, natürlich mit High-Speed-Shuttle nach Nagoya City. Architektonisch ist er first class.

Viele Zentren, viele Peripherien

Offiziell trägt der Flughafen von Nagoya den Namen Centrair, bedient er doch die gesamte Zentralregion zwischen den beiden Mega-Agglomerationen Tokio und Osaka/Kioto/Kōbe. „Chūkyō", mittlere Metropole, nannte man das aufstrebende Nagoya schon vor 300 Jahren. Mit über 100.000 Einwohnern war die 1610 quasi über Nacht durch Fürstenbefehl gegründete Burgstadt schon in der Edo-Zeit eine im Vergleich zu Europa außergewöhnlich große Stadt. Das von Gebirgen zerfurchte Hinterland ist bis heute provinziell, aber die Küstenebene rund um die Ise-Bucht ist dicht besiedelt. Oder, besser gesagt, mitteldicht, denn beim Gleiten über die omnipräsenten Stelzenautobahnen (rund 70 Kilometer der Schnellstraßen Nagoyas sind „elevated") streift der Blick über ein uferloses, hybrides Kontinuum von Zentren und Peripherien, ohne markante Übergänge zwischen urban und suburban.

Ein „endloses Dorf" nennt Museumskollege Haruki Tanaka seine Stadt. Das ist nicht nur ironisch gemeint, da schwingt auch sanfte Sympathie mit, denn das Leben ist hier weniger hektisch und überreizt als in Tokio. Nagoya ist eine ziemlich normale Großstadt, eine „working city", keine Glamourstadt mit Prestige-Skyline. Zwar XXL, aber gut organisiert, pragmatisch, ohne Zuspitzungen. Erst in allerletzter Zeit wachsen spektakuläre Hochhausfinger aus der von breiten, schnurgeraden Straßen und diversen Leerstellen unterbrochenen Regelbebauung mit zweigeschoßigen bis mittelhohen Gebäuden, zumeist Quader ohne Eigenschaften. Nachdem man in den Wildwuchszeiten der „bubble economy" wenig Rücksicht auf die historische Bausubstanz und die Ästhetik des Stadtbilds genommen hatte und die Umweltbelastungen unerträglich geworden waren, startete die Stadtverwaltung in den 1990er Jahren eine „Urban Renaissance". Seither lautet das Ziel „qualitatives Wachstum" (de facto wachsen die japanischen Städte längst nicht mehr und kämpfen nun mit Überalterung). Noch immer ist Nagoya eine exemplarische Autofahrerstadt, hat aber mittlerweile Maßnahmen zur ökologischen Trendwende gesetzt und gilt in Japan als „Hauptstadt der Mülltrennung". Nagoya ist für das Werden und das heutige Erscheinungsbild der japanischen Großstadt also wesentlich repräsentativer als die „global city" Tokio oder die einstige Kaiserstadt Kioto.

Keine eindeutigen Stadtränder

Wie groß ist Nagoya? Eine schwer zu beantwortende und eher theoretische Frage, da die 2,3-Millionen-Stadt nur im administrativen Sinne eine Außengrenze hat und nahtlos in einen Ballungsraum übergeht, der drei Präfekturen und dutzende Städte umfasst. Hier leben im

**Bildrolle mit Rundpanorama, wie es sich von der Burg
von Nagoya aus darstellt, 18. Jahrhundert**
(1.16)

Nahverkehrsradius mehr als acht Millionen Menschen. In kaum einem anderen Land ist der Prozess der Verstädterung in so raschen und plötzlichen Schüben abgelaufen wie in Japan. Nagoya ist dafür ein Paradebeispiel. Und auch dafür, dass die urbane Kultur in Japans Gesellschaftsgeschichte immer das entscheidende Ferment für bahnbrechende Neuerungen war. Nicht das angeblich unveränderlich „Traditionelle" der „alten" japanischen Kultur – ein typisches Konstrukt interkultureller Faszination – steht im Zentrum dieser Ausstellung, sondern das städtische Kultur- und Wirtschaftsleben als Prozess permanenter Veränderung im Spannungsfeld zwischen Tradition und aus dem Westen importierter Moderne. Wohlhabende Großstädte wie Nagoya waren bereits in der späten Edo-Zeit, also in der ersten Hälfte des 19. Jahrhunderts, Trendbörsen für Neuerungen, vor allem in der populären Massenkultur. Vieles, was seit der Japonismusmode des späten 19. Jahrhunderts in Europa als „traditionell japanisch" gilt, war damals neu erfunden worden, von ideenreichen Verlegern, Handwerkern und Künstlern. Die Arbeit an dieser Ausstellung war auch eine harte Schule des Relativierens von Halbwissen und Mythen.

Nicht in Stein gemeißelt

Eine Stadtlandschaft als löchrige Decke, gewachsen in plötzlichen Schüben. Schon das generalstabsmäßige Entstehen der Schachbrettburgstadt Nagoya war ein Akt der Plötzlichkeit, das Gegenteil von kontinuierlicher Entwicklung. De facto handelte es sich um die Zwangsverlegung einer anderen Burgstadt. Fast alles wurde mitgenommen: Brücken, Tempel, die Namen der Stadtviertel – und eben die Bevölkerung, die zum großen Teil aus Samurai und deren Anhang bestand. Nur die Burg war solid in Stein gebaut, die Stadt selbst bestand aus Holzhäusern, immer wieder erneuerbar nach Bränden oder Naturkatastrophen. In Europa hingegen stellen wir uns unter „Burgstadt" enge Gässchen mit steinernen Häusern vor, von Stadtmauern fest umschlossen, für Jahrhunderte angelegt. Noch im frühen 20. Jahrhundert galt es in Nagoya als Sensation, wenn ein neues Bankgebäude aus Ziegeln gemauert wurde. Der Hauptbahnhof war noch aus Holz, als Nagoya bereits eine Zwei-Millionen-Stadt war. Dafür kam dann mit dem Stahlbetonneubau von 1927 ein jäher Sprung in die internationale Moderne. Hier liegt wohl ein Grund dafür, dass asiatische Städte aus dem Blickwinkel europäischer Steinbaustadtkunst so provisorisch und unentschieden wirken.

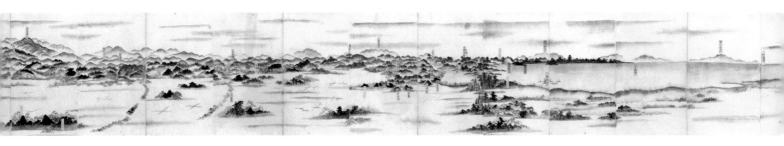

Eine leere Ebene

Die Ausstellung teilt die Geschichte Nagoyas in große Zeitphasen: Nach der Edo-Zeit kam es um 1870 mit der Meiji-Restauration zu einer Phase der Beschleunigung und des dynamischen Wachstums. Viele Bilder und Gegenstände, die in diesem Abschnitt gezeigt werden, erzählen davon, wie der westliche Lebensstil in den japanischen integriert wurde. Dann, mit den Zerstörungen von 1945, wieder eine Zäsur, und zwar jene, die den radikalsten stadtplanerischen Paradigmenwechsel zur Folge hatte: Nagoya wurde zur japanischen Modellstadt einer Metropole nach westlichem Muster. In Luftaufnahmen wirkt sie heute wie ein Gitter, mit langen, schnurgeraden Magistralen, die nach dem Zweiten Weltkrieg angelegt worden sind. Keine japanische Großstadt ist nach den Flächenbombardements von 1945 derart systematisch neu aufgebaut worden. Die kleinteilige, alte Bebauung wurde großflächig überformt. Die Stadt als Palimpsest, permanent überschrieben, manchmal durch Überfüllung, manchmal durch Entleerung.

Einer meiner stillsten Momente in Nagoya war, als die Kollegen des City Museum (das natürlich erst gegründet wurde, als von der alten Bausubstanz fast nichts mehr übrig war) im Depot vor mir behutsam eine Bildrolle mit einer Länge von über elf Metern aufrollten. Es war ein Triumph der Leere, denn es handelte sich um ein Rundpanorama, wie es in der Frühzeit Nagoyas ein auf dem Burgturm stehender Samurai sehen hätte können. Vom einen Ende des Rundumblickfelds bis zum anderen: eine fast unbebaute Küstenebene, begrenzt von pittoresk stilisierten Bergen. Jedes auf dem Rollbild akribisch dargestellte Stück Ebene ist heute dicht mit Stadtlandschaft gefüllt. Nagoya total, so weit das Auge reicht. Aufgezeichnet wurde die Topografie der Umgebung Nagoyas wohl, um im Fall eines Angriffs bestens vorbereitet zu sein. Dieses Rollbild (es illustriert die Seiten dieses Beitrags) werde für Wien wohl nicht allzu interessant sein, meinten die Kollegen mit typischer Zurückhaltung, weil wenig zu sehen sei. Ich erlaubte mir zu widersprechen.

Haruki Tanaka

Die Lage der Stadt

Nagoya, mit einer heutigen flächenmäßigen Ausdehnung von 328 Quadratkilometern, befindet sich im Westen der Präfektur Aichi (in der Region Owari) und ist Sitz der Präfekturverwaltung.[1] Die Stadt liegt am südöstlichen Rand der heute fast durchgängig besiedelten Nobi-Ebene und besteht topografisch aus drei Teilen: dem Atsuta-Plateau im Zentrum, das sich im Pleistozän bildete, einem Hügelland im Osten und einer Tiefebene aus dem Holozän im Westen. Das Atsuta-Plateau erreicht eine Höhe von zehn bis 15 Metern über dem Meeresspiegel. Die Burg, die Stadt sowie der Atsuta-Schrein wurden im frühen 17. Jahrhundert auf diesem Plateau errichtet. Das Hügelland im Osten liegt auf 60 bis 80 Meter Seehöhe. Lange Zeit dünn besiedelt, wurden nach dem Zweiten Weltkrieg große Wohnanlagen sowie zahlreiche Schulen und Universitäten errichtet; jedoch blieben auch ausgedehnte Grünflächen erhalten. Der höchste Berg innerhalb des Stadtgebiets ist knapp 200 Meter hoch. Hier befindet sich heute ein Schrein. Das Gebiet im Südwesten liegt auf Meeresspiegelhöhe und war ursprünglich Ackerland, das durch Drainage und Landaufschüttungen gewonnen wurde. Heutzutage breitet sich in dieser Tiefebene, die sich zur Bucht von Ise hin erstreckt, ein Industriegebiet aus, mit dem internationalen Hafen, der zu den bedeutendsten des Landes zählt.

Nach Tokio, Yokohama und Osaka die viertgrößte Stadt Japans, zählt Nagoya ungefähr 2,2 Millionen Einwohner und bildet das Zentrum einer Agglomeration von über acht Millionen Menschen. Nagoya ist das wichtigste Bindeglied zwischen den Ballungszentren Tokio/Yokohama/Chiba im Osten und Osaka/Kioto/Kōbe im Westen. Geschäftsviertel wie Sakae, die Gegend um den Hauptbahnhof, oder das Viertel Ōsu haben die Stadt zu einer attraktiven Einkaufs- und Dienstleistungsmetropole gemacht. Täglich pendeln rund 500.000 Menschen aus dem Umland nach Nagoya, dazu kommen rund 80.000 Studenten und Schüler.

Zusammen mit umliegenden Städten wie Toyota oder Yokkaichi stellt die Region Nagoya das wichtigste Industriegebiet außerhalb der Ballungsräume Tokio und Osaka dar. Innerhalb des urbanisierten Raums gibt es auch heute noch agrarisch genutzte Flächen, auf denen vorwiegend Gemüse und Zierblumen angebaut werden.

Mit Autobahnverbindungen nach Kōbe und Tokio sowie einem Bahnhof der Hochgeschwindigkeitslinie Shinkansen ist Nagoya auch ein Knotenpunkt der wichtigsten Verkehrsadern. Rechtzeitig vor Beginn der Weltausstellung 2005[2] wurde im Februar 2005 der Chūbu Centrair International Airport auf einer künstlichen Insel in der Bucht von Ise eröffnet, der den bestehenden Flugplatz Nagoya weitgehend ersetzte.

1 Nagoya ist eine „durch Regierungserlass bestimmte Stadt". Die japanische Regionalordnung ordnet Städte und Gemeinden den jeweiligen Präfekturen unter. Großstädte, die als „durch Regierungserlass bestimmte Stadt" gekennzeichnet sind, verfügen allerdings über Sonderrechte, die über das allgemeine Stadtrecht hinausreichen.

2 Die Weltausstellung trug offiziell den Namen *Aichi Expo* und wurde in einem bewaldeten Areal außerhalb Nagoyas abgehalten.

Übersichtskarte Großjapans für Reisende
19. Jahrhundert (Ausschnitt)
(1.11)

3 Im japanischen Altertum war es üblich, dass Städte mit jedem Regierungsantritt eines neuen Herrschers verlegt wurden. In der Zeit der kämpfenden Fürstentümer (sengoku jidai, 1477–1573) wurden ständig Burgen eingenommen, zerstört und an anderer Stelle wieder errichtet, was stets auch zur Gründung von Ansiedlungen rund um die Burg führte. Erst nach der endgültigen Konsolidierung der Tokugawa-Herrschaft nach der Einnahme der Burg von Osaka 1615 kam es zu einer kontinuierlichen Stadtentwicklung.

4 Vgl. *Shinshū Nagoya-shi shi* [Neue Geschichte der Stadt Nagoya], Bd. 3, Nagoya-shi 1999, S. 136.

5 Zum Vergleich: Die unter Kaiserin Maria Theresia durchgeführte, erste Volkszählung im Jahre 1754 ergab für Wien (Stadt und Vorstädte) eine Einwohnerzahl von 175.403. Vgl. Felix Czeike, *Historisches Lexikon Wien*, Bd. 1, Kremayr & Scheriau: Wien, S. 354.

Seit 1957 gibt es in Nagoya eine U-Bahn. Gemeinsam mit den Linien der Japan Railway, der ehemals staatlichen Eisenbahn, und den Linien der wichtigen Privatbahnen Meitetsu und Kintetsu sorgen insgesamt 37 Linien für einen reibungslosen Ablauf des Nahverkehrs im Großraum Nagoya, der durchaus mit dem der Metropolen London oder New York konkurrieren kann. Etwa 90 Prozent des Streckennetzes innerhalb der Stadt verlaufen unterirdisch.

Nagoya in der Edo-Zeit (1600 bis 1867)

Die Zeit vor dem Bau der Burg

Der Ortsname Nagoya taucht erstmals im zwölften Jahrhundert als Bezeichnung für eine der Ländereien der Adelsfamilie Fujiwara auf. Funde von Muschelhaufen am Rande des Plateaus lassen darauf schließen, dass die Gegend schon in prähistorischer Zeit besiedelt war. Im frühen 16. Jahrhundert ließ der Landesfürst Ujitoyo Imagawa im Bereich der heutigen Burganlage eine Festung errichten. Nach der Besetzung durch Nobuhide Oda (1532) wurde die Burg allerdings geschliffen, und die Gegend verödete.

Die Verlegung von Kiyosu

Das Zentrum der Provinz Owari befand sich bis zum Neubau der Burg Nagoya in Kiyosu. Tadayoshi Matsudaira, der vierte Sohn von Shōgun Ieyasu Tokugawa, residierte dort bis zu seinem Tod im Jahr 1607. Ieyasu überließ die Provinz daraufhin seinem neunten Sohn, Yoshinao Tokugawa; doch dieser entschied sich für eine Verlegung der Residenz ins rund sieben Kilometer entfernte Nagoya. Man nimmt an, dass dieser Schritt durch die mangelhaften Verteidigungs- und Entwicklungsmöglichkeiten von Kiyosu bedingt war.

Unter der Verlegung Kiyosus (Kiyosugoshi) versteht man die Tatsache, dass Shōgun Ieyasu nicht nur den Kriegeradel der Provinz, sondern die ganze Stadt inklusive ihrer Geschäfte und Tempel von Kiyosu nach Nagoya verlegen ließ.[3] Man schätzt, dass in Kiyosu vor der Umsiedlung ungefähr 60.000 bis 70.000 Einwohner lebten. Die Verlegung erfolgte innerhalb kürzester Zeit, wobei oft auch die Namen einzelner Stadtteile oder Brücken mit übernommen wurden. Es existieren zwar keine genauen Aufzeichnungen, doch wird angenommen, dass nach der Neugründung einschließlich des Kriegeradels etwa 90.000 Menschen in Nagoya lebten.[4] Heute ist Kiyosu eine Stadt mit 55.000 Einwohnern und grenzt im Norden an Nagoya. Damit war Nagoya die viertgrößte Stadt Japans.[5]

Nächste Seite:
Die Burgstadt Nagoya aus der Vogelperspektive, 1842
(1.15)

鐵門宮擬萬株杉壽
帶千秋瑞景濃報月
橋章司向禹引源湲
泗學書籠
上公子德同　先聖大國
文章継
祖崇り剽黄金峰尾煙
人〻仰見五居重
天保壬寅嘉年月
　　　林通成

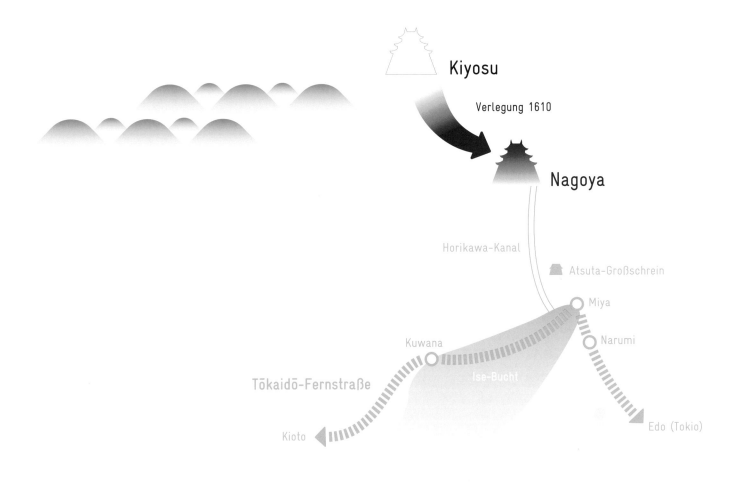

Kiyosu

Verlegung 1610

Nagoya

Horikawa-Kanal

Atsuta-Großschrein

Miya

Kuwana

Narumi

Tōkaidō-Fernstraße

Ise-Bucht

Kioto

Edo (Tokio)

Verlegung der Burgstadt von Kiyosu nach Nagoya

Hiroshige Utagawa II
Der Fabelfisch „shachi" auf dem Dach der Burg
Aus: „Ansicht von Nagoya im Land Owari", 1859
(1.17)

Männlicher und weiblicher „shachi", Ansichtskarte, um 1910
(3.73)

Der Neubau der Burg

Die Bauarbeiten an der neuen Burg begannen im sechsten Monat 1610. Bereits drei Monate später waren die steinernen Grundmauern des Burgturms und der äußeren Befestigungen (Honmaru, Ninomaru, Nishinomaru und Fukaimaru) im Großen und Ganzen vollendet. Im zwölften Monat 1612 wurde der zentrale Burgturm fertig gestellt. Schon aus weiter Entfernung waren die goldenen „shachi" auf dem Dach der Burg sichtbar. „Shachi", oft fälschlich mit „Delfin" übersetzt, sind mythologische Meerestiere mit dem Kopf eines Tigers und dem Leib eines Karpfens und sollten die Macht der Familie Tokugawa in der Region Owari symbolisieren. Auch heute sind die Fabelwesen Symbol der Stadt Nagoya und finden sich sogar auf den Kanaldeckeln wieder.

Die Burg Nagoya wurde am nordwestlichen Rand des Atsuta-Plateaus errichtet, das sich gegen Süden hin zu einem spitzwinkligen Dreieck verjüngt. Sie war insofern strategisch günstig gelegen, als man von hier aus die Nōbi-Ebene im Norden überblicken konnte. Das war wohl vor allem für die Verteidigung in Richtung Osaka wichtig, wo damals noch Hideyori Toyotomi, ein Widersacher der Tokugawa, herrschte.

Nach ihrer topografischen Lage wird die Burg von Nagoya als Flachburg (hirajiro) bezeichnet, weil sie sich auf einem leicht erhöhten Standort befindet. Da man keine Höhenunterschiede zur Verteidigung ausnutzen konnte, legte man mehrere Gräben rund um die Burg an. Offenbar wurde jedoch der politischen Verwaltung mehr Bedeutung beigemessen als militärischen Gesichtspunkten, denn man errichtete südlich der Burg eine weit ausgedehnte Stadtanlage.

Herrschaftsverhältnisse in der Burgstadt

Im Gegensatz zu den typischen Burgstädten der Frühen Neuzeit, die aus strategischen Gründen keine geraden Zugangsstraßen zur Burg besaßen, damit sie im Falle eines Angriffs leichter zu verteidigen waren, legte man die Straßen Nagoyas nach einem schachbrettartigen Muster an. Offenbar standen die fortifikatorischen Funktionen von Anfang an im Hintergrund, vielmehr sollte ein nach rationalen Prinzipien angelegter Stadtgrundriss die wirtschaftliche Entwicklung forcieren. Dafür spricht auch, dass man im westlichen Teil des Atsuta-Plateaus einen zunächst sechs und später 16 Kilometer langen Kanal zum Meer aushob, der nicht nur militärischen Zwecken, sondern auch als Transportweg für wirtschaftliche Güter wie beispielsweise Holz aus den Wäldern im Nordosten diente.

Der Kriegeradel errichtete seine Anwesen auf Grundstücken, die vom Feudalherrn, dem Daimyō, zugeteilt worden waren. Die Anwesen der hochrangigen Vasallen befanden sich direkt in der Befestigungsanlage am Sannomaru, der dritten Befestigungsanlage. Die

Plan von Nagoya, um 1750
(1.19)

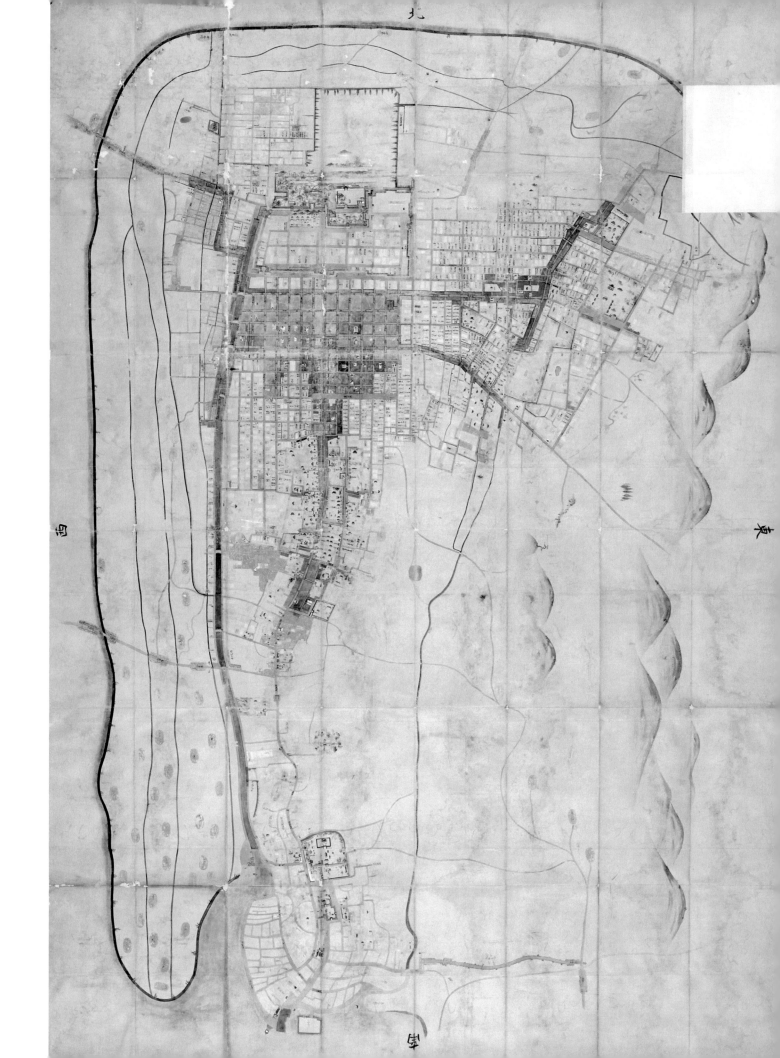

6 Die religiösen Stätten des Buddhismus werden konventionellerweise in der Literatur als Tempel, die des Shintoismus als Schreine bezeichnet. Der Shintoismus ist eine Religion, die auf die einheimische Religion Japans zurückgeht, sich aber erst im 13. Jahrhundert als Reaktion zum Buddhismus als eine von diesem unabhängige Religion zu etablieren begann. Der Buddhismus fasste, von Korea kommend, im sechsten Jahrhundert in Japan Fuß und fand, da er gemeinsam mit der überlegenen chinesischen Kultur Einzug hielt, bald weite Verbreitung. Buddhismus und einheimische Religion gingen rasch eine Symbiose ein, weshalb beispielsweise in vielen Tempeln auch kleine Schreine zu finden sind. Zu einer echten Trennung der beiden Religionen kam es erst nach der Meiji-Restauration im Zusammenhang mit dem Versuch der Regierung, den Shintoismus als Staatsreligion zu etablieren.

7 1614 wurde das Christentum in Japan verboten, und ab 1638 wurde die Verfolgung der Christen nach einem misslungenen Aufstand, an dem viele Christen beteiligt waren, rigoros durchgeführt. Als eine Kontrollmaßnahme musste sich jeder Japaner in einem Tempel registrieren lassen.

Samurai mittleren Ranges wohnten hingegen im Bezirk Yamaguchi, der sich östlich davon entlang eines Verteidigungsgrabens erstreckte.

Im Osten und Süden errichtete man den Tempel- und Schreinbezirk, der vor allem den Tempeln von Kiyosu diente, die, nach Glaubensrichtungen geordnet, hierher übersiedelten.[6] Die größten Tempel positionierte man am Zugangsweg zur Burg, damit dort im Verteidigungsfall Samurai militärische Aufgaben übernehmen könnten.

Burgstädte waren gleichsam Spiegelbilder des feudalistischen Herrschaftssystems der Edo-Zeit. Die Nähe zur Burg war Ausdruck der Ranghöhe der Samurai; erst an deren Grundstücke schlossen sich die Quartiere der Kaufleute und Handwerker an. Historisch gesehen, sind mit „Burgstadt" die Wohngebiete der allgemeinen Bevölkerung, nicht aber die Anwesen des Kriegeradels gemeint. Die Herrschaft dieser Stadt oblag dem städtischen Magistrat (machi bugyō), dessen Verwaltungsgebiet aber eben die Anwesen der Krieger nicht mit einschloss. Auch das Gebiet der Tempel und Schreine wurde ab dem Jahr 1665 einem eigenen Magistrat für Tempel und Schreine unterstellt.

Unter „Stadt" (machi, chō) verstand man auch eine Verwaltungseinheit im Sinne eines Stadtviertels, das von einem Stadtviertelvertreter (chōdai) repräsentiert wurde. Diese Stadtviertelvertreter wussten in Rechtsbelangen Bescheid und waren in verschiedene Verwaltungsaufgaben wie zum Beispiel in die Glaubensüberprüfungsregister der Tempel mit eingebunden.[7] Sie unterstanden einem Gesamtstadtviertelvertreter (sōchōdai), der mit dem städtischen Magistrat in Verbindung stand. Dieses Amt verblieb zumeist innerhalb der reichen Kaufmannsfamilie Hanai, die im Viertel Honmachi wohnte und mit Medikamenten für Kinder und exotischen Hölzern Handel trieb. Städtische Einwohner, die Grund und Boden besaßen, mussten Steuern bezahlen, die sich nach der Größe und Anzahl ihrer Besitzungen richteten. Außerhalb dieser Stadtviertel lagen die Dörfer (mura), die von einem Provinzmagistrat verwaltet wurden und jährliche Tributabgaben leisten mussten.

1728 wurden elf dörfliche Gemeinden in unmittelbarer Nachbarschaft der Burgstadt der polizeilichen Oberhoheit des städtischen Magistrats unterstellt, wodurch sich das Stadtgebiet stark ausweitete. Die Steuerhoheit verblieb jedoch weiterhin bei der Provinzverwaltung, die in den Händen der Samurai lag. Im Zuge der Verstädterung der umliegenden Gebiete waren diese Gemeinden auch potenzielle Stätten von Bränden oder Verbrechen geworden, deren Bekämpfung durch diese Maßnahmen erleichtert werden sollte.

Die Station Miya auf dem Tōkaidō

Der Tōkaidō zwischen Kioto und Edo (heute Tokio) war in der Edo-Zeit die wichtigste Verkehrs- und Handelsroute Japans. Miya (bedeutet eigentlich „Schrein") oder Atsuta – so hieß der in ganz Japan berühmte Schrein an diesem Ort –, von Edo aus gesehen die 41. Station auf dem Tōkaidō, war ein belebter Kreuzungspunkt, von dem andere wichtige Routen (Saya Kaidō, Mino Kaidō, Kiso Kaidō) abzweigten. Da man den Weg zur nächsten Station Kuwana auf dem Wasserweg zurücklegte, war die Etappe unter dem Namen „Sieben-Meilen-Fährstrecke" bekannt. Die Stadt Miya war damals noch nicht Teil von Nagoya und verfügte über eigene Verwaltungseinrichtungen. Abgesehen von kleinen Herbergen, besaß Miya auch spezielle Unterkünfte für die Landesfürsten (Daimyō).

Das Gewerbe

Während der gesamten Edo-Zeit war Nagoya die Burgstadt der Fürsten von Owari, die zugleich eines der drei wichtigen Zweighäuser der herrschenden Tokugawa-Dynastie darstellten. Daher machten Samurai und ihre Familien beinahe 40 Prozent der Bevölkerung aus. Der Rest setzte sich im Wesentlichen aus Händlern und Handwerkern zusammen. Nagoya war deshalb eine von Konsum geprägte Stadt.

Für die Wirtschaftsentwicklung bedeutsam war, dass sich in der näheren Umgebung waldreiche Gebiete befanden, zum Beispiel in der Region Kiso, die in den Bergen nördlich der Provinz Owari lag. Anlässlich der Hochzeit des ersten Tokugawa-Fürsten Yoshinao wurde das Gebiet vom Shōgun dem Fürsten von Owari geschenkt. Damit konnte dieser über natürliche Ressourcen für Bergbau und Forstwirtschaft verfügen.

Rüstung mit Rundpanzer, 17./18. Jahrhundert
(1.1)

Hiroshige Utagawa
Poststation Miya mit dem Hafen von Atsuta, 1855
(1.13)

Holzschwemmung aus den Wäldern von Kiso nach Nagoya, 1838
(1.38)

Über den Kiso-Fluss gelangten die Hölzer aus Kiso zur Bucht von Ise und wurden dort in Shirotori gelagert. Da dem Holz eine große wirtschaftliche Bedeutung zukam, wurde ein eigener Magistrat ins Leben gerufen, der nicht nur den Holzbedarf des Fürstentums regelte, sondern überschüssiges Material auch an Händler weiterverkaufte. Der Holzhandel der Burgstadt konzentrierte sich in den Vierteln Honzaimokucho, Shimozaimokucho und Uwazaimokucho, die sich entlang des Horikawa-Kanals befanden. Durch den Reichtum an hochwertigen Hölzern – vor allem an Zypressenhölzern wie Hinoki und Sawara – entstanden in Nagoya viele Gewerbezweige, die Holz als Werkstoff verwendeten: Fassmacher, Sandalenmacher, Zimmerer und andere.

Das etwa 20 Kilometer nordöstlich von Nagoya gelegene Gebiet von Seto war bereits vor der Edo-Zeit für seine Keramik bekannt. In der Edo-Zeit wurden in Seto vor allem Gegenstände für den Alltagsbedarf der allgemeinen Bevölkerung wie Geschirr, Rauchgefäße und Kohlebecken (hibachi) hergestellt. In der frühen Edo-Zeit konzentrierte sich die Verbreitung der Seto-Keramik auf Owari, ein Teil wurde allerdings auch nach Edo exportiert. Die Herstellung von Porzellan begann in Seto erst im 19. Jahrhundert. Es handelte sich dabei um eine neue Brenntechnik, die sich erst nach Überwindung einiger Probleme zur Herstellung von Massenprodukten eignete. Innerhalb kurzer Zeit wurden neue Brennöfen entwickelt, die die Technik der Porzellanmanufaktur veränderten. Damals entwickelte sich, ausgehend von Owari, eine Art Monopolsystem im Verkauf von Keramik. Porzellan aus Seto wurde nicht nur im Raum Nagoya, sondern auch in Edo und in der Kantō-Region verwendet, während es in Westjapan kaum in Gebrauch war. Zur landesweiten Verbreitung kam es erst im späten 19. Jahrhundert, um die Wende der Edo- zur Meiji-Zeit.

Innerhalb der Burg von Nagoya, im Ofuke-Garten, gab es eine eigene Keramikwerkstätte, wo ein Töpfermeister aus Seto die so genannte Ofuke-Keramik für den Bedarf des Fürstenhofes anfertigte. Darüber hinaus stellten in der Burgstadt zahlreiche Teeliebhaber aus Passion für die Teezeremonie die entsprechenden Töpferwaren her.

**Model für die Herstellung
von Lampions
19./20. Jahrhundert**
(1.39)

**Herstellung von Holzbottichen
20. Jahrhundert**

8 Nachdem im 17. Jahrhundert das ehemals in Klöstern beheimatete Druckwesen kommerzialisiert worden war und da Bücher unter der städtischen Bevölkerung immer mehr Absatz fanden, verkauften oder verliehen Verleger ihre Produkte zunehmend auch oft selbst. Daher ist eine genaue Trennung von Verlegern und Buchhändlern meist nur schwer möglich.

In den Dörfern Arimatsu und Narumi, die unweit der Stadt entlang des Tōkaidō gelegen waren, existierte ein Zentrum der Batikfärberei. Seine Entstehung ist wahrscheinlich dem Umstand zu verdanken, dass dieses Gebiet zu wenig Raum für den Ackerbau bot. Wurden zu Beginn der Edo-Zeit vor allem Souvenirs an die Reisenden auf der Tōkaidō-Route verkauft, so entwickelte sich mit der Zeit, begünstigt durch die nahe Baumwollproduktion in Chita, ein florierender Wirtschaftszweig. Unter dem Schutz des Fürstentums reihte sich in Arimatsu ein Batikladen an den anderen.

Das Verlagswesen der Edo-Zeit konzentrierte sich auf die Metropolen Kioto, Osaka und Edo. Doch schon an nächster Stelle folgte, obwohl in der Provinz gelegen, Nagoya. Aus den hier produzierten Druckwerken lässt sich erkennen, dass es um 1700 nur etwa sechs Verlagshäuser gab.[8] Aber schon ab Mitte des 18. Jahrhunderts hatte sich ihre Zahl auf etwa 30 erhöht. Als Buchhändler machten sich insbesondere Magosuke Fūgetsu und Tōshirō Eirakuya in Nagoya einen Namen. Tōshirō Eirakuya ging zunächst bei Fūgetsu in die Lehre und gründete wahrscheinlich Ende des 18. Jahrhunderts einen eigenen Betrieb. Er spezialisierte sich nicht auf bestimmte Bereiche, sondern erzielte mit einer breiten Vielfalt populärer Bücher rasche Erfolge, sodass er schließlich auch eine Filiale in Edo eröffnen konnte. Zu seinen repräsentativsten Veröffentlichungen zählen das *Kojikiden* des Gelehrten Norinaga Motoori, ein 44-bändiges Kommentarwerk zum ältesten japanischen Geschichtswerk *Kojiki* aus dem Jahr 712, an dem Norinaga 32 Jahre lang arbeitete und dessen Drucklegung 33 Jahre in Anspruch nahm, und die *Hokusai Manga* des Ukiyo'e-Künstlers Hokusai Katsushika, 15 Skizzen- beziehungsweise Studienbücher, von welchen 13 zu Hokusais Lebzeiten und zwei posthum veröffentlicht wurden. Dieses Werk, obwohl ursprünglich nur als Anleitung für angehende Maler gedacht, wurde zu einem der wichtigsten Einflüsse für den Japonismus in der europäischen Malerei.

Nagoya in der Meiji-Zeit (1868 bis 1912)

Bereits unter den Tokugawa kam es nach der mit dem Vertrag von Kanagawa 1854 eingeleiteten Öffnung des Landes zu einer allmählichen Übernahme westlicher Techniken und zu einer Orientierung an europäischen und amerikanischen Vorbildern. Aber erst nach der Meiji-Restauration von 1868, die die Absetzung der Tokugawa als Shogune und die zumindest nominelle Rückgabe der Herrschaftsgewalt an den Tennō bedeutete, wurden Modernisierung, Industrialisierung und Verwestlichung zum groß angelegten und unantastbaren

Regierungsprogramm, dem alles andere hintangestellt wurde. Durch die Errichtung eines industrialisierten und aufgerüsteten Staates wollte Japan gleichzeitig dem Schicksal vieler anderer asiatischer Länder entgehen, eine europäische Kolonie zu werden, und andererseits die aufgezwungenen „ungleichen Verträge" abschütteln und zu einem gleichberechtigten Mitglied der internationalen Staatengemeinschaft werden.

Symbolischen Ausdruck fand die neue Politik, die von Samurai aus Satsuma und Chōshū sowie einigen Hofadligen bestimmt wurde, in der Devise „Meiji", „leuchtende Herrschaft", für die neue Regierung des Tennō Mutsuhito, der von Kioto nach Edo in die Burg des Shogun übersiedelte, um zu demonstrieren, wer nun in Japan das Sagen hätte. Edo erhielt den neuen Namen Tokio, „östliche Hauptstadt", wohl auch um seine Gleichstellung mit Beijing, „nördliche Hauptstadt", beziehungsweise Nanjing, „südliche Hauptstadt", hervorzustreichen.

Die neue Regierung entsandte zahlreiche Studienreisende und Studenten in die westliche Welt und engagierte viele westliche Berater, etwa den österreichischen Arzt Albrecht von Roretz, der ab 1876 vier Jahre in Nagoya wirkte und dort ein modernes medizinisches System aufbaute. Mit der Errichtung staatlicher Musterfabriken, die nach kurzer Zeit in private Hände übergeben wurden, wollte die Regierung die Industrialisierung in Schwung bringen und den Kapitalismus fördern.

1871 unternahm die neue Meiji-Regierung Maßnahmen zur politischen Zentralisierung des Landes, indem sie die Fürstentümer der Edo-Zeit auflöste, die bis dahin die Regional-verwaltung innegehabt hatten. Aus dem Fürstentum Owari und der östlichen Nachbarpro-vinz Mikawa entstand so die heutige Präfektur Aichi mit dem Verwaltungszentrum Nagoya. Die oberste Präfekturverwaltung wurde von nun an von der Zentralregierung ernannt.

Der westliche Kalender wurde eingeführt, und der 3. Dezember des Jahres Meiji 5 (1872) wurde zum 1. Januar Meiji 6 (1873) erklärt. Damit wurde der bis dahin verwen-dete Mondkalender an den international verwendeten Sonnenkalender angeglichen. Die Umstellung ging verhältnismäßig glatt vor sich, im täglichen Gebrauch richteten sich die Menschen allerdings weiter nach dem alten System, sodass beide Zeitordnungen noch lange nebeneinander bestanden.

Zusammen mit dem Kalender wurde auch das Temporalstundensystem durch das Äquinoktialstundensystem ersetzt. Vorher wurde die Zeit zunächst in Tag und Nacht geteilt, die wiederum in gleich viele Stunden unterteilt waren. Da Tag und Nacht je nach Jahreszeit unterschiedlich lang sind, weisen auch die Tages- und Nachtstunden verschiedene Längen auf. Im neu eingeführten Kalendersystem nach westlichem Vorbild sind hingegen die 24 Stunden eines Tages immer gleich lang, unabhängig von der Jahreszeit.

Uhrenerzeugung

Bereits im Nagoya der Edo-Zeit war die Familie Tsuda als Uhrmachermeister der Fürsten von Owari tätig und stellte Uhren für die traditionelle Zeitmessung her. Die moderne Uhren-produktion nach westlichem Muster begann 1887 mit der Gründung der Firma Jiseisha durch Ichibei Hayashi; 1890 gelang die Produktion einer funktionsfähigen Wanduhr. Die Firma wurde 1891 in einen industriellen Betrieb umgewandelt und in Hayashi Tokei Seizōjo umbenannt. In der Folge entstanden rund um Nagoya weitere Uhrenfabriken, die aber alle auf den von den Hayashi-Werken entwickelten Technologien basierten.

Für den Erfolg der Uhrenproduktion in Nagoya war zum einen die seit der Edo-Zeit etablierte Herstellung von Schmuck und Metallverzierungen verantwortlich, zum anderen die Verfügbarkeit von hochwertigen Hölzern aus Kiso, die für die Herstellung von Uhren-gehäusen verwendet wurden.

Das Gewerbe

Nagoya war auch noch in der frühen Meiji-Zeit von den Konsumgewohnheiten der Edo-Zeit geprägt. Es gab weder einen für Handelsgüter geeigneten Hafen, noch wurden gezielte Investitionen in die Industrie getätigt.

Um 1877 wurde Nagoyas Gewerbe vor allem von der Textilgüterherstellung (zu den wichtigsten Produkten zählten Baumwollbatik, gewebte Socken und Baumwoll- und Flanell-

Shinsui Itō: „Uhr und Schönheit" (Schönheitsideal im Stil der Edo-Zeit), 1920/1930
(3.26 a)

Cloisonné-Kästchen mit Libellenmotiv
(3.31)

9 Vgl. *Shinshū Nagoya-shi shi* [Neue Geschichte der Stadt Nagoya], Bd. 5, Nagoya-shi 2000, S. 332 f.

stoffe) und der Nahrungsmittelherstellung (Sake oder Miso) dominiert. Auch Alltagsgegenstände wie Lackwaren, Cloisonnés und Fächer wurden gefertigt. Cloisonnés wurden in Nagoya gegen Ende der Edo-Zeit zu einer Spezialität und entwickelten sich vor allem dank der hohen handwerklichen Qualität zu einem wichtigen Exportgut. Zwar gab es auch neuartige Produkte wie Rikschas oder Stühle, jedoch wurden diese nur in geringen Mengen hergestellt, und die meisten Güter standen noch in der Tradition der Edo-Zeit. Die Gewerbestruktur Nagoyas in der frühen Meiji-Zeit unterschied sich also kaum von jener der Edo-Zeit-Burgstadt.

Auch das Alltagsleben der Menschen hatte sich in den ersten Jahrzehnten der Meiji-Zeit noch nicht signifikant verändert. So trugen um das Jahr 1886 nur acht Prozent der Bevölkerung westliche Kleidung und zehn Prozent ebensolches Schuhwerk; Regenschirme respektive Lampen westlicher Herkunft besaßen 20 beziehungsweise 35 Prozent.[9] Es gab zwar schon ein Nebeneinander von neuen und traditionellen Konsumartikeln, doch der westliche Lebensstil beherrschte noch keineswegs den Alltag. Als neues Fortbewegungsmittel begann man Rikschas herzustellen, während die in der Edo-Zeit gebräuchlichen Sänften schon um 1877 nicht mehr zu sehen waren.

Förderung der Industrie

Um 1877 war es der neuen Regierung gelungen, trotz mancher Widerstände des alten Kriegeradels ein modernes Staatssystem zu etablieren. Von da an war man bestrebt, die alten Eliten durch Maßnahmen zur Beschäftigung arbeitslos gewordener Samurai in Landwirtschaft, Industrie und Handel in ein neues Wirtschaftssystem einzubinden und auf diese Weise die Gründung industrieller Unternehmen und die allgemeine Entwicklung des Kapitalismus voranzutreiben.

Um der steigenden Nachfrage nach importierten Baumwollprodukten zu begegnen, unterstützte die Regierung die Errichtung moderner Spinnereien. Die 1885 eröffneten Nagoya-Spinnereiwerke waren eine Fabrik, die etwa 100 Arbeiter beschäftigte. 1889 nahmen die Owari-Spinnereiwerke ihren Betrieb auf, 1905 kam es zur Fusion der Unternehmen, denen sich noch weitere kleinere Betriebe anschlossen. Mit der Gründung der Webereifabrik von Aichi im Jahre 1877 lässt sich der Beginn der industriellen Weberei in Nagoya festmachen. Die Fabrik hatte den Zweck, einerseits Frauen aus dem Samurai-Stand in modernen Webtechniken auszubilden und andererseits Ersatz für importierte Baumwollprodukte zu schaffen. Die hier ausgebildeten Absolventinnen wurden vom 1878 gegründeten Aichi-Gewerbeverband und anderen Organisationen übernommen, beschäftigten sich dort weiter mit Weberei und trugen so zur Verbreitung der Webereibetriebe in Nagoya bei.

Werbung für einen Miso-Laden, um 1900
(1.44)

Kimono mit Rautenmuster, 19./20. Jahrhundert
(1.49)

Bahnhof Nagoya, Ansichtskarte
Ende 19. Jahrhundert

Elektrische Tramway, Ansichtskarte, um 1920/1930
(3.6)

Die Modernisierung der Stadt

Die Ernennung von Nagoya zu einer selbstständigen Stadt – in der heutigen Definition des Begriffs – fällt auf den 1. Oktober 1889. In diesem Jahr wurde im Februar die neue Verfassung des Kaiserreichs Japan erlassen und auch eine Regionalordnung für Städte und Gemeinden geschaffen, die Nagoya zur Stadt machte. Das damalige Stadtgebiet umfasste den heutigen Innenbezirk und Teile des östlichen Bezirks – mit 13 Quadratkilometern lediglich zirka ein Fünfundzwanzigstel der heutigen Fläche. Der Bezirk Atsuta etwa war damals noch eine eigenständige Gemeinde. Die Bevölkerungszahl Nagoyas lag 1889 ungefähr bei 157.000.

Die Wahl des Bürgermeisters erfolgte aufgrund eines Vorschlags durch den Stadtrat, der über den Innenminister an den Tennō herangetragen wurde. Tatsächlich lag das Ernennungsrecht beim Innenminister, was einer amtlichen Bestellung nahe kam. Aktives und passives Wahlrecht innerhalb des Stadtrates hatten nur jene drei Prozent der Stadtbevölkerung, die eine besonders hohe Steuerleistung aufbrachten.

Innerhalb weniger Jahrzehnte wurden moderne Verkehrssysteme implementiert. Die Trassierung der Verkehrsverbindung zwischen den drei großen Zentren Tokio, Kioto und Osaka war innerhalb der Regierung heftig umstritten. Man konnte sich nicht entscheiden, ob die Eisenbahn vorwiegend in Küstennähe entlang des Tōkaidōs oder im Landesinneren entlang der Nakasendō-Route geführt werden sollte. Dabei spielte auch die militärische Überlegung eine Rolle, dass eine Eisenbahnlinie in den Bergen im Kriegsfall leichter zu verteidigen wäre als eine entlang der Küste. In diesem Falle wäre Nagoya von der Bahnlinie weit entfernt gewesen. Die Bezirksvorsteher von Nagoya bemühten sich daraufhin, die Regierung von den wirtschaftlichen Vorteilen einer Bahnführung entlang des Tōkaidōs zu überzeugen. Unter diesem Gesichtspunkt entschied man sich schließlich für den Tōkaidō als Strecke der ersten Bahnverbindung zwischen Ost- und Westjapan. Der Bahnhof Nagoya wurde 1886 eröffnet. Er befand sich in Sasashima, weit außerhalb des Stadtzentrums. Im folgenden Jahr wurde eine mehrspurige Straße errichtet, die Nagoya mit dem Bahnhof verband. Die Fertigstellung der gesamten Tōkaidō-Linie, die Nagoya auf dem Schienenweg mit den Metropolen im Osten und Westen verband, erfolgte im Jahr 1889.

Bei der Einführung der Eisenbahn lag Japan gegenüber Europa und Nordamerika um fast ein halbes Jahrhundert zurück, bei der Elektrifizierung jedoch entwickelten sich die japanischen Großstädte fast zeitgleich mit denen des Westens. Schon 1895 verkehrte in Kioto eine elektrische Straßenbahn. Drei Jahre später wurde in Nagoya die zweite elektrische Tramway Japans eröffnet, die zwischen der Präfekturverwaltung von Aichi im Bereich

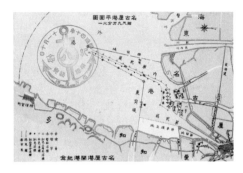

Der Hafen von Nagoya, Ansichtskarte
frühes 20. Jahrhundert
(3.4)

Übersichtsplan der zehnten Landesmesse der Kansai-
Region, 1910
(3.21)

des heutigen Geschäftszentrums Sakae und dem Bahnhof in Sasashima verkehrte und über
eine Strecke von 2,2 Kilometern führte. Das Straßenbahnnetz wurde sukzessive erweitert
und in den 1910er Jahren zum wichtigsten Verkehrsmittel der Stadtbevölkerung. Es war
zunächst im Besitz einer privaten Gesellschaft, ging jedoch im Jahr 1922 in städtisches
Eigentum über.

Die allgemeine Elektrifizierung Nagoyas begann im Jahr 1889 durch die Elektrizi-
tätswerke Nagoya. Dieses Unternehmen war mit Fördermitteln für armutsgefährdete ehemalige Samurai-Familien gegründet worden. Ab 1907 wurden Gasleitungen in der Stadt
verlegt.

Wirtschaftlicher Aufschwung

Ein entscheidender Schritt zur wirtschaftlichen Modernisierung war der Bau eines leis-
tungsfähigen Hafens in Atsuta. Seit der Edo-Zeit war Atsuta (Miya) eine Station des
Tōkaidō-Fernwegs. Mittels einer Fährverbindung konnte man den Weg zur nächsten Station Kuwana auf der anderen Seite der Bucht von Ise abkürzen. Die Bucht war allerdings
vor Atsuta zu seicht für große Schiffe. Da dies für den Handel ein Hindernis war, wurden
ab der Meiji-Zeit Rufe nach einem Ausbau des Hafens von Atsuta laut. 1896 beschloss die
Präfektur Aichi, ein solches Projekt in Angriff zu nehmen; die Bauarbeiten gestalteten sich
jedoch äußerst schwierig. Kurz vor der Fertigstellung legte das Kreuzfahrtschiff Rosetta-
maru im Hafen an, was großes Aufsehen erregte. 1907 wurde Atsuta in die Stadt Nagoya
eingemeindet, sodass am 11. Oktober desselben Jahres der Hafen Nagoya offiziell eröffnet
werden konnte.

Danach konzentrierte sich der Export auf Baumwollstoffe und Keramik, während Roh-
baumwolle, Holz und Düngemittel über den Hafen Nagoyas importiert wurden. Etwa ab dem
Jahr 1937 standen Rüstungsgüter im Vordergrund, und der Anteil ziviler Fracht verringerte
sich.

1910 fand in Nagoya die zehnte Landesmesse der Kansai-Region, also der Region
Kioto/Osaka/Kōbe, statt, die 90 Tage dauerte. Derartige Messen waren von der Regierung
zur Steigerung der Produktivität ins Leben gerufene Ausstellungen von landwirtschaftlichen Produkten und Industrieerzeugnissen einzelner Regionen. Die zehnte Landesmesse
war eine landesweite Veranstaltung, an der mit Tokio 31 Präfekturen teilnahmen. Neben
landwirtschaftlichen Produkten und Geräten wurden auch Textilien, Keramik, Cloisonné-
Produkte und Süßwaren gezeigt. Die Ausstellung umfasste fast die gesamte damalige
Produktpalette.

Neben dem Hauptgebäude, dem „Haus der Maschinen" und dem „Haus der Patente" wurden auch Gebäude wie das „Ballhaus", das „Haus der Kriegsvorbereitungen von Lüshun" (Port Arthur) und das „Haus der bewegten Bilder" (Kino) errichtet, welche großes Interesse erregten. 1908 war Nagoya in vier Bezirke (Nord, Süd, Ost und West) geteilt und soll 400.000 Einwohner gehabt haben. Die 2,6 Millionen Besucher der Landesmesse verdeutlichten den Aufschwung.

Am 28. Oktober 1891 ereignete sich mit dem Epizentrum in der unmittelbaren Nähe Nagoyas das Mino-Owari-Erdbeben, dem mehr als 7.000 Menschen zum Opfer fielen. Über 17.000 Menschen erlitten Verletzungen, und beinahe 200.000 Häuser wurden völlig zerstört. Es war das seit Menschengedenken größte und verheerendste Erdbeben in dieser Region. Von dem großen Kanto-Erdbeben im September 1923, das in Tokio zirka 60 Prozent der Gebäude zerstörte, war Nagoya nicht betroffen.

Von der Taishō- (1912 bis 1926) zur frühen Shōwa-Zeit (1926 bis 1945)

Der Erste Weltkrieg und die Kriegskonjunktur

1914 begann der Erste Weltkrieg, an dem Japan auf der Seite der Entente teilnahm. Da die Krieg führenden Staaten Europas in großen Mengen Kriegsmaterial importierten und gleichzeitig ihre Exporte einschränkten, nahm der Export in Japan stark zu. Die sich verringernden Importe wurden durch vermehrte Inlandsproduktion kompensiert.

Die Stadt Seto und die Region Tokoname, die zum Fürstentum Owari gehört hatten, waren bereits vor der Edo-Zeit Produktionsstätten von Keramik. Ab der Meiji-Zeit wurde in den Export des in Seto hergestellten Porzellans große Hoffnung gesetzt. Die 1904 gegründete Handelsgesellschaft Nihon Tōki Gōmei Kaisha (die spätere Noritake Company Ltd.) baute in Noritake eine großzügig angelegte Fabrik nach der neuesten europäischen Technologie. Ursprünglich stellte man Ziergegenstände aus Porzellan für den amerikanischen Markt her, doch ab dem Ersten Weltkrieg stieg der Export von Geschirr und anderen Gebrauchsartikeln nach China, Indien, Südostasien und Österreich rasant an. Auch in Amerika wuchs die Nachfrage nach Noritake-Geschirr im westlichen Stil. Da man während des Krieges kein europäisches Porzellan mehr für den Export produzierte, wurden als Ersatz Noritake-Produkte nach Amerika importiert. In den 1910er Jahren fand westlich designtes Porzellan aus Nagoya zudem Eingang in japanische Restaurants und in die Haushalte der Oberschicht.

Die durch den Ersten Weltkrieg begünstigten Exporte von Spinnerei- und Keramikprodukten steigerten den Bedarf an Kisten für Transport und Verpackung und förderten dadurch auch die Entwicklung der Holzverarbeitung. Die Herstellung von Transportkisten überflügelte bald die Produktion von Türen, Fässern, Trögen und Möbeln. Auch die Produktion von Holzspielzeug und Musikinstrumenten (Suzuki-Violinen) stieg in dieser Zeit sprunghaft an.

Während die Spinnereibranche bereits zur großindustriellen Produktion übergegangen war, blieb die Weberei zu dieser Zeit noch von traditionellen Technologien abhängig. Es wurden zwar mechanische Webstühle aus Europa und Amerika importiert, doch waren diese für die damals landesübliche Stoffbreite nicht geeignet. Man bemühte sich in ganz Japan um die Weiterentwicklung der mechanischen Webstühle für den eigenen Markt, wobei die Erfindungen von Sakichi Toyoda beispielhaft für diese Entwicklung stehen. Bereits 1895 (oder 1896) entwickelte Toyoda einen elektrischen Webstuhl, der noch teilweise aus Holz bestand. Es war dies der erste elektrische Webstuhl Japans, der schmale Stoffbahnen weben konnte. Im Vergleich mit den alten Webstühlen konnte die neue Maschine das Zehnfache produzieren und kostete außerdem nur ein Zehntel einer deutschen Maschine. Toyoda arbeitete ständig an technischen Verbesserungen und entwickelte 1908 eine Webmaschine, die breite Stoffbahnen produzieren konnte und daher auch für den Export geeignet war. Zudem arbeitete er an einer Maschine, die automatisch den Schussfaden nachfüllte und somit einen Dauerbetrieb ermöglichte, was ihm jedoch erst in den 1920er Jahren mit der so genannten „Shuttle change"-Webmaschine gelang.

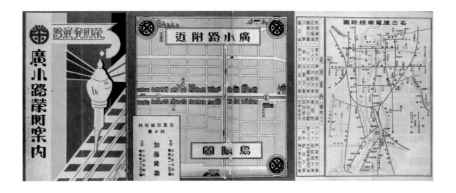

Stadtführer von Hirokōji und Sakae-machi, 1925–1927
(3.67)

Großstädtische Infrastruktur

Aufgrund des wirtschaftlichen Wachstums sowie der Expansion der Stadt während des
Ersten Weltkrieges wurde ein systematischer Ausbau des Straßennetzes zu einer unabding-
baren Notwendigkeit, um für die Zukunft gerüstet zu sein. Auch das Städteplanungsgesetz
von 1919 wirkte sich auf die Stadtentwicklung aus. Hatte man bei der Gestaltung des
Umlands von Nagoya ursprünglich den landwirtschaftlichen Nutzen im Auge, so standen
nun Umwidmungen von Ackerland in Bauland im Vordergrund.

Durch die Anwendung des Städteplanungsgesetzes wurde auch die Eingemeindung
umliegender Dörfer ein Thema. 1921 wurden 16 Dörfer eingemeindet, wodurch die Stadtfläche nun 195 Quadratkilometer betrug, das Doppelte des damaligen Tokio. Die Bevölkerung
lag mit 620.000 Einwohnern landesweit an dritter Stelle hinter Tokio und Osaka. In der
ersten Hälfte der Shōwa-Zeit kam es in Nagoya zu reger Bautätigkeit; es entstanden für
moderne Großstädte typische Repräsentationsgebäude. Das Rathaus von Nagoya (1933),
die Präfekturverwaltung von Aichi (1937) oder die Stadthalle Nagoya (1930) zeugen noch
heute von dieser Zeit. 1926 begannen die Planungen des Nakagawa-Kanals, der den Hafen
Nagoya mit dem Güterbahnhof Sasashima verbinden sollte und 1930 fertig gestellt wurde.
1937 wurde der Ausbau des Bahnhofs abgeschlossen und eine neue Schnellstraßenverbin-
dung mit dem Zentrum geschaffen.

Im selben Jahr wurde der seit 1918 bestehende Zoo in den 1935 eröffneten Higashiyama-Park verlegt. Er wurde damals als führender zoologische Garten Asiens bezeichnet,
da er nach dem Vorbild des Hamburger Tierparks Hagenbeck mit Freigehegen ohne Umzäu-
nung für Löwen und Eisbären ausgestattet war.

Aufblühende Stadtkultur

Bereits um 1900 verwandelten sich die größeren und kleineren Verbindungswege zum
Bahnhof in belebte Geschäftsviertel. 1910 eröffnete man im Bezirk Sakae ein Kleiderhaus
im westlichen Stil, das als Department Store bezeichnet wurde. Es wurde allerdings bald zu
klein, sodass es 1922 unter dem Namen Matsuzaka-ya als modernes Stahlbetongebäude
in Minami-Ōtsumachi neu eröffnet wurde. 1915 wurde das Kaufhaus Jūichi-ya errichtet.
Es war mit prächtigen Schaufenstern ausgestattet und übte mit seinen modischen Artikeln
eine gewaltige Anziehung auf die Bevölkerung aus. Das Kaufhaus bot den Menschen die
Möglichkeit, mit dem westlichen Lebensstil in Berührung zu kommen, und spielte so eine
große Rolle für dessen Verbreitung.

Neuer Bahnhof Nagoya, Ansichtskarte, um 1937

Das Ōsu-Kannon-Viertel, Ansichtskarte, um 1930
(3.12)

In den 1910er Jahren entfaltete die Hirokōji-Straße mit ihren modernen Cafés, westlichen Restaurants, Kinos und Theatern das Flair einer hedonistischen Amüsiermeile. 1922 wurde sie außerdem mit 70 Laternen ausgestattet. Das Lustwandeln auf diesem Boulevard wurde in Anlehnung an das „gin-bura" (Gin[za]-Wandeln) auf der Ginza in Tokio als „hiro-bura" (Hiro[kōji]-Wandeln) bezeichnet. Auch nach der neuesten westlichen Mode gekleidete, so genannte „mobo" (modern boys) und „moga" (modern girls) waren allenthalben zu sehen.

Nagoya im Zweiten Weltkrieg

Der Erste Weltkrieg verhalf Japans Schwer- und Chemieindustrie zu einer sprunghaften Entwicklung. Doch nachdem die europäische Wirtschaft die Folgen des Ersten Weltkrieges überwunden hatte, hielt die japanische Hochkonjunktur nicht mehr lange an. 1927 schlitterte Japan in eine Finanzkrise, und die Menschen stürmten die Banken. Zwei Jahre später wirkten sich der Börsenkrach in der Wall Street und die damit einhergehende Weltwirtschaftskrise auch auf Japan aus. Zwischen 1930 und 1931 machte ein japanisches Unternehmen nach dem anderen Bankrott. Auch der Preis der Rohseide stürzte ab, was der damals in der Region um Nagoya blühenden Seidenraupenzucht schweren Schaden zufügte.

Am 18. September 1931 ereignete sich in der Nähe von Mukden (heute Shenyang) in der chinesischen Provinz Liaoning ein Bombenanschlag auf die von Japan errichtete südmandschurische Eisenbahn. In Wirklichkeit handelte es sich dabei um ein von der japanischen Armee selbst inszeniertes Komplott, doch Japan sah darin offiziell einen feindlichen Akt Chinas und okkupierte sogleich den Nordosten des Reiches. Dies war der Beginn des japanischen Vasallenstaates Mandschurei.

Am 7. Juli 1937 begann der Zweite Japanisch-Chinesische Krieg mit einem Zusammenstoß japanischer und chinesischer Truppen an der Marco-Polo-Brücke südlich von Beijing. 1938 verabschiedete die japanische Regierung das Volksmobilisierungsgesetz, um die Rüstungsproduktion anzukurbeln. Auch im alltäglichen Leben litt die Bevölkerung unter Einschränkungen wie dem Verbot von Herstellung und Verkauf von Baumwolle oder der Rationierung von Benzin und Zucker. Damit die Preise in der Zeit der Güterknappheit nicht stiegen, wurden Lebensmittelkarten eingeführt, doch war das System so beschaffen, dass man für jeden Einkauf sowohl Geld als auch Lebensmittelkarten benötigte.

Mit dem Überraschungsangriff der japanischen Marine auf die in Pearl Harbor auf Hawaii stationierte US-Pazifikflotte am 8. Dezember 1941 begann der Pazifische Krieg. Jegliche Produktion, die nicht der Rüstung diente, geriet ins Stocken, die Kontrolle der Lebensmittel erstreckte sich nun auch auf die lebensnotwendigsten Dinge. Das Hauptnahrungsmittel Reis

Flourishing Street "Hirokoji" Nagoya.
名古屋名所）大都市大通り街区さと整備せる廣小路通り

Bombardierung und Kriegsschäden in Nagoya, 1945
(4.5)

10 James H. Doolittle war der Operationsleiter des so genannten Doolittle Raid, des Überraschungsangriffs der Luftstreitkräfte der US-Armee am 18. April 1942 auf Tokio.

wurde in Nagoya von 1941 an rationiert, doch die zugeteilte Menge reichte oft nicht aus, sodass die Rationen durch Süßkartoffeln ersetzt wurden oder ganz ausblieben. Oft klafften auch die offiziell verordneten Preise und jene auf dem Schwarzmarkt weit auseinander. Die extreme Lebensmittelknappheit dauerte auch nach dem Krieg noch eine Zeit lang fort.

Da metallene Rohstoffe in Japan nur spärlich vorhanden waren, sammelte man Pfannen, Töpfe und Öfen sowie die großen Glocken der Tempel, um das nötige Metall für die Rüstungsproduktion zu gewinnen. Als Ersatz für die solcherart abgegebenen Haushaltsgegenstände verwendete man Keramikwaren, die in Seto hergestellt wurden.

Die Rüstungsproduktion

Das hoch industrialisierte Nagoya und sein Umland, die Präfektur Aichi, verwandelten sich mit zunehmender Dauer des Krieges zu einem wichtigen Gebiet der Rüstungsproduktion. Die Toyota-Werke, die eben die ersten japanischen Pkws zur Serienreife gebracht hatten, begannen nun mit der Herstellung von militärischen Lastwägen mit einem jährlichen Output von über 10.000 Fahrzeugen. Doch im Zentrum der Rüstungsindustrie von Aichi war die Flugzeugproduktion. Die 1920 gegründeten Mitsubishi-Flugzeugwerke in Nagoya waren Japans zweitgrößte Flugzeugfabrik nach den Nakajima-Werken und stellten Kampfflieger und Flugzeugmotoren her. Das Kampfflugzeug der Klasse 0 für die Flugzeugträger, das bei den Alliierten unter dem Codenamen „Zeke" geführt wurde und unter den amerikanischen Soldaten als „Zero Fighter" bekannt war, wurde von den Mitsubishi-Werken in Nagoya entwickelt. Von 1940 bis 1945 produziert, war es anfangs das modernste Kampfflugzeug der Welt, mit dem auch Pearl Harbor bombardiert wurde. Ab etwa 1943 konnten Briten und Amerikaner überlegenere Kampfflugzeuge zum Einsatz bringen. Gegen Kriegsende wurde die inzwischen technisch unterlegene Maschine auch für Kamikaze-Operationen eingesetzt.

Zwischen 1941 und 1942 wurden die Spinnereien in Zulieferbetriebe für den Flugzeugbau umgewandelt. Auch der Uhrenhersteller Aichi Tokei Denki war schon ab 1920 im Flugzeugbau aktiv und produzierte vor allem für die Marine. 1943 entstanden daraus die Flugzeugwerke Aichi. Zu diesem Zeitpunkt gab es in Nagoya außerdem zahlreiche auf Flugzeugkomponenten spezialisierte Zulieferbetriebe.

Die Naya-Brücke, Ansichtskarte, 1913
(3.10)

Hirokōji-Straße, Ansichtskarte, 1930
(3.11)

Amerikanische Luftangriffe

Am 18. April 1942, bald nach dem Beginn des Pazifischen Krieges, kam es in ganz Japan zu amerikanischen Luftangriffen. Auf Nagoya fielen sechs Brandbomben aus den Flugbombern unter dem Kommando James H. Doolittles, die von Flugzeugträgern aus operierten.[10]

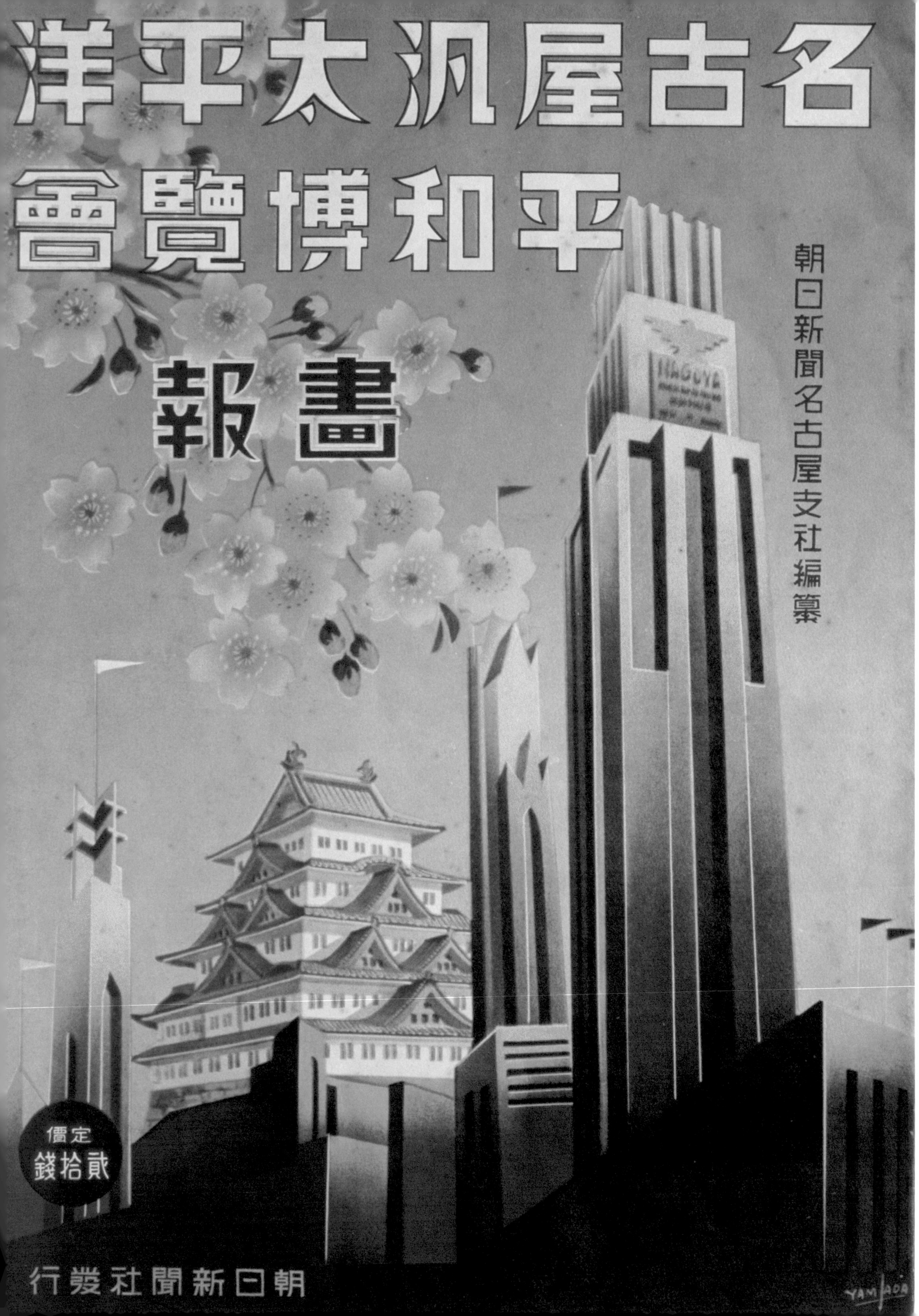
名古屋汎太平洋
平和博覽會
畫報
朝日新聞名古屋支社編纂
定價
貳拾錢
朝日新聞社發行

Kriegsschäden in Nagoya 1945/1946
(4.8)

Ernsthafte Luftangriffe begannen aber erst, als die USA auf Saipan (Insel der Marianen) einen Flughafen errichtet hatten. Am 13. Dezember 1944 forderte das Bombardement der Mitsubishi-Flugzeugwerke Nagoya in Daikō im Bezirk Higashi durch einen B29-Bomber über 300 Todesopfer. Diese Werke, in denen damals über 40 Prozent der japanischen Flugzeugmotoren hergestellt wurden, waren insgesamt siebenmal Ziel von Luftangriffen. Auch zahlreiche andere Betriebe im Großraum Nagoya, neben Flugzeugwerken auch die Munitionsfabriken in Chikusa, wurden immer wieder bombardiert.

Im März 1945 setzten intensive Flächenbombardements ein, und am 14. Mai 1945 ging die Burg von Nagoya nach einem Bombenangriff in Flammen auf. Zu Kriegsende, am 15. August 1945, waren über 40 Prozent der Stadtfläche niedergebrannt, 8.000 Einwohner waren umgekommen.

Vom Ende des Zweiten Weltkrieges bis zur Gegenwart

Kriegsfolgen, Neuorientierung und Reformen

Am 15. August 1945 erklärte Japan seine bedingungslose Kapitulation gegenüber den Siegermächten USA, England und Sowjetunion gemäß dem Potsdamer Abkommen. Auch in Nagoya marschierten amerikanische Truppen ein. Hinsichtlich des Friedensabkommens mit den alliierten Mächten war man geteilter Meinung, inwieweit die Sowjetunion und die Volksrepublik China mit einbezogen werden sollten. 1951 unterzeichnete Japan schließlich einen Friedensvertrag mit den USA und England in San Francisco und wurde daraufhin ein eigenständiges Mitglied der freien westlichen Welt. Zur gleichen Zeit wurde der japanisch-amerikanische Sicherheitsvertrag abgeschlossen, wodurch Amerika das Recht erhielt, auch nach Friedensschluss Truppen auf japanischem Boden zu stationieren.

Für die Bevölkerung bestand das vordringlichste Problem unmittelbar nach Kriegsende in der Beschaffung von Lebensmitteln. Der Nahrungsbedarf wurde durch die Heimkehrer aus den ehemaligen Kolonien weiter gesteigert, zudem war die Ernte in diesem Jahr schlecht. Der Gütertransport litt unter den Kriegsschäden, und in den Nahverkehrszügen herrschte Chaos wegen der vielen Menschen, die auf der Suche nach Nahrungsmitteln auf das Land fuhren. Unter diesen Bedingungen bildete sich in Nagoya wie in allen großen Städten ein Schwarzmarkt, der sich vor allem auf die Westseite des Bahnhofs konzentrierte.

Im Zuge des Wiederaufbaus forcierte Nagoya ein engagiertes Stadtplanungsprogramm, wodurch Stadtstruktur und -bild radikal verändert wurden. Dabei wurden jedoch bereits vor

Programmzeitung der Nagoya Pan-Pacific Peace Exposition, 1937
(3.79)

55

Kriegsschäden in Nagoya 1945/1946
(4.8)

dem Krieg gefasste Pläne in die Tat umgesetzt. Um Feuersbrünste zu verhindern, durchzog man das Zentrum Nagoyas mit zwei 100 Meter breiten Straßen und legte zahlreiche 50 Meter breite Straßen an. Die alten Friedhöfe wurden aufgelassen und im so genannten Friedenspark zusammengelegt. Das so gewonnene Neuland wurde umgewidmet.

Bei den allgemeinen Wahlen im April 1946 galt erstmals gleiches Wahlrecht für Männer und Frauen. 1946 wurde die „Verfassung des Kaiserreichs Großjapan" in die bis heute gültige japanische Verfassung umgewandelt, die im folgenden Jahr in Kraft gesetzt wurde. Der neuen Verfassung liegen die Prinzipien der Souveränität des Volkes, der Wahrung der Menschenrechte und des Pazifismus zugrunde. Sie erklärt den Tennō zu einem Symbol der Einheit des Volkes ohne politische Macht und verpflichtet Japan zum Verzicht auf das Mittel des Krieges.

Zwischen 1947 und 1950 wurde die bis dahin größte Landreform Japans durchgeführt. Davor stand mehr als die Hälfte der landwirtschaftlichen Nutzfläche im Eigentum von Grundbesitzern, während die Bauern als Pächter das Land bearbeiteten und daher einen unsicheren wirtschaftlichen Stand hatten. Diese Reform brachte die Schicht der landwirtschaftlich nicht aktiven Grundbesitzer fast völlig zum Verschwinden, indem ihnen das Land zu festgesetzten Bedingungen zwangsweise abgekauft und an die Pächter, die es bewirtschafteten, weiterverkauft wurde. Der Anteil Grund besitzender Bauern stieg daraufhin auf über 90 Prozent, wodurch sich die wirtschaftliche Lage der Landbevölkerung wesentlich verbesserte.

Wirtschaftsaufschwung und Strukturwandel

Der Beginn des Koreakrieges hatte 1950 durch den Export von Kriegsgütern zu einer konjunkturellen Belebung in Japan geführt, und ab 1955 trat das Land in eine Phase des rasanten Wirtschaftsaufschwungs ein. Im Hafen von Nagoya wurde zu dieser Zeit eine Landgewinnung in großem Maßstab vorangetrieben, um das von der Industrie benötigte Land sicherzustellen. Im November 1957 wurde die erste Untergrundbahn Nagoyas eröffnet, nach Tokio und Osaka die dritte in Japan. Die Strecke zwischen dem Bahnhof von Nagoya und Sakae-machi im Zentrum betrug zwar nur 2,4 Kilometer, doch wurde sie nach und nach erweitert. Seit in Nagoya im Jahr 2003 die erste unterirdische Ringlinie Japans realisiert wurde, beträgt das Streckennetz insgesamt 89,1 Kilometer.

1957, kurz vor der Inbetriebnahme der U-Bahn, wurde im Bahnhofsareal eine unterirdische Einkaufspassage (die heutige Sunroad) eröffnet. Südöstlich des U-Bahn-Eingangs reihten sich 61 Geschäfte aneinander. Das war damals die größte unterirdische Geschäftsstraße dieser Art und wird auch als die erste wirkliche Japans bezeichnet.

Es kamen weitere dazu, und Nagoya wurde auf diesem Gebiet zu einem richtigen Trend-setter. Es hieß sogar, die unterirdischen Einkaufspassagen wären belebter als die ober-irdischen Geschäftsstraßen.

Im September 1959 richtete ein Taifun über der Bucht von Ise großen Schaden in Nagoya an. Er verursachte vor allem einen Dammbruch, durch den der südliche, auf Meeres-niveau gelegene Teil der Stadt fast einen Monat lang überschwemmt war. Mit 1.900 Toten schrieb sich diese Katastrophe unauslöschlich in das Gedächtnis der Stadtbevölkerung ein.

Zwischen 1955 und 1964 wurden zahlreiche Markt- und Dorfgemeinden der Umge-bung eingemeindet und zu einem Teil der heutigen Stadt Nagoya. Die Bevölkerung stieg an, und im östlichen Hügelland wurden große Wohnanlagen errichtet. Auch die Zahl der Auto-besitzer nahm in dieser Zeit rasch zu. Da Nagoya einerseits über breite Straßen verfügte und andererseits der Ausbau des öffentlichen Verkehrssystems nicht mit der sonstigen Entwicklung Schritt halten konnte, ist in Nagoya der Anteil der Personen, die ein eigenes Auto in Anspruch nehmen, im Vergleich mit den anderen Großstädten Japans hoch.

Bis zu dieser Zeit wurde der industrielle Sektor Nagoyas von Maschinenbau, Metall- und Chemieindustrie dominiert. In der Folge kam es jedoch zu einem Strukturwandel der japanischen Industrie, im Zuge dessen diese Produktionszweige außerhalb der Städte angesiedelt wurden, während sich die städtische Wirtschaft auf den tertiären Sektor ver-lagerte, mit dem eine größere Wertschöpfung zu erreichen war. Heute erzielt vor allem der Dienstleistungssektor – Kaufhäuser, Fachgeschäfte, Großhandel, Gastronomie, Informati-onsbranche oder Werbung – Gewinne, während der industrielle Sektor zumindest innerhalb der Stadtgrenzen kontinuierlich an Bedeutung verliert. Dieser Wandel spiegelt sich auch in der Zahl der Arbeitnehmer in den jeweiligen Wirtschaftszweigen wider. Während mit dem Beginn der Moderne überwiegend Arbeitsplätze in der Industrie geschaffen wurden, ist seit 1969 in diesem Sektor ein Rückgang zu verzeichnen, und Jobs in Handels- und Gastronomieunternehmen sind an die erste Stelle gerückt. 1989 wurde der industrielle Sektor schließlich durch den Servicesektor auf den dritten Platz verwiesen.

1969 überschritt die Einwohnerzahl Nagoyas die Zwei-Millionen-Grenze, was unter anderem durch die Eröffnung des Museums der Stadt Nagoya im Jahr 1977 gefeiert wurde.

Die Expo 2005

Rund um die Weltausstellung 2005 in der Präfektur Aichi (Expo 2005 – Aichi banpaku) gab es anfangs heftige Debatten bezüglich Veranstaltungsort, Thematik, Ausrichtung et cetera. Nach einigem Hin und Her beschloss man, nicht wie bisher die technologische

Jiro Teranishi: „Vor der Burg", 1963
(5.8)

Burg mit Skyline, 2007
(5.27)

Entwicklung, sondern den Umweltschutz zum zentralen Thema zu machen. Die Expo stand unter dem Motto „Nature's Wisdom" und sollte zum Nachdenken anregen, wie der Mensch und die Natur in Einklang miteinander fortbestehen könnten. Sie sollte in die thematischen Gruppierungen „Nature's Matrix" (Weltall, Leben und Information), „Art of Life" (Lebenskunst und Lebensweisheit) und „Development for Eco-Communities" (ökologische Gesellschaft) unterteilt sein und eine umfassende Darstellung der Umweltproblematik beinhalten. Das zentrale Ausstellungsgelände lag zwischen den Orten Nagakute und Toyota, eine Stunde mit der Schwebebahn entfernt, östlich von Nagoyas Zentrum. Weitere Ausstellungen waren in Seto angesiedelt. Auch in der Planung der Anlage behielt man den Umweltschutz im Auge und bemühte sich sowohl während der Ausstellung als auch bei ihrem Rückbau in ein Grüngebiet um Reduktion, Wiederverwendung und Recycling der Abfallprodukte. Da auch zahlreiche NGOs und NPOs an der Veranstaltung teilnahmen, wurde sie als „die erste Weltausstellung unter Bürgerbeteiligung" bezeichnet. Mehr als 22 Millionen Menschen – davon rund fünf Prozent Nichtjapaner – besuchten in der Zeit von 25. März bis 25. September 2005 die Expo, die auch in wirtschaftlicher Hinsicht ein Erfolg war.

Das Ziel: die ökologische Stadt

1999 erklärte die Stadt Nagoya den „Abfallausnahmezustand", nachdem der Plan einer Landaufschüttung mit Müll gestoppt worden war. Es wurden strikte Reglements für die Mülltrennung eingeführt, und unter Mithilfe der Bevölkerung gelang daraufhin schon im Jahr 2000 eine Müllreduktion um 20 Prozent im Vergleich zu 1998. Außerdem kündigte Nagoya an, den Kohlendioxidausstoß bis 2010 um zehn Prozent gegenüber dem Jahr 1990 senken zu wollen. Durch derartige Maßnahmen soll Nagoya zu einer Ökostadt werden, um die Erhaltung der Umwelt für künftige Generationen zu gewährleisten.

Anleitung zur Mülltrennung für Haushalte, 2007
(5.26)

資源とごみの分け方・出し方一覧表 保存版

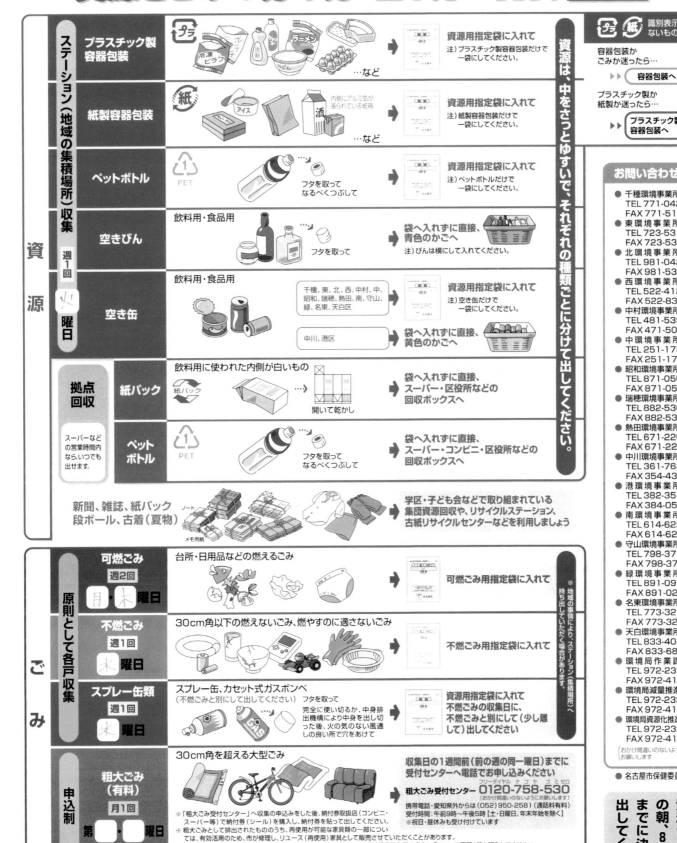

資源

ステーション（地域の集積場所）収集

週1回 火曜日

プラスチック製容器包装	プラ …など	資源用指定袋に入れて 注）プラスチック製容器包装だけで一袋にしてください。
紙製容器包装	紙 内側にアルミ箔が張られている紙箱 …など	資源用指定袋に入れて 注）紙製容器包装だけで一袋にしてください。
ペットボトル	PET1 フタを取ってなるべくつぶして	資源用指定袋に入れて 注）ペットボトルだけで一袋にしてください。
空きびん（飲料用・食品用）	フタを取って	袋へ入れずに直接、青色のかごへ 注）びんは横にして入れてください。
空き缶（飲料用・食品用）	千種、東、北、西、中村、中、昭和、瑞穂、熱田、南、守山、緑、名東、天白区	資源用指定袋に入れて 注）空き缶だけで一袋にしてください。
	中川、港区	袋へ入れずに直接、黄色のかごへ

拠点回収

スーパーなどの営業時間内なら、いつでも出せます。

紙パック	飲料用に使われた内側が白いもの 紙パック 開いて乾かし	袋へ入れずに直接、スーパー・区役所などの回収ボックスへ
ペットボトル	PET1 フタを取ってなるべくつぶして	袋へ入れずに直接、スーパー・コンビニ・区役所などの回収ボックスへ

新聞、雑誌、紙パック、段ボール、古着（夏物） → 学区・子ども会などで取り組まれている集団資源回収や、リサイクルステーション、古紙リサイクルセンターなどを利用しましょう

資源は、中をさっとゆすいで、それぞれの種類ごとに分けて出してください。

識別表示がないもの

容器包装かごみか迷ったら…
▶▶ 容器包装へ

プラスチック製か紙製か迷ったら…
▶▶ プラスチック製容器包装へ

- 千種環境事業所 TEL 771-0424 FAX 771-5113
- 東環境事業所 TEL 723-5311 FAX 723-5320
- 北環境事業所 TEL 981-0421 FAX 981-5399
- 西環境事業所 TEL 522-4126 FAX 522-8376
- 中村環境事業所 TEL 481-5391 FAX 471-5043
- 中環境事業所 TEL 251-1735 FAX 251-1736
- 昭和環境事業所 TEL 871-0504 FAX 871-0505
- 瑞穂環境事業所 TEL 882-5300 FAX 882-5305
- 熱田環境事業所 TEL 671-2200 FAX 671-2290
- 中川環境事業所 TEL 361-7638 FAX 354-4389
- 港環境事業所 TEL 382-3575 FAX 384-0562
- 南環境事業所 TEL 614-6220 FAX 614-6223
- 守山環境事業所 TEL 798-3771 FAX 798-3772
- 緑環境事業所 TEL 891-0976 FAX 891-0276
- 名東環境事業所 TEL 773-3214 FAX 773-3215
- 天白環境事業所 TEL 833-4031 FAX 833-6823
- 環境局作業課 TEL 972-2394 FAX 972-4133
- 環境局減量推進室 TEL 972-2398 FAX 972-4133
- 環境局資源化推進室 TEL 972-2390 FAX 972-4133

（おかけ間違いのないようにお願いします）

● 名古屋市保健委員会

ごみ

原則として各戸収集

可燃ごみ 週2回 月・木曜日	台所・日用品などの燃えるごみ	可燃ごみ用指定袋に入れて
不燃ごみ 週1回 火曜日	30cm角以下の燃えないごみ、燃やすのに適さないごみ	不燃ごみ用指定袋に入れて
スプレー缶類 週1回 火曜日	スプレー缶、カセット式ガスボンベ（不燃ごみと別にして出してください） フタを取って完全に使い切るか、中身排出機構により中身を出し切った後、火の気のない風通しの良い所で穴をあけて	資源用指定袋に入れて不燃ごみの収集日に、不燃ごみと別にして（少し離して）出してください
粗大ごみ（有料） 申込制 月1回 第□・□曜日	30cm角を超える大型ごみ	収集日の1週間前（前の週の同一曜日）までに受付センターへ電話でお申し込みください 粗大ごみ受付センター フリーダイヤル 0120-758-530 携帯電話・愛知県外からは（052）950-2581（通話料有料） 受付時間：午前9時～午後5時［土・日曜日、年末年始を除く］ ※祝日・昼休みも受け付けています

※「粗大ごみ受付センター」へ収集の申込みをした後、納付券取扱店（コンビニ・スーパー等）で納付券（シール）を購入し、納付券を貼って出してください。
※粗大ごみとして排出されたもののうち、再使用が可能な家具類の一部については、有効活用のため、市が修理し、リユース（再使用）家具として販売させていただくことがあります。リユースを希望されない方は、手数料納付券（シール）の氏名欄または受付番号記入欄の余白に「リユース不可」等と記入してください。
・個人情報保護について…本市は、粗大ごみ申込の際にお伺いするお名前、住所等のデータについては、粗大ごみ及びリユース家具の収集の目的以外には使用しません。

※地域の事情により、ステーション（集積場所）へ持ち出していただく場合があります。

資源やごみは、収集日当日の朝、8時（中区は7時）までに決められた場所へ出してください。

● エアコン、ブラウン管式テレビ、電気冷蔵庫・電気冷凍庫、電気洗濯機は、「家電リサイクル法」に基づき家電販売店で引き取ります。（市は収集しません）
　引っ越し等で購入した販売店が遠方になったり、廃業していた場合は…　お近くの家電量販店等へ引き取りを依頼するか、指定引取場所へ直接搬入してください。

● パソコン（プリンタ、スキャナなどの周辺機器を除く）は、「資源有効利用促進法」に基づきパソコンメーカーで引き取ります。（市は収集しません）
　自作・倒産撤退メーカー製・個人輸入品の場合は…　パソコン3R推進センター 03-5282-7685へ（おかけ間違いのないようにお願いします）

不法投棄は絶対にやめましょう！　不法投棄の現場を発見された場合は…　専用ファクス フリーダイヤル フホウキ ミイヤ 0120-245-318 か、最寄りの環境事業所まで（おかけ間違いのないようにお願いします）

※ 当分の間、資源用指定袋の代わりに、「レジ袋などの透明・半透明袋」もお使いいただけます。

名古屋市ホームページ www.city.nagoya.jp/

■ このちらしは再生紙（古紙配合率100%、白色度70%）を使用しています。　■ 発行　平成19年3月

Kimono, Ausländer und Gothic Lolitas

Die Gegend um den Ōsu-Kannon-Tempel in Nagoya

Sabine Scholl

Die U-Bahn lädt zum Dösen ein. Manchmal denke ich, dass es an der Luft liegt, dass die Schläfrigkeit in diesen U-Bahn-Waggons lagert, seit sie gebaut wurden und von da an für Millionen von Fahrgästen Platz für ein Schläfchen zwischen den Stationen boten. Unsichtbare Schlaf- und Gähngase ermüden meinen Körper, sobald ich einsteige.

Ich quetsche mich neben zwei breitbeinig dasitzende Jugendliche, schließe die Augen und lasse den Strom ihres Gespräches an mir vorbeirauschen, nehme nur mehr den Rhythmus wahr, ein Lautmuster, merke aber mit einem Mal, dass das nicht Japanisch sein kann. Ich öffne die Augen und schnappe ein paar Worte Portugiesisch auf, mit brasilianischem Akzent. Erst mit dieser Information im Kopf sehe ich auch, dass ihre Haut gebräunt ist, dass sie beim Sprechen heftig ihre Arme bewegen. Sie lachen anders, kommt mir vor, offener, nicht so brüllend oder verschämt wie die Einheimischen. Ihre Gesichtszüge ähneln denen der sie Umgebenden, denn es sind Nachkommen von Japanern, die in den 1920er Jahren nach Brasilien auswanderten. Die dritte und vierte Generation jener Immigranten kommt nun zurück ins Stammland, um da für besseren Lohn zu arbeiten.

Der Ōsu-Kannon-Distrikt Nagoyas, zu dem ich unterwegs bin und wo die beiden Brasilianer auch aussteigen, ist eher ein Treffpunkt für in Japan arbeitende Ausländer als für Touristen. Die wenigen Kurzzeitreisenden, die sich hierher verirren, wandern ungläubig und hartäugig durch die Reihen der Billiggeschäfte. Sie lassen sich nicht leicht zu einem Kauf verführen. Dies hier ist nicht Kioto. Die Waren in den Läden sind keine hübschen, beglaubigten Japansouvenirs.

Nagoya ist kein Muss für ausländische Touristen, ist weder groß noch herausragend genug, um als Station für Rundreisen zu dienen. Aber das fremde Land lässt sich hier lesen wie ein offenes Buch. Langzeitbesucher – wie ich – werden nicht gleich mitgerissen vom Geschehen, überwältigt wie in Tokio oder Osaka.

In Nagoya ist die globale Workforce spürbar. Die nahe gelegene Autostadt Toyota und die umliegenden Zulieferungsindustrien benötigen Billiglohnkräfte, um auf dem Weltmarkt konkurrenzfähig zu sein. Der Anteil an ausländischen Arbeitern und deren Familien ist daher weitaus höher als in vergleichbaren Regionen, rund 90.000 Ausländer leben im Umkreis Nagoyas. Vor allem brasilianische Fließbandarbeiter versuchen ihr Glück im Land der Vorfahren und haben es anfangs trotz der bereits Generationen zurückliegenden Herkunft einfacher, Arbeits- und Aufenthaltsgenehmigungen zu erhalten. Japanische Chefs und Angestellte der höheren Etagen lassen sich nach Arbeitsschluss gerne von Hostessen aus der Ukraine, von den Philippinen oder aus verschiedenen Dritte-Welt-Ländern unterhalten.

Das Ōsu-Kannon-Viertel, 2007
(5.16)

Unter dem prächtigen Tempel von Kannon mit dem gütigen Gesicht, Göttin der Barmherzig-
keit, treffen sich viele dieser Ausländer samstags im Ōsu-Distrikt, um unter anderen Fremden zu sein. Aber auch der Tempel ist kein Einheimischer, sondern wurde vor 400 Jahren von
seinem ursprünglichen Ort in Gifu nach Nagoya versetzt. Der Name seines früheren Standorts
Ōsu wurde mit hierher übertragen. Die murmelnden Gesänge der Mönche, ihr beständiges
Trommelschlagen, die Schwaden des Räucherwerks und sein eindringlicher Geruch vermit-
teln den Eindruck jahrhundertealter Tradition. Die knallig rot-rosa-orange-gold gefärbten
Dachbalken heben sich deutlich ab vom dominierenden Betongrau der Umgebung.

Am Vorplatz des Tempels drängen ältere Japanerinnen um die Wühlhaufen aus Kimonos,
Obis, Jacken, Gürteln, Schals, Stoffresten. Sie kämpfen um die vordersten Plätze, die besten
Schnäppchen. Vor dem großen Eingang und hinter dem Seitentor, in den toten Winkeln
des Tempelareals, tobt die Schlacht besonders wild. Kimono-Jacken ab 300 Yen! Kimonos
um 1.000 Yen! Aber Achtung auf kleine Löcher, Risse, Verfärbungen und durch falsche
Aufbewahrung entstandene Feuchtigkeitsflecken am Innenfutter! Die mich umschwirrenden
Frauen geben Tipps. Auf einem von mir ergatterten Stück entdecken sie Schmutzflecken.
Als ich vorschlage, den Kimono auf der anderen Seite zu binden, sodass die Stelle verdeckt
wird, schütteln sie heftig den Kopf. Unmöglich! Man kann einen Kimono nicht auf Männerart
anziehen! Mir wäre es egal, aber für die Frauen wäre das so, als würden sie ihre Schuhe
verkehrt herum tragen. Und ich beuge mich ihrem Urteil.

Die Klientel des Flohmarktes sind vor allem ältere Leute, ärmere. Die Damen verferti-
gen aus den Resten der traditionellen Stoffe kleine Puppen, Täschchen, Patchworkarbeiten,
Tierfiguren, Gegenstände, von denen meine Nachbarin Etsuko sagt: „Very Japanese!"

Auch in den Geschäften der an den Flohmarkt anschließenden Passagen ist an Wochen-
enden viel Betrieb. Hier gehen Japaner einkaufen, die sich die teuren Markenwaren in den
Kaufhäusern nicht leisten können oder wollen. Hier gibt es kein Tiffany, hier findet man keine
Jimmy-Choo-Sandalen. Sondern Country-Look, gebrauchte Herrenhosen, Arbeiterblousons,
Küchenschürzen, zerknitterte Karohemden und Ledergürtel – alles zu günstigen Preisen.

Der Ōsu-Distrikt bedeutet für mich Kleidung, Verwandlung, verschiedene Identitäten,
auch wenn die japanischen Kollegen an der Universität milde lächeln, wenn ich von meinen
Ausflügen dorthin erzähle.

Das brasilianische Café Osso Brasil – der „Brasilienknochen" – ist nicht nur für mich
ein Ersatz für Heimat, ein Ort, an dem ich mehr Vertrautes spüren kann als in jeder hochele-
ganten Kaufhausetage der Innenstadt Nagoyas. Vielleicht ist der Name sogar ein Wortspiel,
denn „Ōsu" wird ähnlich ausgesprochen wie das portugiesische Wort „osso".

Ich bestelle Rissóis de Carne, mit Fleisch gefüllte, panierte Teigtaschen, bin froh, dass ich diese Sprache verstehen, diese Schrift lesen und mich für ein paar Momente aus der Welt des mir unverständlichen Japanisch entfernen kann. Ich setze mich an die Bar und beginne mit dem Verkäufer ein Gespräch auf Portugiesisch. Er ist genauso erstaunt über mich wie ich über ihn. Er stammt aus São Paulo, arbeitet wochentags als Fahrer für eine Transportfirma und hat gerade um seine permanente Aufenthaltsgenehmigung angesucht. Er verdient in Japan zwar mehr als in Brasilien, jedoch sind auch die Ausgaben höher. „Não é fácil", wiederholt er immer wieder, „não é fácil" – es ist nicht leicht. Zwischendurch bedient er Kunden; er beherrscht die japanischen Zahlen und die Höflichkeitsformeln, die ein Verkaufsvorgang verlangt.

Viele der Gäste des Osso Brasil sind brasilianisch-japanisch, sprechen Portugiesisch, trinken aus Brasilien importierte Fruchtsäfte, die aus dem Heimatland vertraute Limonade. Im TV laufen brasilianische News. Ich genieße die kleine Ruhepause als Fremde unter Fremden.

Dann ziehe ich weiter, auf Kimono-Suche für die Freundinnen in Berlin und Wien. Vor dem Laden mit Hip-Hop-Kleidung verteilt ein Mann Werbezettel, um auf die Angebote des Stores aufmerksam zu machen. Seine schwarze Hautfarbe soll wohl für die Authentizität der Klamotten bürgen, bloß hört sich sein Englisch nicht sehr amerikanisch an. Zwischen all den Kleider- und Keramikständen, inmitten von Brathendl- und Yakitori-Gerüchen, huscht eine als Serviermädchen gekleidete Lolita auf 15-Zentimeter-Plateausohlen vorbei.

Denn auch für die Cosplayer ist der Ōsu-Distrikt eine Fundgrube. Cosplay, eine Kombination von „costume" und „play", ist die japanische Praxis, sich in Figuren aus beliebten Mangas, Animes oder Computergames zu verwandeln. Mittlerweile gibt es eine ganze Industrie, die sich auf vorgefertigte Teile verrückter Ausstattung spezialisiert. Für mich sieht es auf den ersten Blick aus, als würden die Mädchen sich in Märchenfiguren hineinversetzen. Als Heidis und Cinderellas mit hellhaarigen Zopfperücken erscheinen sie mir. Doch nehmen die Mädchen vielmehr Anregungen von den Figuren aus Mangas und Anime-Filmen, deren Zeichner bereits Anleihen bei westlichen Kleidungsstilen genommen haben.

Zurzeit ist besonders der Look der Gothic Lolita gefragt: eine Menge Unterröcke, Spitzen, Rüschen, Schürzchen, Häubchen, Krägelchen, wie Puppen aus dem 19. Jahrhundert, gekreuzt mit dunklem Make-up, Sadomaso-Korsagen und Accessoires mit Totenköpfen, Kruzifixen, Fledermäusen. Viktorianische Puppen in verschiedenen Variationen, Alice aus dem Wunderland und Vampirsmädchen. Zum Teil werden die Outfits nach Vorlagen aus einschlägigen Magazinen selbst gebastelt, zum Teil in den entsprechenden Shops für teures Geld fertig zusammengestellt erworben.

So wie westliche Japanliebhaber die Feinheiten der Muster, Farben und Schnitte der Kimonos nur oberflächlich wahrnehmen, ihre subtile Sprache nicht anwenden können, handelt es sich bei der japanischen Übernahme von westlichen Kleidungsstilen um Verwischungen. Ihre Konnotationen können von den Cosplayern aus Mangel an erlebter Historie gar nicht korrekt gedeutet werden. Die viktorianische Nostalgie ist rein ästhetisch angewendet und richtet sich nach einer Zeit, die es auf diese Weise in Japan nie gab.

Für mich bleibt das Bedürfnis der japanischen jungen Frauen, sich wie Puppen oder auch Schreckenspuppen zu kleiden, ein faszinierendes Mysterium, vor allem auch, weil das Abgründige gleichzeitig lieb sein soll. „Ich mag diese Mode, weil sie kompliziert und elegant ist, sie will nicht schockieren, sondern es geht darum, süß zu sein, unschuldig und raffiniert", behauptet eine Anhängerin in einem Internetforum.

Es ist also eher eine Art des kulturellen Borgens, um damit völlig andere Bedeutung zu erzielen. Gerade weil die Bestandteile nicht verstanden werden, kann es zu einer im Westen schwer verständlichen Bedeutungsverschiebung kommen. Diese produktiven Missverständnisse haben nichts mehr mit dem historischen Imitieren des Westens zu tun, das die japanische Minderwertigkeit gegenüber dem Herkunftsland des „Originals" einst hervorstrich.

Und dieser Verniedlichung und dem Zurückgehen in eine fiktive Vergangenheit entspricht anscheinend die wachsende Verunsicherung in der Realität des 21. Jahrhunderts. Seit dem Platzen der großen japanischen Wirtschaftseifenblase gibt es tatsächlich weniger Jobchancen, weniger rosige Aussichten auf die Zukunft, weniger gut verdienende Ehemänner. Vielleicht ist das Sichverkleiden auch Phänomen einer zunehmend kinderlosen Gesellschaft: Erwachsene verkindlichen, Jugendliche wollen Kinder bleiben. Erwachsenwerden verliert seinen Sinn.

Meine Verwunderung über die schreckliche Niedlichkeit der Lolitas kontert Nachbarin Etsuko dann aber mit einem lautstarken Lachen, als ich ihr die verschiedenen Seidengürtel zeige, die ich für meine Freundinnen gekauft habe.

Etwas irritiert erzähle ich, dass in Europa zurzeit die Mode von japanischen Formen beeinflusst ist: Die Taille wird mit breiten, Obi-ähnlichen Gürteln betont. Etsuko winkt ab. „Don't try to wear a thing like that here!", warnt sie mich. Ich solle mich nur ja nicht lächerlich machen mit falsch verwendeten Kimono-Teilen.

Und was ich in einer ersten Reaktion auf die Erscheinungen der Cosplayer noch als Reaktion auf die strengen Uniformpflichten von Schülern und Angestellten interpretierte – ich glaubte, es wäre ein Versuch, der Konformität zu entkommen, um sich zumindest am Wochenende zu individualisieren –, war ebenso falsch gedacht.

Die Verkleidung dient nicht dem Sichhervortun, sondern beweist die Zugehörigkeit zu den verschiedenen Gruppen und Untergruppen wie Sweet Lolita, Gothic Lolita, Erotic Lolita, zu Gothic Punk, Occult Punk oder Öko-Hip-Hop, zum Pirate oder Aristocrat Look, zu Rock Gothic, Elegant Rock und so weiter und so fort. Man betreibt dieses Individualisieren nie einzeln, sondern in Gruppen, die sich sehr wohl nach Dresscodes unterscheiden, auch wenn die Verkleideten für Uneingeweihte im Vergleich zur japanischen Alltagskleidung recht abweichend aussehen.

Das Kostümieren und Sichinszenieren weist auf eine lange Tradition gerade im Ōsu-Kannon-Distrikt. In der Edo-Zeit befand sich hier, südlich vom Schloss, ein heiliger Bezirk, Oirandochu genannt, der mit seinen Teehäusern und leichten Mädchen auch dem Vergnügen gewidmet war.

Als ich von einem jungen Historiker – auf gut katholisch – herausfinden will, ob Ōsu wegen dieser Vergangenheit heute einen guten oder schlechten Ruf habe, versteht er meine Frage lange gar nicht, weil Tempel und Prostitution sich im alten Japan gar nicht ausschlossen, wie ich dann erfahre, sondern im Gegenteil eine praktische Verbindung eingingen. Auf dem Weg zur Seelenreinigung wurde erst noch mal ausgiebig gesündigt, damit sich das Beten überhaupt auszahlte. Andererseits wurden die Freudenmädchen und Geishas durch die Nähe der Tempel und Schreine vom Anschein des Heiligen berührt. Das Verhältnis von Moralischem und Unmoralischem müsse immer ausgewogen sein, erklärt mir der Historiker. Ein heiliger Bezirk, in dem nur Gutes stattfindet, sei durch das Übermaß an Moral schon unmoralisch.

Ein Familienvater konnte also sagen: „Ich gehe in den Ōsu-Bezirk", und damit mehrere Deutungen zulassen: entweder Theater oder trinken oder beten oder Sex.

Das Getriebe um Heiligkeit und Lust wurde schließlich um eine Schau exotischer Tiere erweitert, die – wie der Buddhismus und andere heute als genuin japanisch empfundene kulturelle Elemente – aus China und Korea eingeführt wurden. Schaulustige und Wissenschaftler kamen in den Ōsu-Distrikt, um die fremden Wunder zu studieren.

Auch die prunkvoll bemalten Schiebetüren der Burg von Nagoya, die man vor dem Bombenhagel des Zweiten Weltkriegs gerettet hatte, tragen Motive von Leopard und Tiger, die die Maler aber nicht in natura studieren konnten. Allein Berichte von Reisenden, künstlerische Imagination und die Felle der wilden Tiere standen ihnen zur Verfügung.

Von den damaligen Anlagen des Ōsu-Bezirks sind heute noch der Straßenverlauf von Hommachi-dori und Banshoji-dori sowie die Tempel und Schreine sichtbar. In Erinnerung an die früheren Ausschweifungen will man ab 2007 sogar Festzüge mit historischen Kos-

Sabine Scholl, Buch *Sprachlos in Japan*, 2006
Die 1959 geborene und derzeit in Berlin lebende
Autorin schildert in Tagebuchform ihre Erfahrungen
als Gastprofessorin in Nagoya. Es geht nicht nur um
persönliche Eindrücke, sondern um das Fremdsein an
sich, um Sprachlosigkeit, um kulturelle Differenzen
und Kulturtransfers.
(5.16)

tümen von Prostituierten veranstalten. Auch ein internationales Treffen der Cosplayer im
Ōsu-Gebiet ist geplant. Aus den Gott geweihten Theatern wurden nach und nach Kinos, die
später in Richtung der neueren Einkaufsviertel zogen.

Heute gibt es neben den Inszenierungen auf der Straße in Ōsu nur mehr eine einzige
kleine Bühne, immer am Rande des Ruins, die als letzte Spur der einstmaligen Bestimmung
des Bezirks Stellung hält.

Dass es noch ganz andere Herangehensweisen im Umgang mit fremden Elementen
in Japan gibt, wird mir klar, als ich das kürzlich im Hafenareal Nagoyas eröffnete italienische Dörfchen besuche, das Venedig und Florenz, die Essenz des Italienischen auf
kleinstem Raum repräsentieren soll: aufgeklebte venezianische Fassaden und Schilder in
italienischer Sprache, ein paar Brücken, ein paar Kanäle, die Statue des nackten David aus
Florenz, daneben ein Orakel, der Campanile, zwei drei Steinlöwen und vier Gondeln. Das
reicht für eine Erlebniswelt, an der sich nachmittags eine Gruppe älterer Damen erfreut.
Sie fotografieren sich abwechselnd mit dem Orakelgesicht. Danach Shopping von Mura-
noglas und als Belohnung italienisches Eis. Die japanischen Gondolieri kühlen ihre Füße
im Springbrunnen. Und man hat sich eine lange, teure Reise erspart, denn mehr hätte man
in Italien auch nicht gemacht. Und da die Verkäufer in den Shops Japaner sind, ist auch
das Sprachproblem elegant umgondelt. Es ist eine gezähmte, sorgsam dosierte Fremde,
die gar keine Fremde ist. Die japanische Identität gerät durch das Hereinnehmen derartiger
Fremdpartikel nicht ins Wanken. Vielmehr werden sie aufgesaugt und absorbiert, ohne die
Integrität des japanischen Seins zu verunsichern.

Während das zaghafte Kratzen an der japanischen Homogenität, das im Ōsu-Distrikt
seinen Ort findet, eigentlich nicht existiert, weil es nicht existieren soll. Brasilianische
Japaner sind unsichtbar, weil man sie nicht wahrnehmen will. Sie fallen höchstens als
Lärmquelle und undisziplinierte Müllerzeuger störend auf. Und wenn einer dieser traurigen
Einwanderer es tatsächlich schafft, sich vollständig zu integrieren, muss er sogar seinen
fremdländischen Namen aufgeben, um echter Japaner zu werden.

Viele aber scheitern und erinnern sich trotzig an die Kultur, die sie verlassen haben.
Während sie sich in Brasilien mit der Herkunft ihrer Familie aus Japan identifizierten,
beginnen sie auf der Straße im Villaggio Italia und am Ōsu Kannon Samba zu tanzen. Und
die Einheimischen sehen fassungslos zu, wie sich die fremd gewordenen japanischen Körper bewegen, obszön, haltlos, degeneriert. „Não é fácil." Das zum Abschluss stattfindende
japanische Feuerwerk vereint aber dann für ein paar Momente des Staunens alle Zuschauer,
japanische, halb japanische und nicht japanische.

Flug Nr. LH 737
Nagoya–Frankfurt:
rückwärts gelesen

Isabel Termini

Rückflug

Diese Zeilen entstanden auf dem Rückflug meines zweiten Arbeitsaufenthalts in Nagoya im November 2007. Persönliche Eindrücke und Erfahrungen sollten mit dem in einem Jahr über Japan Erlesenen verbunden werden. Die Vorgangsweise war assoziativ.

Schlafkultur

Eingezwängt in der letzten Reihe der Lufthansa-Maschine, suche ich nach Zitaten in meinem Notizbuch, die mir – einer Nichtjapanologin – ein differenzierteres Bild der japanischen Kultur ermöglicht haben. In der Sitzreihe vor mir rebelliert ein übergewichtiger Amerikaner. Er kann trotz Sonnenbrille nicht schlafen und beschwert sich beim Steward über mein aufgedrehtes Leselicht. Ganz anders meine japanischen Sitznachbarn. Noch bevor die Maschine abhebt, schlafen sie innerhalb von Sekunden ein. Der Nachbar rechts von mir verschläft die zwölf Stunden Flugzeit komplett. Tiefschlaf – oder in Anwendung einer Kategorie aus der Studie Brigitte Stegers über japanische Schlafgewohnheiten könnte dies „anmin", der sichere Schlaf, sein.[1]

Sich über Schlafmuster gedanklich einer anderen Kultur zu nähern erscheint mir als ideales Mittel, um von einer eurozentristischen Perspektive wegzukommen. Der im Westen etablierten Norm des monophasischen achtstündigen Schlaforganisationstyps fügt Brigitte Steger zwei weitere Schlafkulturen hinzu: die Siestakultur, eine biphasische Schlaforganisation mit kürzerem Nachtschlaf und einem gesellschaftlich institutionalisierten Mittagsschlaf, und die Nickerchenkultur, die durch einen kürzeren Nachtschlaf und individuelle Tagesschlafzeiten (polyphasische Schlaforganisation) gekennzeichnet ist.[2] Wie Steger in ihrer Untersuchung herausarbeitet, sind die individuellen Tagesschlafzeiten kein Merkmal der hektischen japanischen Gegenwartsgesellschaft, sondern Zeitverwendung und Schlaforganisation unterschieden sich schon in der Vergangenheit Japans wesentlich. Die Vielfältigkeit der japanischen Begriffe zum Phänomen Tagesschlaf gibt Aufschluss über die große Bedeutung des Schlafs im Alltag der Menschen. Für jede Art von Schlaf gibt es eigene Bezeichnungen: „hirune" (Mittagsschlaf), „inemuri" (anwesend sein und schlafen), „issui" (kurzes Nickerchen), „anmin" (sicherer Schlaf), „tanuki neiri" (Dachsschlaf; sich schlafend stellen), „madoromi" (Schläfchen), „kamin" (temporäres Schläfchen), „gorone" (herumliegen und schlafen), „terene" (vor dem Fernseher liegen und schlafen) und viele mehr.[3]

1 Vgl. Brigitte Steger, (Keine) Zeit zum Schlafen? Kulturhistorische und sozialanthropologische Erkundungen japanischer Schlafgewohnheiten, Münster 2004, S. 42 f.

2 Vgl. ebd., S. 423 f.

3 Vgl. ebd., S. 42 f.

Stadtverkehr in Nagoya, fotografiert von Isabel Termini, 2007

4 Vgl. auch den Text von
Sepp Linhart „Freizeit und
Unterhaltung im Nagoya der
Moderne" in diesem Katalog.

„Inemuri" – anwesend sein und schlafen – konnte ich bei einer der vielen Arbeitssitzungen im Nagoya City Museum beobachten. Einer der Kuratoren war kurz eingenickt, und keinen störte das. Das kurze Ausspannen wird gesellschaftlich akzeptiert, egal ob in der U-Bahn, im Taxi oder in der Firma. Auch während der vielen Taxifahrten zu den anderen Museen schliefen Kurator und Übersetzerin manchmal ein. Ich begann, an der Nickerchenkultur Gefallen zu finden, mein Schlafmanko war wegen des Jetlags ohnedies enorm groß. Die Tatsache, dass der Gruppen- und Leistungsdruck innerhalb der Institutionen massiv ist, lässt sich daraus schließen, dass immer alle Kuratoren, die an der Ausstellung arbeiten, bei den Meetings anwesend sind, auch an Samstagen und Sonntagen. Viel Zeit im Museum oder in der Firma zu verbringen und sich bis zur Erschöpfung der Arbeit zu widmen gehört immer noch zu den höchsten Tugenden Japans. Auch ich habe kaum Gelegenheit, „Nagoya bei Nacht" kennen zu lernen, denn die Arbeitssitzungen mit den Kuratoren dauern oft bis spät in die Nacht.

Bereits in Wien habe ich mir vorgenommen, die schlafenden Passagiere in den U-Bahnen Nagoyas zu zählen und einen Prozentschlüssel aufzustellen. Offensichtlich bin ich zur falschen Zeit unterwegs, denn nur wenige schlafen in der Metro. Statt der dösenden Passagiere zähle ich nun die Einkaufssackerln. Fast alle – egal ob Mann oder Frau – tragen ein bis zwei Sackerln. Kein Wunder, Nagoya ist *die* Einkaufsstadt der Präfektur Aichi. Außerdem zählt Shoppen zu den beliebtesten Freizeitbeschäftigungen der JapanerInnen.[4] Bei meinen weiteren Erkundungen in der nagoyanischen U-Bahn stoße ich auf einen Waggon, der nur für Frauen reserviert ist. Wie ich später erfahren sollte, ist pro Zugsgarnitur jeweils ein Waggon Frauen vorbehalten, damit sie unbehelligt von potenziellen Grapschern reisen beziehungsweise „inemuri" machen können.

Die leise Stadt
Nagoya ist eine Autofahrerstadt. 70 Prozent der Bevölkerung benutzen das Auto, nur rund 30 Prozent die Metro. In Tokio ist das Verhältnis mit 80 Prozent U-Bahn-Nutzung umgekehrt.

Doch erstaunlich leise präsentiert sich mir dieses industrielle Hochzentrum – sowohl bei Tag als auch bei Nacht. Das liegt einerseits an der Disziplin der Autofahrer – kein Hupen und kein schroffes Abbremsen ist zu hören – und andererseits an dem Straßennetz, denn der Verkehr fließt scheinbar ungehindert durch die Straßenschluchten.

Hiroshi Okada, der Direktor des Nagoya City Museum, erklärt mir bei einem Abendessen mit wenigen Worten die Planungsprinzipien des Straßensystems. Pro 500 Meter wird eine

5 Vgl. auch den Text von Uta Hohn in diesem Katalog.

50 bis 100 Meter breite Straße mit maximal fünf Spuren angelegt, für die nach 250 Metern eine Ersatzstraße vorgesehen ist, die bei Stau befahren werden kann. Die meisten Straßen sind vierspurig. Diese großzügige Straßenplanung konnte deshalb realisiert werden, weil durch die amerikanischen Brandbomben die Stadt fast vollkommen zerstört worden war und man beim Wiederaufbau auf historische Bausubstanz kaum Rücksicht nehmen musste. Eine weitere Basis des heutigen Straßennetzes ist die Tradition der Bodenumlegung. So gilt Nagoya als Muster- und Mutterstadt der Bodenumlegung. In einfachen Worten erklärt mir Direktor Okada das Prinzip der Bodenumlegung.[5] Im Rahmen einer Bodenumlegung werden die Grundstücke zusammengelegt und in der Folge neu verteil, wobei ein bestimmter Prozentsatz der Grundstücke der Stadt und damit der Errichtung der Infrastruktur zufällt. Die Besitzer verlieren also einen geringen Anteil ihres Grundstücks zugunsten einer verbesserten Infrastruktur und der damit verbundenen Wertsteigerung ihrer Liegenschaft. Historisch gesehen, konnten erst durch die Bodenumlegungen die breiten Straßen geschaffen werden. Angesichts der Umweltbelastung durch den Privatverkehr ist dennoch Umdenken angesagt. Die U-Bahn soll ausgebaut, der private Pkw-Verkehr eingedämmt werden. Für die Angestellten des Nagoya City Museum bedeutet dies beispielsweise, dass sie den großen Parkplatz des Museums nicht mehr benutzen dürfen und daher alternativ mit der U-Bahn zur Arbeit fahren müssen.

Lichtkonsum in der aufgeräumten Stadt

Das Nicht-schlafen-Können hat mich wieder eingeholt. Offenen Auges spaziere ich mitten in der Nacht durch Nagoya und genieße die hell erleuchtete Stadt. Es ist Vorweihnachtszeit, intensiv ist die Stadt mit Weihnachtsbeleuchtung ausgestattet. Das, was in Wien als skurril erscheint, weil die einzelnen Einkaufsstraßen und Plätze wie Schrebergärten eingezäunt und dekoriert werden, ist in Nagoya ganz anders. Ein Lichtermeer verschleift die Grenzen zwischen Straßen und Plätzen und macht den Spaziergang zu einem ästhetischen Erlebnis.

Auch Stadtmöblierung und -beschriftung präsentieren sich hier im Gegensatz zu Wien, einer mit Möbeln verstellten und Plakaten zutapezierten Stadt, als angenehm. Die Stadtverwaltung hat 1989 Nagoya zur Designstadt erklärt, die positiven Resultate sind nachvollziehbar.

Ausgewogen komponiert erscheinen senkrechte und waagrechte Elemente wie Infostellen, Papierkörbe, Bänke, Schilder und Ähnliches. In meinem Notizbuch findet sich eine oft zitierte Fähigkeit der Japaner, die der selektiven Wahrnehmung: „Fragmentation is almost as natural in public space as it is in literature. Built objects are placed in relatively

6 Guus Rijven, *Tokaido Make-Over. A Modern View on the 53 Stations of the Great Coastal Route*, Amsterdam 2006, S. 6.

7 „Dekasegi" leitete sich von der temporären innerjapanischen Arbeitsmigration der Bauern ab, die im Winter in die Städte zogen, um in Fabriken oder am Bau zu arbeiten. Heute bezieht sich der Ausdruck auf Arbeitsmigranten, die nach Japan kommen, um nach einiger Zeit wieder in ihr Herkunftsland zurückzukehren. Vgl. Lane Ryo Hirabayashi, Akemi Kikumura-Yano, James A. Hirabayashi, *New Worlds, New Lives. Globalisation and People of Japanese descent in the Americas and from Latin America in Japan*, Stanford 2002, S. 237–240.

8 Sabine Scholl, *Sprachlos in Japan. Notizen der globalen Seele*, Wien 2006; vgl. auch den Text von Scholl in diesem Katalog.

9 Vgl. Hirabayashi u. a., *New Worlds, New Lives*, a. a. O., S. 238.

10 Vgl. Naoto Higuchi, Kiyoto Tanno, „What's Driving Brazil-Japan Migration? The Making and Remaking of the Brazilian Niche in Japan", in: *International Journal of Japanese Sociology*, 12 (2003), S. 34.

accidental relationships to each other, and without relationship with each other. The overview is ignored and details are cherished. Buildings, traffic islands, pavements, the lines on the road, and one's own garden are all designed and maintained with love and great skill. The zoom lens is the perfect point of view in the Japanese Universe."[6]

Fernbeziehungen

Letzter Tag, Nachmittag: In Sakae, dem Einkaufs- und Vergnügungszentrum Nagoyas, treffe ich Hinako, eine junge Kuratorin aus dem Nagoya City Art Museum, um gemeinsam mit ihr Galerien zu besuchen. Der Abend endet mit einer Lokaltour. In auffällig vielen Bars wird brasilianische Musik gespielt. Ich frage mich, ob dies Ausdruck des Zeitgeists ist oder ob – so wie in Tokio – auch in den Gastronomiebetrieben Nagoyas vermehrt Nikkeijin, also brasilianische Migranten japanischer Herkunft, arbeiten und Einfluss auf die Musikauswahl nehmen. Ein Blick in mein Notizbuch: Das so genannte Dekasegi-Phänomen[7] hat mich von Anfang an – vor allem auch durch die Lektüre von Sabine Scholls Buch *Sprachlos in Japan*[8] – interessiert. Ihr persönlicher und zugleich komparativer Zugang bedeutete für mich eine willkommene Alternative zu den diversen Reiseführern und „Gebrauchsanleitungen", die so oft zwischen den Extremen – zwischen Japan-Bashing und Lobeshymnen – oszillierten.

Aufgrund eines zwischen Brasilien und Japan im Jahr 1895 geschlossenen Einwanderungsabkommens emigrierten vor allem Bauern nach Brasilien, um zunächst in den Kaffeeplantagen zu arbeiten. Man schätzt, dass heute rund 1,3 bis 1,5 Millionen Nachkommen japanischer Einwanderer in Brasilien leben.[9] Brasilien ist damit das Land mit der größten Bevölkerungsgruppe von Menschen japanischer Herkunft. Der mit der „bubble economy" in den 1980er Jahren einhergehende Bedarf an Arbeitskräften bedingte, dass japanische Vermittlungsagenturen in Brasilien Zeitarbeiter anheuerten. Dem noch immer dominierenden Selbstbild einer ethnisch homogenen Nation folgend, meinte man, dass sich die Nikkeijin besser in das japanische Arbeits- und Gesellschaftssystem integrieren würden. Forciert wurde die Arbeitsmigration aus Brasilien durch die Tatsache, dass Menschen mit japanischen Vorfahren leichter eine Arbeitsbewilligung bekommen konnten. Der große Bedarf seitens der Autoindustrie und speziell der Autozulieferindustrie an ungelernten Saisonarbeitern hat dazu geführt, dass in diesen Branchen, die durch ein deutlich niedrigeres Lohnniveau gekennzeichnet sind, vor allem Brasilianer beschäftigt sind. Eine Statistik des Einwanderungsbüros des Justizministeriums verzeichnet im Jahr 2001 mehr als 266.000 Brasilianer japanischer Herkunft, die in Japan leben.[10]

Mit Erzählungen von „persönlichen Fernbeziehungen" endet der Abend mit Hinako. Sie erwähnt, dass viele Frauen in Japan Koreaner heiraten, so auch eine Freundin von ihr. Koreaner haben in Japan das Image des „Latin Lover". Bezüglich Höflichkeit und Umgangsformen den japanischen Konventionen sehr ähnlich, gelten Männer aus Korea als romantisch und emotional. Imagebildend sind vor allem die in Korea produzierten romantischen TV-Serien, die seit dem phänomenalen Erfolg der 2003 erstmals in Japan ausgestrahlten Serie *Wintersonate* am laufenden Band gezeigt werden. Gedanklich bin ich an diesem Abend schon sehr weit weg, am nächsten Tag geht es zurück nach Wien.

Landung

Spätestens jetzt – Finnland überfliegend – sollte ich zum Schlusswort kommen: Am besten wäre ein Zitat zur Verschwesterung der beiden Museen. Das Notizbuch bietet nichts Adäquates. Also vertröste ich mich auf den nächsten Tag, auf „copy and paste" und das Mission-Statement des Wien Museums: „Am Beispiel der Stadt werden übergreifende gesellschaftliche, kulturelle und urbane Veränderungen im Vergleich mit anderen Großstädten thematisiert." Knapp vor der Landung bin ich müde genug, um einzuschlafen, es geht sich aber nur ein kurzes Nickerchen – issui – aus. Die Unfreundlichkeit des Bodenpersonals am Frankfurter Flughafen reißt mich jäh aus der Schlaftrunkenheit heraus. Gesten und Mimik sind wieder vertraut, leider.

Kulturleben in der Edo-Zeit

Chifumi Kirihara

Nagoya wurde als Residenz- und Hauptstadt des Fürstentums Owari gegründet, was der Stadt von Anfang an eine besondere Bedeutung gab. Denn es war Ieyasu Tokugawa (1542 bis 1616), der Begründer der Tokugawa-Dynastie, der den Entschluss zur Gründung der Burgstadt fasste. Ieyasu überantwortete das Fürstentum seinem neunten Sohn Yoshinao (1600 bis 1650), dem wissbegierigsten seiner vielen Kinder, der unter den Fürsten seiner Zeit durch die Förderung von Wissenschaft und Kunst herausstach. Kultur spielte in Nagoya also von Anfang an eine große Rolle. In der ersten Hälfte des 18. Jahrhunderts betrieb der siebente Landesfürst Muneharu (1696 bis 1764) eine ausgesprochen liberale Politik, die im Gegensatz zu den rigiden Kyōhō-Reformen des Shōgun Yoshimune (1684 bis 1751) stand, indem er beispielsweise die Kontrolle über die Theater lockerte oder die Freudenviertel legalisierte. Zahlreiche Kurtisanen und Schauspieler, die in den damaligen Metropolen Kioto, Osaka oder Edo ihre Arbeit verloren hatten, zogen daraufhin nach Nagoya. In der Folge eröffneten auch die großen Handelshäuser dieser Städte Filialen in Nagoya. 1739 wurde Muneharu zwar durch das Shōgunat zum Rücktritt gezwungen, doch hatten die knapp zehn Jahre seiner Regierungszeit genügt, um Nagoya zu einem landesweiten Zentrum von Kultur und Wirtschaft zu machen. Durch die Erfahrung dieses jähen Aufschwungs gelang es der Stadt, sich neben den drei Metropolen als weiteres kulturelles Zentrum zu etablieren.

Feste und mechanische Puppen

Das größte Fest im Nagoya der Edo-Zeit war das jährliche Fest (Matsuri) des Tōshōgū-Schreins. In diesem Schrein, den man 1619 innerhalb der Burg errichtet hatte, wurde Ieyasu Tokugawa als Gottheit verehrt. Das Fest wurde jedes Jahr rund um dessen Todestag gefeiert, den 17. Tag des vierten Monats. Drei prachtvolle Göttersänften verließen den Schrein, um in einem farbenfrohen Umzug durch die Hauptstraße der Stadt, die Honmachi-dōri, bis zum südlich gelegenen „Haus der Reisenden" (otabi tokoro), einem für dieses Fest errichteten temporären Schrein, und wieder zurück eskortiert zu werden. Samurai und einfache Bürger, Shinto-Priester und buddhistische Mönche nahmen in großer Zahl teil. Nur an diesem Tag war es der allgemeinen Bevölkerung als Teilnehmer an der Schreinprozession gestattet, die Burganlagen zu betreten.

Aus allen Stadtvierteln nahmen als Pilger, Wandermönche oder Chinesen verkleidete Gruppen teil. Die größte Aufmerksamkeit aber erregten neun Schauwagen, auf denen mechanische Puppen (karakuri ningyō) zu sehen waren. Bereits 1619, im Gründungsjahr des Schreins, waren zwei Schauwagen in Einsatz, zwei einfache Karren mit Puppen in Nō-Kostümen. Drei Jahrzehnte später gab es bereits neun zweistöckige, überdachte Wagen. Damit diese das Burgtor passieren konnten, gab es eine Vorrichtung, um die Dächer anzuheben und zu senken. Etwas unterhalb der Wagendächer war ein Querbrett montiert, auf dem die mechanischen Puppen ihre Kunststücke zeigten.

Die beiden anderen großen Feste der Stadt waren den Schreinen Tennō-sha und Wakamiya Hachiman gewidmet. Sie dienten dem Zweck, Epidemien fern zu halten. Auch hier wurden Schauwagen durch die Stadt geführt. Beide Schreine existierten schon vor Errichtung der Burg und sollten später in deren Areal situiert werden. Aufgrund eines göttlichen Orakels wurde der Wakamiya-Hachiman-Schrein jedoch in den Süden der Stadt verlegt.

Das Fest des Tennō-Schreins im San-no-maru-Trakt der Burg begann

Takamasa Mori: Festprozession zum Tōshōgū-Schrein
(Ausschnitt), 1822
(1.22)

am Abend des 15. Tages des sechsten Monats und wurde am folgenden Morgen fortgesetzt. Am ersten Tag wurden beim südlichen Außengraben der Burg zwei Wagen mit Lampions geschmückt, am zweiten Tag wurden ihre Dächer mit Damast ausstaffiert und mit Nō-Puppen umhergeführt. In der Blütezeit des Fests gegen Ende der Edo-Zeit kamen 16 derartige Wagen mit mechanischen Puppen zum Einsatz.

Zur gleichen Zeit fand auch die Prozession des Wakamiya-Hachiman-Schreins statt. Neben der Göttersänfte gab es sechs Schauwagen und einen Festwagen in Form eines Schiffs. Die Göttersänfte wurde zum Tennō-Schrein gebracht und kehrte schließlich am Abend, begleitet von mit Lampions geschmückten Schauwagen, zum Hachiman-Schrein zurück. Das festliche Treiben erreichte dabei seinen Höhepunkt.

Mechanische Puppen waren ein unverzichtbares Element der Schreinfeste Nagoyas und in der gesamten Region Owari fast immer auf den Schauwagen zu sehen. Die heute noch in Owari und Mino verbreiteten Prozessionsschauwagen und mechanischen Puppen lassen sich also auf die Schreinfeste des Tōshōgū in der Edo-Zeit zurückführen. Auch die typischen zweistöckigen Wagen, die als „Wagen im Nagoya-Stil" bezeichnet werden, zählen heute noch zu den Attraktionen Zentraljapans.

Die Urform der Schauwagen im Nagoya-Stil lässt sich auf die Wagen des traditionsreichen Atsuta-Großschreins zurückführen, bei denen bereits mechanische Puppen zum Einsatz gekommen waren. Bei den ersten Festen des Tōshōgū nahmen wohl auch Wagen aus Atsuta teil, ab der Mitte des 18. Jahrhunderts begann man jedoch, in Nagoya eigene Puppen herzustellen. Unter der Regierung des siebenten Landesfürsten Muneharu wurden die bis dahin geltenden Einschränkungen für Schreinfeste aufgehoben und neue Schauwagen kreiert. Schon früher hatte man sich von Puppenkonstrukteuren aus Kioto und Osaka Anweisungen verschafft, damals aber übersiedelte der Puppenmeister Shōbei Tamaya aus Kioto nach Nagoya, um hier Unterricht zu geben. Dies war der Beginn einer eigenen Puppenmanufaktur in Nagoya. Nach der Abdankung Muneharus stagnierte die Produktion zwar eine Weile, aber ab dem 19. Jahrhundert herrschte bei den regionalen Schreinfesten Owaris wieder rege Nachfrage nach mechanischen Puppen aus Nagoya.

Abgesehen von den jedes Jahr zu festgesetzten Zeiten veranstalteten Festen, gab es auch das Bonten-Fest, das auf ein Kinderfest im Hochsommer zurückgehen soll. Einen besonderen Rang hatte das Okuwa Matsuri,

ein Fruchtbarkeitsfest, das nur alle 60 Jahre stattfand und an dem alle Stadtviertel partizipierten.

Die Feste, an denen stets große Menschenmassen beteiligt waren, wurden für gewöhnlich durch das Fürstenhaus oder das Shōgunat kontrolliert, doch tat das ihrer Popularität keinen Abbruch. Im Gegenteil, die Feste der Burgstadt wurden mit der Zeit immer prächtiger und belebter.

Nagoya als Ort der Künste

Sowohl der erste Tokugawa-Fürst von Owari, Yoshinao, als auch sein Nachfolger Mitsutomo waren große Freunde der darstellenden Kunst. Sie besaßen nicht nur auf dem Gebiet des Nō, das die offizielle Theaterform des Kriegeradels darstellte, große Kenntnisse, sondern erfreuten sich auch am Bugaku-Tanz des Kaiserhofs oder an den Liedern und Tänzen des Volkes. Yoshinao Tokugawa interessierte sich auch für Kyōgen, die komödiantischen Zwischenstücke des Nō, und ließ aus Kioto, dem Zentrum des Kyogen-Spiels, Izumi Yamawaki, einen Meister dieses Faches, an seinen Hof kommen. Dessen Nachfolger bildeten von da an regelmäßig Kyōgen-Meister aus der Provinz Owari aus und übersiedelten schließlich ganz nach Nagoya, wo sie zahlreiche Schüler um sich scharten. In den reichen Kaufmannsfamilien der Stadt gehörte es zum guten Ton, die Kinder im Kyōgen unterrichten zu lassen, eine Tradition, die noch heute in Nagoya hochgehalten wird.

Unter dem zweiten Tokugawa-Fürsten Mitsutomo wurden in Owari erstmals Theater zugelassen. 1656 wurden die ersten Aufführungen in Atsuta gestattet, wo in den Tempelvierteln ein Star des damals populären Kinder-Kabuki auftrat. Schließlich genehmigte Mitsutomo die Errichtung von Theatern im äußersten Süden Nagoyas, dem Stadtteil Tachibana, der bis zu seiner Zerstörung durch das große Nōbi-Erdbeben im Jahr 1891 das Zentrum der Schaukünste Nagoyas bildete. Um 1700 begannen der Shinpuku-Tempel und der Wakamiya-Hachiman-Schrein in Ōsu und etwas später der Nanadera- und der Sannō-Inari-Schrein, auf ihrem Gelände verschiedene Schausteller, Nō- und Kyōgen-Theatertruppen sowie Marionettenspieler auftreten zu lassen. Schauspieler aus Tachibana etablierten schließlich in Ōsu eine Kabuki-Bühne, nachdem diese Theaterform in Kioto, Osaka und Edo zur Reife gelangt war. Das Gebiet entlang der Honmachi-Straße, die damals vor allem von Tempeln gesäumt wurde (die südliche Tempelstadt, heute das Gebiet Ōsu im Zentrumsbezirk), entwickelte sich von dieser Zeit an zum Vergnügungsviertel, welches es bis heute geblieben ist.[1]

1 Zum heutigen Alltag im Ōsu-Viertel vgl. den Text von Sabine Scholl in diesem Katalog.

Enkōan Takariki: „Illustrierte Erzählung von der
Entdeckung der Schatzpagode des Kasadera"
18./19. Jahrhundert
(1.28)

Enkōan Takariki: „Neue Kuriositäten-Bibliothek"
18./19. Jahrhundert
(1.28)

Aus dem Tagebuch eines theaterbegeisterten Samurai aus Owari geht
hervor, dass er Ende des 17. Jahrhunderts das überaus populäre Puppen-
Kyōgen des Gidayū Takemoto in Osaka besuchte, was zu dieser Zeit Angehörigen seines Standes untersagt war. Tatsächlich scheint das Verbot aber
nicht streng gehandhabt worden zu sein, denn viele Samurai besuchten
dieses volkstümliche Theater. Schon damals traten die berühmtesten
Schauspieler der Metropolen auch in Nagoya auf.

Unter Fürst Muneharu erfuhr die Entwicklung der darstellenden Künste
schließlich einen sprunghaften Aufschwung. Im Gegensatz zu Shōgun
Yoshimune, dessen Sparkurs zu einem Rückgang von Theatern und Schau-
künsten führte, gestattete Muneharu die Errichtung von Freudenvierteln
und Theatern, die zu dieser Zeit als „Orte des Bösen" bezeichnet wurden.
Nur unter der Herrschaft Muneharus von 1730 bis 1739 war die käufliche
Liebe in Nagoya offiziell genehmigt, während sie sich ansonsten in Form
von Geheimprostitution der Kontrolle durch die Obrigkeit entzog. In diesem
„goldenen Zeitalter des Vergnügens" soll es etwa 60 Theaterbühnen
gegeben haben, die zum Teil auch innerhalb des Freudenviertels lagen.
Das Vergnügungsviertel der Stadt erstreckte sich entlang der Honmachi-
Straße von der Hirokōji-Straße bis nach Tachibana. Auch auf den Quer-
bildrollen aus den Ären Kyōhō und Genbun, also der Zeit Muneharus, ist
zu sehen, wie sich in dieser Gegend Theater und Schaubuden aneinander
reihten und Leute sich in den Gassen drängten, um Akrobaten, Löwentänze
oder Trommelkonzerte zu bestaunen. Die durch das Shōgunat aus den drei
Metropolen verdrängten Schauspieler und -steller strömten sowohl vom
Westen als auch vom Osten nach Nagoya und brachten die darstellende
Kunst dieser Stadt zur Blüte.

Diese Blütezeit sollte jedoch nicht lange andauern. Die finanzielle Situation des Fürstentums war bald katastrophal, und nach der Abdankung
Muneharus änderte sich die Politik radikal. Das Freudenviertel verbot man,
und die Theater wurden auf die seit langem bestehenden Bühnen reduziert,
ja, für eine gewisse Zeit sogar gänzlich geschlossen. Dennoch lebte die
Theaterkultur Nagoyas nach und nach wieder auf und erreichte bald die
einstige Blüte. Anfang des 19. Jahrhunderts setzte ein neues goldenes
Zeitalter für das Theater ein. Theaterkritiker stellten das kulturelle Leben
der Stadt mit den Zentren Wakamiya und Ōsu in eine Reihe mit dem der
drei Metropolen. Führende Schauspieler aus Kioto und Osaka kamen

neuerlich nach Nagoya und führten ihre Stücke mehrmals hintereinander
auf. In den 1820er Jahren traten sogar Schauspieler aus Edo in Nagoya
auf. Während die Metropolen direkt dem Shogunat unterstanden und ihre
Theater daher unmittelbar unter den Einschränkungen der Tenpō-Reformen
zu leiden hatten, waren die Schauspieler in Nagoya der zentralen Kontrolle
entzogen. Ende der Edo-Zeit wurden in Nagoya sogar mehr Theaterstücke
zur Aufführung gebracht als sonst wo in Japan. Dieser Theaterboom
brachte es mit sich, dass in der Burgstadt auch die Schicht der Kenner
von Tanz und Musik immer breiter wurde und sich eigene Volkslieder wie
„Dodoitsu" oder „Yoshikono" herausbildeten.

Mit den Schauspielern kamen auch Schausteller und Ausstellungen
von Tempelschätzen nach Nagoya und erfreuten sich in der südlichen
Tempelstadt großer Beliebtheit. Anlässlich der Veröffentlichung eines
seiner Hokusai Manga gab der berühmte Maler Hokusai, der damals
beim Verleger Eirakuya weilte, eine Performance zum Besten, bei der er
mithilfe eines überdimensionalen Pinsels das Konterfei des legendären
Mönchs Bodhidharma (in Japanisch: Daruma) auf ein Papier von elf mal
18 Meter Fläche malte. Diese Aktion fand nur in Nagoya statt und erhielt
großen Zuspruch. Die ganze Veranstaltung wurde von Enkōan Kōriki
(1756 bis 1831) in Wort und Bild dokumentiert. Enkōan schuf zahlreiche
Bilderbücher, in denen er die Vergnügungskultur Nagoyas mit ihren Festen,
Schaubuden, Tempelschätzen und Sehenswürdigkeiten illustrierte und
beschrieb. Wenn wir diese Bücher, die von Buchverleihern vertrieben
wurden, mit den Augen ihrer damaligen Leser betrachten, erkennen wir
noch heute die Begeisterung der Menschen, die an den Vergnügungen der
aufstrebenden Stadtkultur partizipierten.

Die Welt der Dichtung und der Malerei

Im Nagoya der Edo-Zeit war die Haikai-Dichtung[2] äußerst populär. Bereits
ab Mitte des 17. Jahrhunderts scheinen Dichter aus Atsuta und Nagoya in
den Haikai-Anthologien auf, die von Dichterkreisen in Kioto herausgegeben
wurden. 1652 wurde sogar in Owari selbst eine erste Haikai-Anthologie
publiziert. 1684 besuchte der bedeutendste Dichter der Edo-Zeit, Bashō
Matsuo (1644 bis 1694), Nagoya. Er hatte die Haikai-Dichtung als Kunstform etabliert. In Nagoya wurde er von wohlhabenden Stadtbewohnern
empfangen, die die Haikai-Dichtung zu schätzen wussten. Sie dichteten

2 Die Haikai-Dichtung ist bei uns als Haiku-Dichtung bekannt. Heute werden in vielen Ländern
und ebenso vielen Sprachen Haiku nach japanischem Vorbild gedichtet. Haiku ist eine Abkürzung
für „haikai no ku". Die Form des Haikai mit einer Abfolge von fünf, sieben und fünf Silben macht
es zum kürzesten Gedicht der Welt. Als Jahreszeitenlyrik ist in jedem Gedicht die Verwendung
eines Wortes, das die jeweilige Jahreszeit anzeigt, zwingend vorgeschrieben.

Kyōgen-Maske: ein alter Mann
17. Jahrhundert
(1.25 a)

gemeinsam so genannte Kettengedichte, die in der Anthologie *Fuyu no hi* („Ein Wintertag") festgehalten sind und deutlich machen, dass sich Bashōs Stil allgemein etabliert hatte.

In der Mitte des 18. Jahrhunderts verfasste Yayū Yokoi (1702 bis 1783) das Werk *Uzuragoromo* („Wachtelkleid"), einen Klassiker der frühmodernen Kommentarliteratur zur Haikai-Lyrik. Yayū entstammte einer alteingesessenen Adelsfamilie des Fürstentums Owari und bekleidete in der Verwaltung des Fürstentums mehrere hohe Positionen, etwa die des Kommissars für Tempel und Schreine. Mit Eintritt in den Ruhestand zog er sich in eine „Klause" am Stadtrand Nagoyas zurück und widmete sich ganz der Dichtung. Er schuf eine breite Palette von Gedichten in allen klassischen Formen, einschließlich chinesischer Lyrik und satirischer „kyōka".

Yayūs dichtende Zeitgenossen interessierten sich auch für Kalligrafie und Malerei und tauschten ihre Werke untereinander aus. Diese Künstlerkreise umfassten nicht nur Maler und Dichter, sondern auch Kaufleute und Gutsherren sowie Mediziner und hohe Beamte des Fürsten, die als Kunstmäzene fungierten.

Auf dem Gebiet der Malerei waren in Nagoya mehrere Künstler aktiv, die zu den führenden Vertretern in den Sparten Yamato-Malerei (klassisch narrative Farbbilder), Nanga-Malerei (monochrome Landschaften in chinesischem Stil) und Ukiyo-e (populäre bürgerliche Malerei, meist als Farbholzschnitte verbreitet) zählten. Totsugen Tanaka (1767 bis 1823) gilt als bedeutendster Vertreter der Yamato-Malerei seiner Zeit. Durch sein Studium der klassischen Literatur und die Aneignung von Techniken anderer Genres kreierte er einen eigenwilligen, neuartigen Stil. In der Förderung solcher bedeutender Künstler spielten die Händler und Gutsherren aus Nagoya und seiner Umgebung keine geringe Rolle.

Auf dem Gebiet der Gesaku-Trivialliteratur, die sich zu Ende der Edo-Zeit in Form von „kibyōshi" und „sharebon" in Japan einer breiten Leserschaft erfreute, traten im 19. Jahrhundert auch Autoren aus Nagoya in Erscheinung. Meistens wurden ihre Werke in Nagoya jedoch nicht gedruckt, sondern von Hand kopiert und von Buchverleihern an die Leser verliehen.

Obwohl Trivialliteratur und Bilderbücher aus Nagoya selten gedruckt wurden, gab es auch hier ein Verlagswesen, das sich ähnlich wie in Osaka bereits Ende des 17. Jahrhunderts etabliert hatte. Anfangs waren die meisten Drucklegungen wissenschaftlicher Natur, während im 18. Jahr-

hundert Haikai-Anthologien vorherrschten. Zu Beginn des 18. Jahrhunderts vergrößerte sich die Leserschaft in Nagoya so stark, dass die Verleger Kiotos eigens massenhafte Auflagen für sie einplanten. Bald entstanden in den drei Metropolen Verlegergilden, die das Verlagswesen des ganzen Landes kontrollierten. Nagoya stand zunächst unter der Kontrolle der Gilde von Kioto; Ende des 18. Jahrhunderts bildete sich aber auch hier eine eigene Gilde heraus. Damit schloss das Verlagswesen der Stadt zu Edo, Kioto und Osaka auf. In dieser Zeit gründete Tōshirō Eirakuya einen Verlag, der Anfang des 19. Jahrhunderts sogar eine Filiale in Edo eröffnete und später zahlreiche Werke von Hokusai, angefangen von den *Hokusai Manga*, publizierte.

Um 1800 erlebten satirische Kurzgedichte (kyōka) vor allem in Osaka und Edo einen regelrechten Boom, und auch in Nagoya schufen Händler und Samurai der Burgstadt ein lebhaftes Forum für diese Gedichtform. Der intensive Austausch zwischen den Dichtern der Trivialliteratur und den Malern, Verlegern und Buchverleihern trug zur kulturellen Entfaltung Nagoyas bei. Buchverleiher und Verleger sorgten gemeinsam für die Verbreitung satirischer Gedichte oder populärer Romane und spielten in der Produktion literarischer Werke die Rolle der Geldgeber.

Nagoya, Stadt der Begegnung

Während die Region um Osaka und Kioto die künstlerische Avantgarde stellte, entwickelte sich in Edo eine vielschichtige Massenkultur, die Menschen aus allen Landesteilen anzog. Dazwischen lag Nagoya, ein Knotenpunkt sowohl des Land- als auch des Seewegs zwischen Ost und West, der Menschen und Kulturen aus beiden Richtungen miteinander in Kontakt brachte. Besonders Schauspieler und Schausteller konnten sich in Nagoya der direkten Kontrolle durch die Shōgunat-Regierung entziehen, wenn diese wieder einmal eine strengere Überwachung der Sitten beschlossen hatte. Auf diese Weise zog das vergleichsweise liberale Nagoya Menschen aus ganz Japan an, vor allem aber aus den drei Metropolen. Die Menschen in Nagoya machten sich die Kultur beider Richtungen zu Eigen, gaben sich damit aber nicht zufrieden. Sie entwickelten aus den besonderen Eigenschaften und Fähigkeiten der Region eine eigene Stadtkultur, die in den verschiedensten Bereichen landesweit an die vorderste Stelle rückte und Nagoya in eine Reihe mit den drei Metropolen stellte.

Totsugen Tanaka: Wandschirm mit Sonne und Mond
19. Jahrhundert

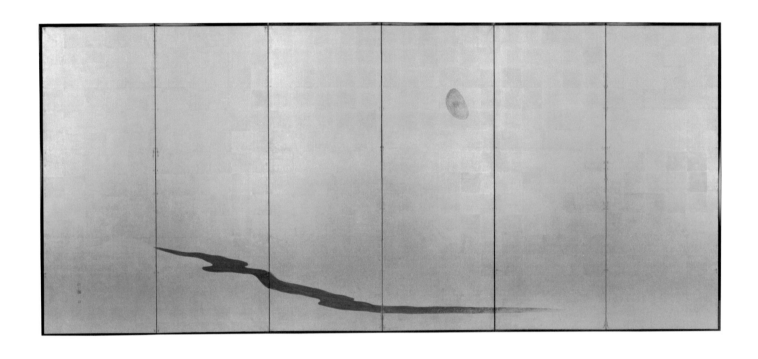

Freizeit und Unterhaltung im Nagoya der Moderne

Sepp Linhart

Dieser kurze Überblick über mehrere Jahrhunderte Freizeit und Unterhaltung in Nagoya kann natürlich nur einige Aktivitäten und Einrichtungen vorstellen und keine umfassende Einführung bieten. Völlig unberücksichtigt bleiben etwa wichtige Aspekte wie die ungeheure wirtschaftliche, psychologische und soziale Bedeutung des Karaoke oder die Unterhaltung der Kinder, Teenager, aber auch der Senioren. Andererseits habe ich mich bemüht, die lange Tradition einzelner Freizeitaktivitäten deutlich zu machen – selbst wenn sich der Rahmen oder die Verpackung mittlerweile geändert haben. Auch glaube ich, einige Hinweise darauf geben zu können, dass sich die Stadtentwicklung nicht nur nach wirtschaftlichen Gegebenheiten oder Notwendigkeiten vollzieht, sondern sehr wohl von den Freizeitbedürfnissen der Bewohner mitbestimmt wird, wobei selbstverständlich zwischen Wirtschaft und Freizeit ein enger Zusammenhang besteht.

Kult der Jahreszeiten

Beginnen wir mit den traditionellen Vergnügungen der Stadtbewohner. An jahreszeitlichen Vergnügungen wurde vor allem dem so genannten Kult der Jahreszeiten[1] gefrönt. Feste, die mit den Jahreszeiten in Verbindung standen, sind das Neujahrsfest, nach dem Mondkalender, der bis 1873 Gültigkeit hatte, etwa ein Monat später als nach dem Sonnenkalender, dann die Bewunderung der frühen Pflaumenblüten ab etwa Ende Jänner, aber vor allem der Kirschblüten (hanami) Ende März/Anfang April. Das Kirschblütenfest ist heutzutage ein Riesengelage unter blühenden Kirschbäumen mit viel Essen, Trinken und Karaoke, das in der Regel in kleinen Einheiten von Firmen stattfindet. Als schönster Ort für den Genuss der Kirschblüten gilt in Nagoya der Schlosspark. Anfang April blühen auch die Pfirsiche, und daher wird das Mädchenfest Hinamatsuri auch Pfirsichblütenfest genannt, aber wegen der Übernahme des Sonnenkalenders wird es heutzutage meist einen Monat zu früh gefeiert. Es folgt die Betrachtung der Schwertlilien (shōbu, ayame) im Juni, verbunden mit dem Knabenfest, für welches jedoch das Gleiche gilt wie für das Mädchenfest. Im Hochsommer werden die Trichterwinden (asagao) bewundert und im Herbst die Chrysanthemen sowie das rote Ahornlaub (momiji). Auch die Mondschau (tsukimi) im Herbst und die Schneeschau (yukimi) im Winter gehören in diese Kategorie. Die Chrysanthemenschau besteht in der Betrachtung der schönsten gezüchteten Chrysanthemen. Schon während der Edo-Zeit erreichte die Chrysanthemenzucht eine hohe Blüte, und zu Ende der Edo-Zeit entwickelten findige Gärtner ein neues Ausstellungsprodukt: Puppen mit geschnitzten Köpfen, deren Gewänder zur Gänze aus verschiedenfarbigen kleinen Chrysanthemenbüscheln zusammengesteckt

waren, die Chrysanthemenpuppen (kiku ningyō). 1894 wurden die ersten Chrysanthemenpuppen in Nagoya im Manshō-Tempel in Ōsu ausgestellt und sofort ungeheuer beliebt. Heute ist das Schloss von Nagoya einer von rund 20 Orten in ganz Japan, an welchen diese vom Aussterben bedrohte Schaustellkunst noch betrieben wird.[2] Für die Großstadtbewohner sind diese jahreszeitlichen Feste, die sie in direkten Kontakt mit der Natur bringen, wohl noch wichtiger als für die Bevölkerung kleiner Städte oder Dörfer.

Traditionelle Unterhaltung für Männer: Reiswein, Glücksspiel, Frauen

Trinkgewohnheiten

Für die Beschreibung der Unterhaltung der Samurai von Nagoya in der mittleren Edo-Zeit gibt es eine wunderbare Quelle: das offensichtlich nicht für die Lektüre durch andere bestimmte Tagebuch eines Samurai, der in der Burg von Nagoya Dienst machte und dort für die Beschaffung und Instandhaltung der Tatami, der Strohmatten, zuständig war. Asahi Monzaemon hinterließ uns sein Tagebuch für die Jahre 1684 bis 1717.[3] Als Samurai mit einem mittelgroßen Jahreseinkommen von 100 Koku (18.000 Liter) Reis lebte Monzaemon, der nur etwa dreimal pro Monat im Schloss Dienst zu machen hatte, ein Leben für seine Vergnügungen. Der Genuss von Reiswein kommt dabei gleich an erster Stelle vor. Nicht nur seine eigenen Trinkexzesse und die seiner Kumpane sowie deren körperliche Folgen schildert er ausführlich, sondern auch die seines Fürsten. Dieser beliebte etwa das Trinkspiel *Die 53 Stationen am Tōkaidō* zu spielen. Der Tōkaidō (Ostmeerstraße), der Edo und Kioto verband, war während der Tokugawa-Zeit die wichtigste Straße Japans. Alle paar Meilen gab es eine Station mit Unterkünften für die zahlreichen Reisenden und für die Fürsten, die mit großem Gefolge alljährlich nach Edo ziehen mussten. Für sein Trinkspiel ließ der Fürst 53 mit Bildern der Stationen bemalte Sake-Schälchen füllen und trank sich von Edo bis Kioto durch, worauf ihm einer seiner Vasallen dieses gleichtun sollte auf der umgekehrten Route. Dass der Fürst selbst so gerne dem Reiswein zusprach, war für seine Vasallen ein guter Grund, ihn als Vorbild zu nehmen. Es ist nicht verwunderlich, dass Monzaemon im Alter von 45 an einer Leberkrankheit starb.

Selbstverständlich ist Trinken – allein oder im Kollegenkreis – nach wie vor eine der beliebtesten japanischen Freizeitaktivitäten. In Nagoya stehen den in Unternehmen Beschäftigten, den „Salarymen" (sarariiman), die man

1 Vgl. Mitsukuni Yoshida, *Asobi. The Sensibilities at Play*, Hiroshima: Mazda Motor Corporation, 1987, sowie Sepp Linhart, „Freizeit und Freizeitverhalten der Japaner. Ein Versuch, über das Denkunmögliche zu sprechen", in: Michiko Mae, Klaus Müller (Hg.), *Aspekte der japanischen Alltagskultur*, Düsseldorf: Ostasien-Institut der Heinrich-Heine-Universität Düsseldorf, 1995, S. 61.

2 Vgl. Yū Kawai, *Kiku ningyō gaido bukku*, Suita: Fumizuki-sha, 1999.

3 Das Tagebuch trägt den Titel *Ōmu rōchū ki* (Aufzeichnungen eines Papageien im Käfig) und wurde veröffentlicht in den *Nagoya sōsho zokuhen*, Bde. 9–12, Nagoya-shi kyōiku iinkai (Hg.), Nagoya, 1967–1970. Eine leichter zugängliche, aber nicht vollständige Ausgabe ist *Ōmu rōchū ki. Genroku bushi no nikki*, 2 Bde, Manabu Tsukamoto (Hg.), Tokio: Iwanami shoten, 1995. Berühmt wurde das Tagebuch durch die stark gekürzte Taschenbuchzusammenfassung *Genroku o-tatami bugyō no nikki*, Jirō Kōsaka (Hg.), Tokio: Chūō kōron sha, 1985, die auch eine Bearbeitung für das Theater und eine Comicfassung nach sich zog. Eine kurze Schilderung des Inhalts auf Englisch gibt Luke Roberts, „A Transgressive Life: The Diary of a Genroku Samurai", in: *Early Modern Japan*, 5/2 (Dezember 1995), S. 25–30.

Kōjō Asami: „Neue berühmte Ansichten aus Nagoya"
Monatsbilder: April, Juni, Juli, August, 1930–1932
(3.19 c, e, f, g)

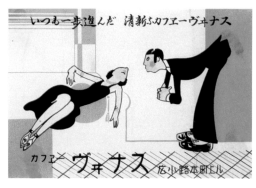

Teller mit der Darstellung von betrunkenen chinesischen Weisen, 18./19. Jahrhundert (1.58)

Gefäß zum Wärmen von Sake, 18./19. Jahrhundert

Werbezettel eines Kaffeehauses in Nagoya, um 1931/1933 (3.71)

gerne als „kigyō senshi" (Unternehmenskrieger) bezeichnet und somit als legitime Nachkommen der Samurai hinstellt, zu diesem Zweck zahlreiche Ess- und Trinklokale in Sakae und vielen anderen Vierteln der Stadt zur Verfügung. Allen oft zu vernehmenden gegenteiligen Beteuerungen zum Trotz erfreut sich das Trinken mit den Arbeitskollegen ungebrochener Beliebtheit. Einerseits stärkt es den Gruppenzusammenhalt und die Loyalität zur Firma und wird daher von den Vorgesetzten gerne initiiert, andererseits erfüllt es sicher die Funktion des Stressabbaus, der in Europa eher in der Familie stattfindet. Wenn die Kollegen ein Treffen zu einem „Unhöflichkeitstreffen" (bureikō) erklären, bei welchem sich jeder seine Sorgen von der Leber reden kann, ohne dass es ihm krumm genommen oder am nächsten Tag vorgehalten wird, tritt die therapeutische Funktion des gemeinsamen Trinkens besonders deutlich hervor.

Die Beliebtheit der alkoholischen Getränke unterliegt einem starken Wandel: Wurden früher vor allem Bier und Sake getrunken, so dominierte unter den Männern bald gewässerter Whisky (mizuwari). Als ein „trockenes Bier" auf den Markt kam, machte dieses Getränk viele Marktanteile wieder gut. Auch Sake hat sich von einem ehemals traditionell-altmodischen zu einem schicken, modischen Getränk gemausert, das eiskalt in Stielgläsern serviert wird und nicht mehr in Keramikschälchen. Bessere Lokale bieten unzählige Sorten Sake an, wobei die Karte auch die jeweilige Trockenheit oder Süße des Sake vermerkt. Das Massengetränk ist aber heute Shōchū, ein Schnaps, der meist geruchlos ist und mit allen möglichen Softdrinks gemischt wird. Dieses an unsere Alkopops erinnernde Getränk ist billig und hinterlässt angeblich am nächsten Morgen weder Kopfschmerzen noch unangenehme Gerüche. Viele Männer haben in ihrem Stammlokal eine große Flasche Shōchū oder Whisky, beschriftet mit ihrem Namen, stehen (Keep-Bottle-System), die sie bei mehreren Besuchen leer trinken. Das stärkt natürlich die Beziehung zum Stammlokal und hilft den Großstädtern, ihre Entfremdung zu überwinden.

Glücksspiel: Pachinko und Pferderennen

„Nomu, utsu, kau", Trinken, Glücksspiel und Hurerei, gelten in Japan als die drei wesentlichen männlichen Vergnügungen, ganz ähnlich dem Wienerischen „Wein, Weib und Gesang". Auch dem Glücksspiel sprach

Monzaemon regelmäßig zu, obwohl es den Samurai verboten war und sie sogar mit der Strafe der Kreuzigung zu rechnen hatten, wenn sie erwischt wurden. Dieses Verbot dürfte aber den Kitzel nur verstärkt haben.

Heute wird Nagoya vor allem mit einer Art von Glücksspiel assoziiert, mit Pachinko. Das kommt daher, dass in Nagoya 1948 die erste Pachinko-Spielhalle eröffnet wurde. Das Spiel feiert also in diesem Jahr das 60-jährige Jubiläum seiner Gründung. Pachinko ist heute ein vollautomatisches Spiel, bei dem es darum geht, möglichst viele Kugeln aus einer Maschine herauszubekommen, die man mit Geld füttert. Die Kugeln werden automatisch in die Maschine eingeschossen, und der Spieler, der vor der senkrecht aufgestellten Maschine sitzt, hat mittels eines Drehrades die Möglichkeit, auf die Laufbahn der Kugeln Einfluss zu nehmen. Im günstigsten Fall bekommt der Spieler viele Kugeln zurück, die er gegen Geld eintauschen kann. Viele Japaner denken gar nicht an Pachinko, wenn von Glücksspiel die Rede ist, tatsächlich aber ist Pachinko ein reines Glücksspiel, dem etwa 20 bis 30 Millionen Japaner frönen, mehrheitlich Männer. Kindern unter 18 Jahren ist das Betreten von Pachinko-Hallen verboten. Es ist für westliche Beobachter schwierig, die Faszination zu verstehen, die Pachinko auf Japaner ausübt, doch scheint eine gewisse Verlängerung der Arbeitssituation oder, besser gesagt, deren Simulation genauso Bedeutung zu haben wie der Genuss der Einsamkeit innerhalb der Masse. In einem Pachinko-Salon sind zwischen 100 und 500 Apparate aufgestellt; die Spieler sitzen also inmitten einer großen Schar von anonymen Gleichgesinnten, wodurch eine Art von Gemeinschaftsgefühl entsteht.

Auch andere Formen des Glücksspiels, die uns vertrauter sind, finden im Raum Nagoya ihre Liebhaber. In der Nachbarstadt Toyoake gibt es die Chūkyō-Rennbahn für Pferderennen, die bis zu 58.000 Zusehern Platz bietet. Die kleinere Nagoya-Rennbahn, auch Donko-Rennbahn genannt, veranstaltete im Jahr 2005 an 131 Tagen Pferderennen, denen insgesamt 335.000 Besucher beiwohnten, was im Durchschnitt etwa 2.500 Besucher pro Rennen bedeutete.[4] Im Vergleich mit Pachinko ist das natürlich sehr wenig, aber andererseits beteiligen sich viele Japaner an Pferdewetten, ohne direkt am Rennen teilzunehmen, ähnlich wie das bei uns bei Wetten im Fußballtoto der Fall ist.

4 Vgl. http://japanracing.jp/ _statistics-local/2006/ local02.html, eingesehen am 03.11.2007.

In einer Pachinko-Spielhalle, 2007
(5.27)

Werbung für Pachinko-Hallen, 2007
(5.15)

Prostitution

Zurück in die Edo-Zeit: Nicht nur das Glücksspiel, auch die Bordellbezirke
sollten die Samurai eigentlich meiden. Wenn sie es trotzdem nicht lassen
konnten, legten sie am Eingang ihre Schwerter ab und setzten einen
Strohhut auf, damit sie nicht erkannt würden. In Nagoya wurde allerdings
erst um 1730 unter dem lebenslustigen Fürsten Muneharu ein richtiger
Bordellbezirk errichtet. Wie das in Japan oft der Fall war, entstand das
Freudenviertel in unmittelbarer Nähe des größten religiösen Zentrums
der Stadt, im Südwesten des Kannon-Tempels von Ōsu.[5] Schließlich gab
es auch bei dem nicht weit von Nagoya entfernten nationalen Wallfahrts-
zentrum, den beiden Ise-Schreinen, einen der größten Bordellbezirke der
Edo-Zeit. Das Vergnügungsviertel von Nagoya war allerdings nur von kurzer
Dauer, denn bereits 20 Jahre später wurde es auf Anweisung des nächsten
Fürsten geschlossen. Als 1873 die neuerliche Eröffnung eines Freudenviertels stattfand, geschah das abermals in der Nähe des Kannon-Tempels.
Der neue Bordellbezirk Asahi war äußerst erfolgreich. In kürzester Zeit
gab es einige hundert Prostituierte und über 100 Geishas. 1914 wurde es
verboten, die Freudenmädchen hinter Gittern auszustellen. Um den Kunden
die Wahl zu ermöglichen, wurden daraufhin vor den Bordellen Fotografien
der Frauen ausgestellt, was einen großen Aufschwung für das Fotografier-
gewerbe in Ōsu bedeutete, so sehr, dass man „Shashin wa Ōsu" sagte, was
etwa mit „Brauchst du ein Foto, geh nach Ōsu!" zu übersetzen ist.[6]
Im April 1923 wurde der Bordellbezirk von Ōsu nach Nakamura verlegt, wo
er bis zu seiner Schließung 1958 infolge des Verbots der Prostitution auch
verblieb. Nakamura war einer der größten Bordellbezirke Japans, und vor
allem als nach dem großen Kantō-Erdbeben vom 1. September 1923 auch
Yoshiwara in Asakusa, Tokio, schwerste Schäden erlitt, war Nakamura einige
Zeit die Nummer eins in Japan. 1925 beispielsweise konnte man 755.000
Kunden verzeichnen, was immerhin 2.000 Kunden pro Tag entspricht.[7]
Seit 1958 ist die Prostitution offiziell abgeschafft, doch es gibt weiterhin
zahlreiche Etablissements, die sich ausschließlich an eine männliche
Kundschaft richten: So genannte Bars und Kabaretts, die nichts mit unserer
Kleinkunst zu tun haben, sowie Saunas und „Soaplands", heute über
mehrere Viertel der Stadt verstreut, sind die Nachfolger der ehemaligen
Betriebe in den Freudenvierteln.

Traditionelle Unterhaltung für Frauen: Theater und Feste

Im Gegensatz zu den westlichen Vorstellungen von den unterwürfigen
japanischen Frauen, die nur dem Mann zu dienen und kein eigenes Leben
zu leben haben, war das Leben der Frauen, zumal aus dem Bürgerstand,
die ja auch eine wichtige Rolle im Familienbetrieb auszuüben hatten,
durchaus selbstbestimmt und auch von eigenen Interessen geprägt. Das
gilt auch für die Freizeit. Wir können annehmen, dass manche Frauen sich
auch heimlich mit männlichen Vergnügungen unterhielten. So berichtet der
erwähnte Samurai Monzaemon auch davon, dass die Mutter des Fürsten
sich Männer aus Edo einlud und mit diesen sexuell verkehrte. Viele Frauen
werden auch dem Alkohol zugesprochen und manche auch heimlich
gewürfelt oder Karten gespielt haben. Öffentlich erlaubt war das aber alles
nicht, doch gab es eine Reihe den Frauen zugestandener Vergnügungen.

Eine Stadt von Theaterliebhabern

An oberster Stelle stand und steht bis heute der Theaterbesuch. Einerseits
konnten dabei die Frauen ihre unerfüllten sexuellen Wünsche auf ihre
Lieblinge auf der Bühne projizieren. Die vielen Schauspielerbilder unter
den japanischen Holzschnitten sollen sogar die Aufgabe gehabt haben,
Frauen Masturbiervorlagen zu liefern.[8] Andererseits gab ein Theaterbesuch
die Möglichkeit, den besten Kimono auszuführen und damit den Neid
anderer Bürgersfrauen zu erregen. Bei den Festen war das ähnlich. Für
die Samurai galt der Besuch solcher Theateraufführungen, wenn man vom
hochkulturellen Nō-Theater absieht, als nicht standesgemäß. Wie wir aus
Monzaemons Tagebuch wissen, fand er unerlaubterweise trotzdem statt.
Anders als Kioto mit seinem Nō und Kyōgen, Osaka mit seinem
Bunraku-Puppenspiel und Edo mit seinem Kabuki, gab es eigentlich keine
Theaterform, die für Nagoya als typisch erachtet wird. Wohl aber wurden
hier alle genannten Formen immer wieder aufgeführt, und ein von Kioto
nach Nagoya abgewanderter Kyōgen-Meister gründete in seinem neuen
Domizil eine eigene Kyōgen-Schule, die Izumi-Schule. Seit 1997 steht mit
dem Nagoya-Nō-Theater auch eine Bühne für die Pflege dieser Kunst zur
Verfügung, die einst vom Daimyō von Owari gefördert wurde.
Nagoya galt nach den drei Hauptstädten Edo, Kioto und Osaka auch als
wichtigster Kabuki-Aufführungsort und wurde von den großen Stars aus

5 Vgl. *Ōsu no rekishi wa Nagoya no rekishi* (http://www.
ohsu.co.jp/ohsu/edo.html),
eingesehen am 29.10.2007.

6 Vgl. ebd.

7 Vgl. *Nakamura yūkaku
shinbō* (http://www5d.biglobe.
ne.jp/~DD2/Town/nakamura_
yukaku.htm#index?), eingesehen am 29.10.2007.

8 Vgl. Timon Screech, *Sex
and the Floating World: Erotic
Images in Japan 1700–1820*,
London: Reaktion Books,
1999, S. 65, Illustration 18.

Innen- und Außenansicht des Misonoza-Theater, 1897
(3.63)

Takamasa Mori: Festprozession zum Tōshōgū-Schrein
(Ausschnitt), 1822
(1.22)

Edo oder Osaka mit Gastspielen beehrt. Das älteste, vom zweiten Daimyō
von Nagoya errichtete Theater war das Tachibana-Theater im Süden
der Burg, doch insgesamt sprach man von den fünf Theatern Nagoyas:
neben Tachibana noch Ōsu, Kiyosu-in, Wakamiya und Inari, die aber
nicht immer alle gleichzeitig bespielt wurden. Typisch für viele Theater
Japans war deren Platzierung auf dem Gelände eines Tempels oder eines
Schreins. Das Tachibana-Theater war diesbezüglich eine Ausnahme. Als
Blütezeit der Theater Nagoyas während der Edo-Zeit galten die 1820er
Jahre, worauf dann ein ständiges Auf und Ab folgte. In der Meiji-Zeit
gelang es bald, neue Theater auch im Zentrum der Stadt zu schaffen. Im
Tachibana-Theater gastierten ab 1873 Kabuki-Stars wie Tamizō Onoe
(1873), Tanosuke Sawamura (1876), Danjūrō Ichikawa (1877), Enjaku
Jitsukawa (1878) oder Kikugorō Onoe und Sadanji Ichikawa (1882), was
zeigt, welche Hochschätzung diese Bühne auch national genoss. Das große
Nōbi-Erdbeben von 1891 zerstörte aber die meisten Theater. Nicht wieder
aufgebaut, sondern verkauft, wurde das Tachibana-Theater im Stadtviertel
Minamifushimi als Otowa-Theater neu eröffnet. Weitere Meiji-zeitliche
Neugründungen waren das Shinmori- und das Suehiro-Theater sowie
zwei Theater in Osu,[9] woraus man ersehen kann, dass die Begeisterung
für das Theater in Nagoya außergewöhnlich war. Daneben wurden
und werden regelmäßig Puppentheateraufführungen sowie Nō- und
Kyōgen-Vorführungen gegeben. Eine Website, die einen Überblick über
Puppenspielgruppen heute gibt, verzeichnet für die Stadt Nagoya sechs
Profi- und 20 Amateurpuppenspielensembles.[10]
Heute verfügt Nagoya über moderne Theater wie das Chūnichi-Theater, das
Misono-Theater, das Aichi-Präfektur-Kunsttheater und das Nagoya-Musi-
cal-Theater. Das Musical ist eine Kunstform, die sich in Nagoya besonderer
Publikumsgunst erfreut und entsprechend gepflegt wird. Selbstverständ-
lich kommt auch die klassische westliche Musik nicht zu kurz, und sowohl
die Wiener Philharmoniker als auch die Wiener Staatsoper haben bei ihren
jeweiligen Japan-Gastspielen stets Nagoya fix im Programm.

Von den mechanischen Puppen zu den Industrierobotern
Eine Besonderheit der vielen Feste, die in Nagoya und seiner Umgebung
einschließlich des Atsuta-Großschreins, der heute im Stadtgebiet liegt,
aber früher ein Ausflugsziel war, gefeiert werden, sind die großartig

geschmückten Festwägen und die auf diesen vorgeführten mechanischen
Puppen. Die mechanischen Puppen der Edo-Zeit haben eine enge
Beziehung zur Uhrenherstellung und erreichten im Gebiet von Nagoya eine
besondere Qualität. Noch heute werden beim Atsuta-Großschrein-Fest im
Frühjahr und beim Nagoya-Fest im Herbst die traditionellen Wägen mit
mechanischen Puppen vorgeführt[11] Man kann sich leicht vorstellen, wie
sehr die mechanischen Puppen in der Edo-Zeit die Festbesucher – nicht
nur die Frauen, sondern auch die Männer – erfreuten. Die japanische
Begeisterung für Industrieroboter und deren rasche Durchsetzung werden
auch auf die Tradition der mechanischen Puppen aus dem 18. Jahrhundert
zurückgeführt. Die Erfindung der mechanischen Toyota-Webstühle durch
Sakichi Toyoda wird ebenso mit dieser Tradition in Verbindung gebracht.

Moderne Unterhaltung für Männer: Sport
Die allgemeine Beliebtheit des Sports unter den Männern der ganzen Welt
ist eigentlich ein Phänomen des 20. Jahrhunderts. Auch in Nagoya ist Sport
eine, historisch gesehen, junge Freizeitattraktion. Obwohl es in Japan dem
westlichen Sport entsprechende Aktivitäten bereits vor der Landesöffnung
gab und obwohl die japanischen Kampfsportarten wie Judo, Karate, Aikido,
Iaido und Kendo außerhalb Japans großen Zulauf haben, sind in Japan
die Massensportarten – und zwar sowohl die, die praktiziert werden, als
auch die, die man als Zuseher und Sportfan genießt – alle aus dem Westen
übernommen.

Baseball
Wenn wir chronologisch vorgehen, so ist in Nagoya zunächst die Gründung
der Chūnichi Dragons als erstes Profibaseballteam der Stadt zu erwähnen.
Chūnichi shinbun ist die Tageszeitung des Ballungsraums Nagoya, und seit
1954 gibt sie auch eine der größten Sportzeitungen des Landes heraus.
Derzeit verfügt die Tageszeitung über eine tägliche Auflage von fast drei
Millionen Exemplaren, die Sportzeitung von fast einer Million. Dieser Pres-
sekonzern ist auch der Besitzer des Baseballteams, das im Nagoya Dome
beheimatet ist, in dem rund 40.000 Zuseher Platz finden. Weltberühmt
wurde die Mannschaft der Dragons durch den US-Film *Mr. Baseball* (1992)
mit Tom Selleck und Ken Takakura. Die Dragons spielen in der Central
League, und diese haben sie bisher siebenmal gewonnen, zuletzt 2006 und

---

9 Vgl. Noriko Yasuda, „Bakumatsu Meiji shonen no Nagoya
shibai kōgyō – Tachibana-chō shibai o chūshin ni", in: *Gifu
Shōtoku Gakuen Daigaku Kiyo Kyōikugakubu hen*, Bd. 42, 2003.

10 Siehe http://aichi-
puppet.net/apc/member.htm,
eingesehen am 02.11.2007.

11 Siehe http://www.
karakuri.info, eingesehen am
02.11.2007.

Theaterprogramm „Die 47 Samurai", 1929
(3.66)

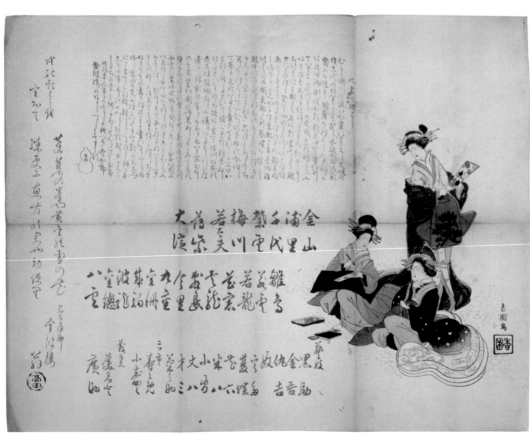

Hokusai Katsushika: In einem Freudenhaus
19. Jahrhundert
(1.24)

Flugzettel des Freudenhauses Kinbarō in Nagoya, 1893
(3.61)

Ivica Vastić als Legionär bei Nagoya Grampus Eight
Fotocollage, 2003
(5.18)

Formel-1-Grandprix-Parcours in Suzuka, 2007

2007, als es ihnen zum ersten Mal überhaupt gelang, Sieger der Japan Series zu werden, der zwischen dem Vertreter der Pacific League und der Central League ermittelt wird. Es ist verständlich, dass derzeit in Nagoya eine ungeheure Baseballeuphorie herrscht.

Fußball: Nagoya Grampus Eight

Das zweite populäre Ballspiel in Nagoya ist Fußball, doch ist die Begeisterung für Fußball wesentlich jünger als die für Baseball. In der 1961 gegründeten, halb professionellen Japan Soccer League dominierten Werksmannschaften, und unter diesen befand sich aus dem Raum Nagoya auch die Werksmannschaft von Toyota. Als 1993 die J. League als reine Profiliga ins Leben gerufen wurde, war Nagoya mit der Mannschaft Nagoya Grampus Eight dabei, die 1991 durch Umwandlung der Toyota-Fußball-mannschaft gegründet worden war. „Grampus" (orca) ist die lateinische Bezeichnung für den goldenen „shachi" auf dem Dach des Nagoya-Schlosses. Wie die meisten anderen Profiklubs versuchte sich auch Nagoya Grampus Eight durch ausländische Spitzenfußballer zu verstärken, etwa durch den britischen Stürmerstar Gary Lineker, der von 1992 bis 1994 für das Team aus Nagoya spielte. Mit dem serbischen Mittelfeldspieler Dragan Stojković und unter dem französischen Startrainer Arsène Wenger gelang es tatsächlich, 1995 den Tenno-Pokal zu erringen und 1996 ins Finale des Asienpokals vorzudringen sowie japanischer Vizemeister zu werden. 1999 wurde der Tenno-Pokal ein zweites Mal erobert. Für Österreich besonders interessant waren die Jahre 2002 und 2003, als Ivica Vastić bei Nagoya Grampus Eight spielte; er konnte jedoch dem Klub nicht zu einem neuerlichen Pokalgewinn verhelfen. Die Heimstätte der Mannschaft, das Mizuho-Stadion, fasst 28.000 Zuschauer, doch bei Bedarf können Matches auch im Toyota-Stadion mit 45.000 Plätzen ausgetragen werden.

Auch Suzuka liegt bei Nagoya

Höhepunkte des Sportlebens in Nagoya sind alljährlich der Frauen-marathon in der ersten Märzhälfte sowie zwei Wochen im Juli, während denen das Nagoya-Sumō-Turnier ausgetragen wird. Im Großraum Nagoya beheimatet ist die Stadt Suzuka, in welcher von 1987 bis 2006 jeweils im Herbst ein Formel-1-Grandprix ausgetragen wurde; seit 2007 wechselt man sich mit Fuji ab.

Für die erwachsenen Männer die wichtigste Sportart ist ohne Zweifel Golf, und dafür gibt es im Großraum Nagoya rund 200 Golfplätze und zahlreiche Abschlagübungsplätze. Japanerinnen betreiben weniger Golf, aber häufig Gymnastik, Aerobic, Joggen und Ballspiele wie Tennis oder Badminton. Insgesamt hat Sport viel weniger Gewicht im Leben der Japanerinnen als in dem der Japaner. Nach dem Ideal vieler Japaner ist der Mann der Ernährer der Familie, der im rauen Wirtschaftsleben „draußen" bestehen muss, während die Frau, die „oku-san", die „Person im Inneren", sich um den Mann, dessen Eltern und die Kinder zu kümmern hat. Obwohl dieses Ideal von der Realität längst überholt ist, prägt es immer noch das weibliche Rollenbild.

Kaufhäuser und Shopping-Malls

Für die Familie zu sorgen bedeutet aber auch, alle nötigen Bedarfsartikel des täglichen Lebens für sämtliche Familienmitglieder anzuschaffen. Diese Rollenzuschreibung hat die Japanerinnen insgesamt zu Spezialistinnen für den Konsum werden lassen, und viele Japanerinnen verbinden beim Konsumieren Arbeit (für die Familie) und (individuelle) Freizeit auf angenehme Weise. Die Wirtschaft hat diese Tatsache längst durchschaut und versucht dementsprechend, den Frauen das Einkaufen/Konsumieren so angenehm und lustvoll wie möglich zu gestalten. Jahre hindurch waren die Kaufhäuser („depāto", vom englischen „department store") das Um und Auf des Einkaufens. Da die Kaufhäuser in einer inoffiziellen Reihung nach ihrer Güte eingestuft wurden, kommt den Einkaufstragtaschen mit dem Aufdruck des jeweiligen Kaufhauses große Bedeutung zu. In Nagoya sind mit Takashimaya, Matsuzakaya und Mitsukoshi drei große nationale Kaufhausketten vertreten, daneben aber mit Maruei und Meitetsu auch zwei alte Nagoya-Kaufhäuser. Maruei führt seine Geschichte auf das Jahr 1615 zurück, als in Nagoya das Textilwarengeschäft Jūichiya eröffnete. Nicht so alt ist das Meitetsu-Kaufhaus der privaten Meitetsu-Bahn, das an der End-beziehungsweise Anfangsstation dieser Bahn 1954 eröffnet wurde. Damit ist es ein Vertreter der Bahnhofskaufhäuser, die zu Beginn des 20. Jahrhunderts in Osaka ihren Ausgang nahmen und seither in allen großen japanischen Städten zu finden sind. Diese Kaufhäuser bauen darauf, dass täglich viele tausend Passagiere den Bahnhof benutzen und bei dieser Gelegenheit auch zu einem Einkaufsbummel verführt werden können. Für die einkaufenden

Shopping-Alltag in Nagoya, 2007
(5.27)

Frauen sind die Kaufhäuser umfassende Freizeittempel. Es gibt darin nicht
nur alles zu kaufen, man kann auch in einem der zahllosen Lokale essen
und Kaffee trinken oder eine Ausstellung oder ein Theater besuchen.
Trotz dieses umfassenden Angebots ist die Beliebtheit der Kaufhäuser
seit einigen Jahren im Sinken. Shopping-Malls, vor allem unterirdische,
erfreuen sich stattdessen immer größerer Beliebtheit, wohl weil deren
Besuch unverbindlicher zu sein scheint als der der Kaufhäuser. Im Gebiet
des Bahnhofs von Nagoya gibt es die größte unterirdische Shopping-Mall
Japans, und die unterirdische Mall im Distrikt Sakae steht der im
Bahnhofsviertel nicht viel nach. Die Einkaufsarkaden von Ōsu wirken
demgegenüber schon reichlich antiquiert.

Itaria-mura, das italienische Dorf
2005 wurde schließlich – wohl wegen der in diesem Jahr stattfindenden
Aichi/Nagoya-Weltausstellung – etwas ganz Neues zum Konsumieren
eröffnet: das Villaggio Italia oder Nagoya-kō Itaria-mura, das italienische
Dorf im Hafen von Nagoya. Wie viele andere am Meer gelegene Städte, etwa
Yokohama oder Osaka und Kobe, bemüht sich Nagoya auch, zumindest
einen Teil der unattraktiven Gebiete am Hafen zu einer modernen Wasser-
front mit Vergnügungsangeboten aller Art zu machen. Um den Besuchern
der Weltausstellung 2005 mehr als diese zu bieten und auch in der Stadt
Nagoya selbst zum Geldausgeben zu verführen, wurde das italienische Dorf,
eine Art Venedig in Japan, errichtet. Derartige fremdländische Themenparks[12] erfreuen sich in Japan seit etlichen Jahrzehnten großer Beliebtheit,
laufen allerdings stets Gefahr, nach einigen Jahren nicht mehr genügend
Besucher anziehen zu können und wieder geschlossen zu werden. Historisch Interessierte werden wissen, dass es auch in Wien einst ein „Venedig"
gab, wovon noch der Straßenname Venediger Au Zeugnis ablegt. Im Gegensatz zum „Venedig in Wien", in welchem Musik, Tanz und Unterhaltung
im Vordergrund standen, liegt in Nagoyas „Venedig" der Schwerpunkt auf
dem Einkaufen, obwohl natürlich andere Unterhaltungsformen angeboten
werden. Wie vor 100 Jahren in Wien kann man auch heute in Nagoya eine
Gondelfahrt machen. Für die ausländischen Touristen wohl interessanter
ist ein weiterer Themenpark im Raum Nagoya: das Meiji-Dorf (Meiji mura)
in Inuyama, ein großes Freiluftmuseum, das zahlreiche architektonisch
interessante Gebäude des späten 19. Jahrhunderts beherbergt.

12 Zu den japanischen Themenparks vgl. Joy Hendry, *The
Orient Strikes Back: A Global View of Cultural Display*, Oxford:
Berg, 2000.

Stadtplanung in Japan am Beispiel Nagoyas

Uta Hohn

Nagoya als Burgstadt der Tokugawa

Die Burgstädte entwickelten sich seit dem 15. Jahrhundert. zum dominierenden Stadttyp Japans. Der japanische Begriff „Jōkamachi" – Stadt unterhalb der Burg – umschreibt dabei nicht nur die topografisch gegenüber den Quartieren der Handwerker und Kaufleute leicht erhöhte Lage der Burg, sondern bringt zugleich die Unterordnung der Bürger unter die Herrschaft des in der Burg residierenden Daimyō zum Ausdruck. Die innere Differenzierung der Burgstädte spiegelte die Hierarchien in einer seit 1590 in vier Klassen gegliederten feudalistischen Gesellschaft wider, in der die Handwerker und Kaufleute hinter den Kriegern und Bauern auf den beiden unteren Stufen standen. An den durch ein Befestigungssystem mit Mauern und Gräben gegliederten Burgbereich mit der typischen Abfolge Hauptring (Honmaru), zweiter Ring (Ni-no-maru) und dritter Ring (San-no-maru) schlossen sich in der typischen Burgstadt die Viertel der Samurai an, wobei mit der Entfernung zur Burg die Ranghöhe der Samurai sowie die Größe ihrer am Einkommen bemessenen Grundstücke abnahmen. Anders als die zur Straße hin geöffneten Häuser der Händler und Handwerker in der Bürgerstadt (chōnin-machi) verbargen sich die Residenzen der Samurai zur Straße hin hinter lehmverputzten Mauern und Torgebäuden. Die Viertel der Kaufleute und Handwerker entwickelten sich auf der Basis schachbrettartiger Baublöcke, die jedoch versetzt angeordnet wurden, sodass die Straßenführung an den Zugängen abgewinkelt war, um Angreifern das Eindringen in die Stadt zu erschweren. Da Steuern nach der Hausbreite bemessen wurden, errichtete man die Gebäude auf schmalen und tiefen Parzellen. Die Bürgerstadt war in sich nach Branchenzugehörigkeit der Bewohner differenziert, die ihre Viertel nachts durch hölzerne Tore verschlossen. Anders als die Burg war die Burgstadt selbst nicht von einer Mauer umgeben, und nur die Samurai der höheren Ränge lebten innerhalb der Befestigungsringe der Burg. Schutzfunktionen hatten daher im Verteidigungsfall die am Rand der Stadt gelegenen Tempel und Schreine wahrzunehmen.
Die in der kriegerischen „Zeit der streitenden Reiche" (Sengoku-Periode, 1467 bis 1568) aus Verteidigungsgründen entstandenen Burgstädte entwickelten sich in der mit der Reichseinigung beginnenden Edo-Zeit (1600 bis 1868) zu Verwaltungszentren des unter dem Shōgunat der Tokugawa in Provinzen gegliederten Landes. Gemäß der 1600 erlassenen Regel „eine Provinz, eine Burgstadt" konsolidierte sich das System der Burgstädte mit einer Zahl von 200 bis 250 Städten. Die Bedeutung der Städte hing dabei von der Stellung der Daimyō innerhalb der Machthierarchie des Tokugawa-Systems und von der ökonomischen Stärke ihrer Provinzen ab,

die in Reiserträgen gemessen wurde. So brachte es die unter der unmittelbaren Herrschaft der Tokugawa-Familie stehende Burgstadt Nagoya zum Beispiel Mitte des 17. Jahrhunderts auf 620 koku (1 koku = 180 Liter). In der ökonomisch bedeutendsten Burgstadt Kanazawa waren es 1.025 koku, in Kagoshima 729, in Kumamoto 540 und in Hiroshima 377 koku.[1]

Die Stadtentwicklung Nagoyas begann 1610 mit dem Bau einer Burganlage durch Ieyasu Tokugawa, der 1600 in der Schlacht von Sekigahara (zirka 50 Kilometer nordwestlich von Nagoya) die Kontrolle über ganz Japan gewonnen hatte. Er errichtete die Burg zur Herrschaftssicherung für seinen Sohn Yoshinao auf einer leicht erhöhten eiszeitlichen Terrasse und ließ sie zu einer der – neben Osaka und Kumamoto – am stärksten befestigten Burganlagen des Landes ausbauen. Fortan diente sie dem Owari-Zweig der Tokugawa-Familie als Residenz. Zuvor hatte das regionale politische Zentrum der Provinz Owari zirka sieben Kilometer nordwestlich in der Burgstadt Kiyosu gelegen. Ieyasu zwang die rund 60.000 Bewohner dieser Burgstadt zum Umzug (Kiyosu-goshi). Dabei wurden auch Schreine und buddhistische Tempelanlagen verlegt. Händler aus Kiyosu siedelten sich unter anderem südwestlich der Burg am neu geschaffenen Horikawa-Kanal an, den sie für den Handel mit Reis, Salz, Miso, Sake und Brennstoffen nutzten.
Seit 1989 ist der Horikawa-Kanal Bestandteil der gestalterischen Aufwertung der Innenstadt, und das ehemalige Händlerviertel Shikemichi (vgl. Abb. 2) wurde aufgrund der erhaltenen historischen Bausubstanz 1986 von der Stadt als Erhaltungsgebiet ausgewiesen und damit auch für den Kulturtourismus bedeutend. Die mit 7,25 Metern für die damaligen Verhältnisse ungewöhnlich breite Hauptstraße (Shike(n)michi = Weg von 4 ken) entstand nach einem verheerenden Brand im Jahr 1700 aus Brandschutzgründen und zur Erleichterung der Handelsaktivitäten.

Die sich südlich der Burg entwickelnde Stadt der Händler und Handwerker erhielt ihre städtebauliche Strukturierung durch ein schachbrettförmiges Straßensystem mit Anschluss an die Edo-zeitlichen Hauptverbindungswege zwischen Kioto und Edo. Die Straßen hatten eine Breite von 5,45 Metern (3 ken), während die durch das Schachbrettsystem entstandenen Baublöcke eine Seitenlänge von 109,09 Metern (60 ken) aufwiesen. Das Samurai-Gebiet entwickelte sich vor allem auf dem höher gelegenen Gelände östlich der Burg.

1 Zahlen aus: Kodansha, *Japan. An Illustrated Encyclopedia*, Tokio 1993, S. 265.

Nagoya auf dem Weg zur Industriestadt: wachsende Stadt mit noch rudimentärer Stadtplanung

Mit der Meiji-Restauration von 1868 hatte sich die innere Differenzierung der Burgstädte überlebt. Der Grundbesitz der Daimyō und Samurai wurde in Staatseigentum überführt und vielfach als Militärgelände sowie für die Ansiedlung öffentlicher Gebäude genutzt. Dies erklärt die Konzentration von Verwaltungsgebäuden der Präfektur Aichi und der Stadt Nagoya im Süden und Südosten der Burg (vgl. Abb. 3). Die äußeren Wassergräben wurden später vielfach durch Hauptverkehrsstraßen überbaut. Der nördliche Teil der aufgeständerten inneren Ringautobahn Nagoyas nutzt zum Beispiel das Gelände des ehemals äußeren Grabens.

Die auf eine Modernisierung der überkommenen Stadtstrukturen ausgerichtete Stadtplanung der Meiji-Zeit konzentrierte sich vor allem auf den Ausbau der öffentlichen Infrastruktur, das heißt auf den Bau und die Erweiterung von Straßen und Brücken, die Schaffung von Kanälen und Kanalisation, Eisenbahnlinien und Parks sowie auf die Anlage von Bahnhöfen und Häfen. So wurde der Hauptbahnhof von Nagoya 1886, der Hafen Nagoya unter Einschluss des Vorgängerhafens Atsuta 1907 eröffnet. Bereits zwischen 1901 und 1951 kam es zu umfangreichen Neulandgewinnungen im Hafenbereich, doch sollte die expansivste Phase der Aufschüttung von Neulandflächen – verbunden mit einer Schwerindustrialisierung der Küstenzone und einer Ausrichtung der Hafeninfrastruktur auf den aufkommenden Containerverkehr – erst in der Zeit von 1962 bis 1971 erfolgen.

Zur Zeit der Stadtrechtsverleihung 1889 zählte Nagoya etwa 160.000 Einwohner auf einer Fläche von nur 13,34 Quadratkilometern. Bereits 1871 war die Stadt mit der Auflösung der Provinzen Verwaltungssitz der gleichnamigen Präfektur geworden, die fünf Jahre später den Namen Aichi erhielt. Aufgrund von Eingemeindungen in den Jahren 1907, 1921 und 1941 vergrößerte sich die Fläche bis 1945 auf 161,76 Quadratkilometer. Auf dieser Fläche lebten 1941 fast 1,4 Millionen Menschen, doch ging die Einwohnerzahl dann aufgrund von Evakuierungen und Kriegszerstörungen auf knapp 600.000 im Jahr 1945 zurück (vgl. Tab. 1).

Dem durch die Industrialisierung und die einsetzende Land-Stadt-Wanderung ausgelösten Bedarf an einer planmäßigen Siedlungsflächen- und Infrastrukturentwicklung stand die japanische Stadtplanung zunächst ohne die hierfür notwendigen Steuerungsinstrumente gegenüber. Erst 1919 kam es mit dem Erlass des Stadtplanungs- und Baugesetzes zur Einführung von Stadtplanungsbezirken, in denen eine grobe Differenzierung in vier Flächennutzungszonen vorgenommen werden konnte, sowie zur Regelung von Nutzung respektive Bauweise in den jeweiligen Zonen. Die Planer entdeckten im Verfahren der gerade erst aus Deutschland „importierten" Flurbereinigung ein probates Instrument der Baulanderschließung und Grundstücksneuordnung im Rahmen von Infrastrukturmaßnahmen. 1919 wurde zwar die städtische Bodenumlegung im Stadtplanungsgesetz verankert, doch erfolgten bis zum Verbot dieser Praxis 1931 noch zahlreiche Umlegungen auf der Basis des alten Flurbereinigungsgesetzes von 1899.[2]

Nagoya	Fläche (km²)	Einwohnerzahl
1889	13,34	157.496
1907	32,86 (u. a. Atsuta-machi)	354.733
1921	149,56 (+ 16 Gemeinden)	616.700
1941	161,09	1.379.738
1945	161,76	597.941
1955	250,07 (+ 6 Gemeinden)	1.336.780
1963	312,32 (+ Moriyama, Narumi)	1.858.712
1969	325,63	2.013.621
2002	326,45	2.186.075
2007 (01.10.)	326,45	2.236.561

Tab. 1 **Flächen- und Einwohnerentwicklung der Stadt Nagoya 1889 bis 2007**
Quellen: Nagoya-shi jūtaku-toshi-kyoku (2003): Toshi-keikaku-gaiyō 2003. Outline of City Planning. Nagoya, S. 5, und http://www.city.nagoya.jp

Nagoya gilt in Japan als die „Stadt der Bodenumlegungen" par excellence und die Bodenumlegung als „Mutter der Stadtplanung" und Schlüssel zu einer erfolgreichen Flächenentwicklung.[3] Bereits bis 1945 waren 56 Prozent des Stadtgebiets zum Gegenstand von Umlegungsmaßnahmen geworden.[4] Abb. 4 verdeutlicht, dass bei Baulanderschließungen im Anschluss an das bereits überbaute Stadtgebiet zunächst das Flurbereinigungsgesetz von 1899 zur Anwendung kam. An diesen inneren Erweiterungsring schlossen sich dann die von privaten Umlegungsgenossenschaften getragenen Umlegungen auf der Basis des Stadtplanungsgesetzes von 1919 an. Während sich nach 1945 im Kontext des Wiederaufbaus die Umlegungen in öffentlicher Trägerschaft auf die zerstörten Innenstadtbereiche konzentrierten, erfolgten die Baulanderschließungen an der Peripherie überwiegend durch private Gesellschaften, basierend auf dem Bodenumlegungsgesetz von 1954. Insgesamt wurden bis 2002 auf einer Fläche von 22.004 Hektar und damit auf 68 Prozent des Stadtgebiets Bodenumlegungsmaßnahmen realisiert.[5]

Das ökonomische Grundprinzip der Bodenumlegung basiert auf der Annahme einer deutlichen Steigerung der Bodenwerte durch die Neuordnung der Grundstücke und die Infrastrukturmaßnahmen. Der einzelne Grundstückseigentümer erhält ein zwar flächenmäßig kleineres Tauschgrundstück, das aber den Wert des eingebrachten Grundstücks in der Regel übersteigt (vgl. Abb. 5). Zunächst werden die Einzelgrundstücke in einen Umlegungspool eingebracht und um einen bestimmten Flächenanteil, den Genbu, reduziert, der entsprechend dem Ausgangswert des Grundstücks variiert. Der Genbu setzt sich zusammen aus dem Flächenbedarf für die öffentlichen Nutzungen wie Straßen und Parks und aus der Reservefläche, über deren Verkauf der Projektkostenanteil der Grundstückseigentümer abgegolten wird. Eine Bodenumlegungsmaßnahme endet mit der Zuteilung und Grundbucheintragung der Tauschgrundstücke sowie mit der Erhebung von Ausgleichsabgaben beziehungsweise der Zahlung von Entschädigungen.

2 Vgl. Uta Hohn, *Stadtplanung in Japan. Geschichte – Recht – Praxis – Theorie*, Dortmund 2000, S. 224 f.

3 Vgl. Mitsuo Nakano, *Historical Overview of Land Readjustment in Japan*, Tokio 1991, S. 7 (unveröffentlichtes Manuskript).

4 Vgl. Nagoya-shi keikaku-kyoku, *Planning for Nagoya. Nagoya no machizukuri*, Nagoya 1992, S. 51.

5 Vgl. Nagoya-shi jūtaku-toshi-kyoku, *Watashitachi no machi Nagoya. Planning for Nagoya 2002*, Nagoya 2002, S. 54.

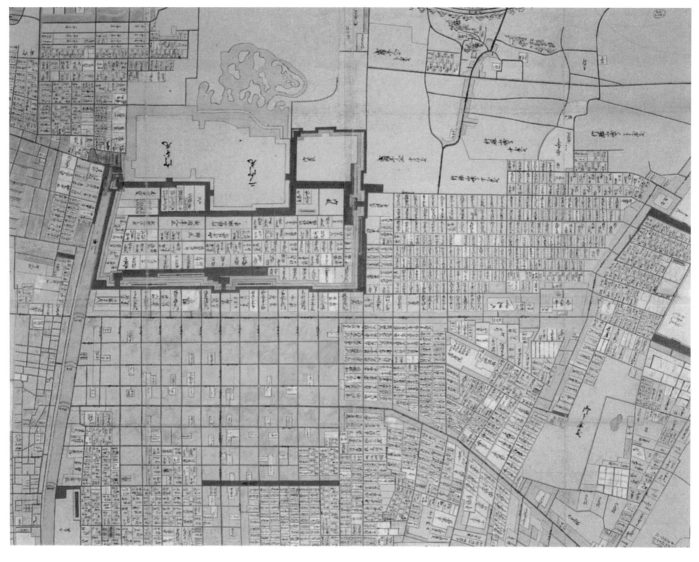

Abb. 1 **Die Burgstadt Nagoya in der zweiten Hälfte des 18. Jahrhunderts (gelb: Viertel der Händler und Handwerker)**

Abb. 2 **Hauptstraße im Stadterhaltungsgebiet Shikemichi mit historischen Speichergebäuden**

Abb. 3 **Die Burg Nagoya mit südlich angrenzenden öffentlichen Verwaltungsgebäuden (Blickrichtung: Nordost)**

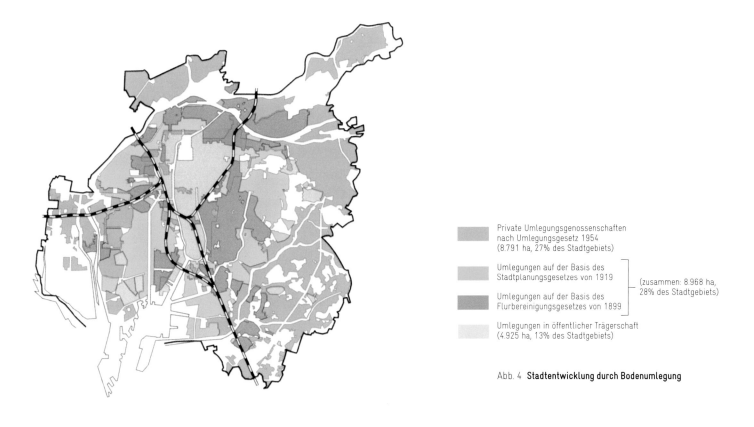

Private Umlegungsgenossenschaften
nach Umlegungsgesetz 1954
(8.791 ha, 27% des Stadtgebiets)

Umlegungen auf der Basis des
Stadtplanungsgesetzes von 1919

Umlegungen auf der Basis des
Flurbereinigungsgesetzes von 1899

(zusammen: 8.968 ha,
28% des Stadtgebiets)

Umlegungen in öffentlicher Trägerschaft
(4.925 ha, 13% des Stadtgebiets)

Abb. 4 **Stadtentwicklung durch Bodenumlegung**

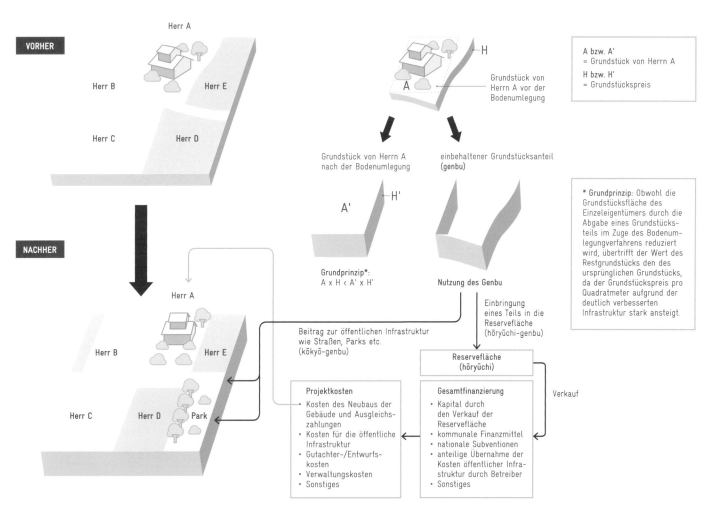

VORHER

Herr A

Herr B   Herr E

Herr C   Herr D

Grundstück von
Herrn A vor der
Bodenumlegung

A bzw. A'
= Grundstück von Herrn A

H bzw. H'
= Grundstückspreis

Grundstück von Herrn A
nach der Bodenumlegung

einbehaltener Grundstücksanteil
(genbu)

NACHHER

Herr A

Grundprinzip*:
$A \times H < A' \times H'$

Nutzung des Genbu

* **Grundprinzip:** Obwohl die
Grundstücksfläche des
Einzeleigentümers durch die
Abgabe eines Grundstücks-
teils im Zuge des Bodenum-
legungverfahrens reduziert
wird, übertrifft der Wert des
Restgrundstücks den des
ursprünglichen Grundstücks,
da der Grundstückspreis pro
Quadratmeter aufgrund der
deutlich verbesserten
Infrastruktur stark ansteigt.

Einbringung
eines Teils in die
Reservefläche
(hōryūchi-genbu)

Beitrag zur öffentlichen Infrastruktur
wie Straßen, Parks etc.
(kōkyō-genbu)

Herr B   Herr E

Herr C   Herr D   Park

Reservefläche
(hōryūchi)

Verkauf

Projektkosten
· Kosten des Neubaus der
  Gebäude und Ausgleichs-
  zahlungen
· Kosten für die öffentliche
  Infrastruktur
· Gutachter-/Entwurfs-
  kosten
· Verwaltungskosten
· Sonstiges

Gesamtfinanzierung
· Kapital durch
  den Verkauf der
  Reservefläche
· kommunale Finanzmittel
· nationale Subventionen
· anteilige Übernahme der
  Kosten öffentlicher Infrastruktur durch Betreiber
· Sonstiges

Abb. 5 **Typischer Ablauf einer Bodenumlegungsmaßnahme**

Nagoya in der Zeit der Metropolisierung und Suburbanisierung: funktionale Effizienz als Prinzip der Stadterneuerung.

Als Zentrum der japanischen Rüstungsindustrie war Nagoya Ziel schwerer Bombardierungen. Bei Kriegsende galten 3.850 Hektar und damit 40 Prozent des überbauten Stadtgebiets als total zerstört, sodass der Wiederaufbau für die Stadtplanung eine große Herausforderung bedeutete. Sehr schnell wurde in Nagoya ein Wiederaufbauplan erstellt, dessen Umsetzung dann auf der Basis eines im September 1946 erlassenen nationalen Sonderstadtplanungsgesetzes erfolgte, welches nur auf die 115 am schwersten zerstörten Städte anwendbar war und vor allem die Bodenumlegungen im Innenbereich regeln sollte. Die Umlegungen dienten in erster Linie der Verbesserung der öffentlichen Infrastruktur, während die Bebauung der neu geordneten Grundstücke privater Bautätigkeit überlassen blieb. Dies führte zu einem sehr geordneten Verkehrsnetz, das jedoch mit einer zeitlich und gestalterisch unkoordinierten Bebauung der neu geordneten Blöcke kontrastierte.

In Nagoya wurden die Umlegungen auf Basis des Wiederaufbaugesetzes erst 1981 mit der Zuteilung der letzten Tauschgrundstücke abgeschlossen. In 48 Umlegungsgebieten waren bis zu diesem Zeitraum 3.451,7 Hektar neu geordnet worden. Dabei hatte sich die Straßenfläche etwa verdoppelt und die Fläche der Parks sogar verdreifacht. Dagegen verringerte sich das Bauland von 2.876,7 auf 2.246,5 Hektar. Hatte der Anteil öffentlicher Flächen vor den Kriegszerstörungen im Umlegungsgebiet 15 Prozent betragen, lag er 1981 bei 33 Prozent. Dazu trugen vor allem Straßenverbreiterungen bei. Kernelement der Wiederaufbauplanung war der Bau von zwei 100 Meter breiten Straßen, der Hisaya-Ōdōri als Nord-Süd-Achse (vgl. Abb. 6), deren Anlage bereits seit 1944 Abrissaktionen aus Luftschutzgründen vorausgegangen waren, und der Wakamiya-Ōdōri als West-Ost-Achse. Zusammen mit dem Shin-Horikawa-Kanal wurde somit das innere Stadtgebiet in vier Quadranten gegliedert. Der Wiederaufbauplan wies darüber hinaus neun 50 Meter breite Straßen aus.

Die 100-Meter-Straße Hisaya-Ōdōri entwickelte sich in der Folgezeit mit dem Hisaya-Ōdōri-Park, den unterirdischen Shopping-Arkaden und dem 1954 errichteten, 180 Meter hohen Fernsehturm als neuem Wahrzeichen der Stadt zu einer Achse mit hoher Symbol- und Anziehungskraft. Mit der Eröffnung der ersten U-Bahn-Linie wurde Sakae 1957 als wichtiger innerstädtischer Knotenpunkt an der Kreuzung von Hisaya-Ōdōri und Hirokōji-Ōdōri mit dem Bahnhof Nagoya verbunden. Die funktionale Zweipoligkeit der innerstädtischen Stadtstruktur an beiden Enden der als Verbindungsachse fungierenden Hirokōji-Ōdōri soll gemäß dem 2004 veröffentlichten Zukunftskonzept für das Stadtzentrum weiter ausgebaut werden.

Trotz des Ausbaus des öffentlichen Personennahverkehrs lag der Schwerpunkt der Verkehrsinfrastrukturplanungen im Wiederaufbau und in den Jahrzehnten danach auf der Modernisierung und Erweiterung des Straßennetzes. So gilt Nagoya heute nicht von ungefähr als Autofahrerstadt. Von den von der Stadtplanung vorgesehenen Straßen mit einer Gesamtlänge von zirka 1.000 Kilometern sind inzwischen rund 85 Prozent fertig gestellt. Damit unterscheidet sich Nagoya im Modal-Split grundlegend von Tokio und Osaka. 1998 entfielen in Nagoya 76,5 Prozent des Stadtverkehrs auf den Straßen- und nur 23,5 Prozent auf den Schienenverkehr. Auf dem Gebiet der 23 Stadtbezirke Tokios lautete das Verhältnis Straße/Schiene dagegen nahezu umgekehrt 27,2 zu 72,8 Prozent, in Osaka waren es 39,2 zu 60,8 Prozent.[6]

In den 1960er Jahren entwickelte sich, gefördert durch Investitionsprogramme der japanischen Regierung, an der Pazifikküste die Tōkaidō-Megalopolis von Tokio über Nagoya bis Osaka-Kōbe zur ökonomischen Kernzone des Landes. So verband sich mit dem 1960 verkündeten Plan zur Verdoppelung des Volkseinkommens auch die Idee des Aufbaus von Schwer- und Petrochemiekombinaten auf riesigen Neulandflächen an ausgewählten Küstenstandorten. Das Gebiet Nagoya-Süd/Yokkaichi gehörte dazu. Symbole des wirtschaftlichen Aufstiegs waren neben den Industriestandorten auf neu aufgeschüttetem Terrain die Eröffnung der Shinkansen-Bahnstrecke zwischen Tokio, Nagoya und Osaka (anlässlich der Olympischen Spiele 1964 in Tokio) sowie der Ausbau des Autobahnnetzes und der Häfen. Die Metropolen an der Pazifikküste sahen sich als Folge dieser Entwicklung mit einer extremen Zuwanderungswelle konfrontiert. 1969 überschritt die Einwohnerzahl Nagoyas erstmals die Schwelle von zwei Millionen. Viele Einwohner fanden eine Wohnung oder ein Haus in den neu errichteten Wohnsiedlungen an der Peripherie. Gerade in dieser Zeit eines durch den ökonomischen Aufschwung induzierten Städtewachstums fehlte jedoch ein modernes stadtplanerisches Instrumentarium. Erst 1968 und damit nahezu am Ende der Hochwachstumsphase wurde das alte Stadtplanungsgesetz von 1919 durch ein zeitgemäßes neues ersetzt. 1969 folgte der Erlass des Stadterneuerungsgesetzes, das die Förderung einer hocheffizienten Flächennutzung durch Abriss und Neubau an profitträchtigen innerstädtischen Standorten zum Ziel hatte, 1970 schloss sich die Reform des Baunormengesetzes an. Eine wesentliche Neuerung des Gesetzes von 1968 war die Untergliederung von Stadtplanungsgebieten in so genannte Verstädterungsförder- und Verstädterungskontrollzonen, wodurch der ungeordneten Zersiedlung entgegengewirkt werden sollte. Das Stadtplanungsgebiet Nagoya, das neben der Stadt Nagoya auch 16 umliegende Städte umfasst (511 Quadratkilometer), wurde daraufhin 1970 per Senbiki (wörtlich: Linienziehung) in Verstädterungsförder- und Verstädterungskontrollzonen unterteilt, von denen Erstere zirka 92 Prozent der Fläche einnahmen. Die Anwendung der neuen, nun deutlich stärker differenzierten Flächennutzungszonierung mit acht Flächennutzungszonen erfolgte in Nagoya erst 1972.[7]

Politik der „Urban Renaissance": Nagoya auf dem Weg zu einer Stadt des qualitativen Wachstums

Nagoya galt lange Zeit als Stadt der Bodenumlegung und Infrastrukturplanung. Wenig Sensibilität gab es in der Stadtplanung jedoch für Fragen der Stadtbildqualität. Hier setzte in den 1980er Jahren ein Umdenken ein, das 1989 seinen Ausdruck in der Verabschiedung einer Deklaration über die „Designstadt Nagoya" durch den Stadtrat fand. Das geschah im Zusammenhang mit der Ausrichtung einer Weltausstellung zum Thema „Urban Design". Im Rückblick wird dies heute als Beginn eines Paradigmenwechsels in der Stadtentwicklungspolitik wahrgenommen. Nach der Erfahrung explodierender Bodenpreise während der „Seifenblasenwirtschaft" der zweiten Hälfte der 1980er Jahre, der damit einhergehenden Verdrängung des Wohnens aus dem Stadtzentrum, des Zusammenbruchs der Bodenpreise Anfang der 1990er Jahre und der Wiederentdeckung des

---

6 Vgl. ebd., S. 25.

7 Zu den Änderungen des Stadtplanungs- und Baunormengesetzes 1992 (unter anderem Erweiterung der Zahl der Flächennutzungszonen von acht auf zwölf und Einführung kommunaler Masterpläne) und 2000 (etwa Stärkung der kommunalen Ebene) siehe Hohn, *Stadtplanung in Japan*, a. a. O.

Abb. 6 **Das Stadtzentrum von Nagoya mit den beiden 100 Meter breiten Achsen der Hisaya-Ōdōri (in Nord-Süd-Richtung) und der Wakamiya-Ōdōri (unterhalb der aufgeständerten Stadtautobahn in Ost-West-Richtung), dem nördlich an die Wakamiya-Ōdōri angrenzenden Shirakawa-Park, der Burg im Norden und dem neuen Bahnhofszentrum mit seinen Hochhäusern im Westen**

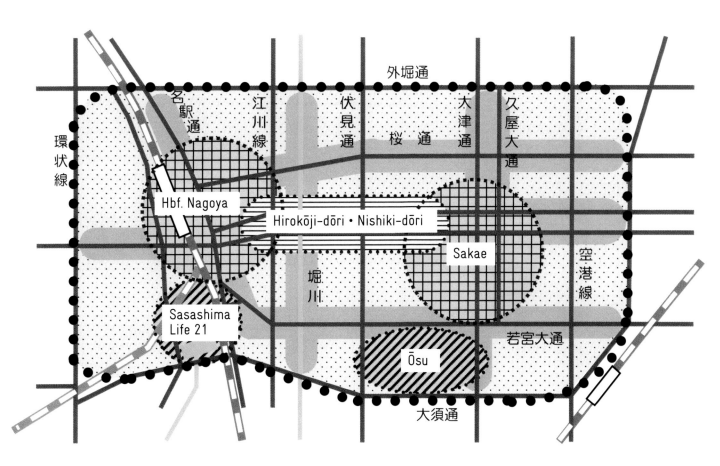

外堀通

名駅通　江川線　伏見通　桜　通　大津通　久屋大通

環状線

Hbf. Nagoya

Hirokōji-dōri • Nishiki-dōri

Sakae

堀川

空港線

Sasashima
Life 21

若宮大通

Ōsu

大須通

 höchstrangige metropolitane Knoten

 metropolitane Knoten mit Ergänzungsfunktion:
Sasashima Life 21 = internationale Gateway-Funktionen
Ōsu = Schwerpunkt des Handels und Förderung innerstädtischen Wohnens

 Hauptverbindungsachse mit zentralen Verwaltungs- und Konsumfunktionen

 Achsen mit einer Konzentration von Handels- und Dienstleistungsfunktionen

 Unterstützung und Ergänzung der metropolitanen Knoten und Achsen,
Ansiedlung neuer Produktionsbetriebe und Förderung innerstädtischen Wohnens

Abb. 7 **Punkt-axiales Zukunftskonzept für den Stadt-zentrumsbereich der Stadt Nagoya 2004**

Abb. 8 **Entwicklungszone um den Hauptbahnhof**
(von links nach rechts: Lucent Tower, Central Towers,
Midland Square)

Wohnstandorts Innenstadt setzt die Stadtpolitik heute auf eine Renaissance der Innenstadt als multifunktionaler Stadtraum und Knotenpunkt
metropolitaner Leitfunktionen.

Gateway-Funktionen für Stadt und Region, welche den Zugang zu
Menschen, Wissen und Märkten eröffnen, erfüllt dabei der 2005 in Betrieb
genommene, auf einer 580 Hektar großen Neulandfläche im Osten der
Ise-Bucht gelegene internationale Flughafen Centrair. Ähnliche Bedeutung
hat der 2004 von der japanischen Regierung zusammen mit Keihin (Tokio-
Yokohama) und Hanshin (Osaka-Kōbe) als Super-Hub ausgewiesene Hafen
Nagoya-Yokkaichi. Wichtige innerstädtische Verkehrsknotenpunkte sind
neben dem Hauptbahnhof auch die Bahnhöfe Sakae und Kanayama. Im
Umfeld dieser Gateways konzentrieren sich Unternehmenssitze, Bildungs-,
Forschungs- und Kultureinrichtungen sowie metropolitane Symbolfunk-
tionen, die von repräsentativer Architektur und neu gestalteten urbanen
Räumen übernommen werden.

Bereits im „Plan der Stadt Nagoya für das 21. Jahrhundert" vom November
2000 nahmen die Planungen für das Stadtzentrum eine bedeutende Rolle
ein. Im Mai 2001 folgte der Basisplan zur Revitalisierung der zentralen
Stadtteile, in dem mit dem Zieljahr 2010 Fragen der Imageentwicklung,
des Managements der Geschäftsstraßen, der Entwicklung touristischer
Schwerpunkte sowie einer Internationalisierung Nagoyas angesprochen
sind. 2004 schließlich wurde ein Zukunftskonzept für das Stadtzentrum
mit dem Zieljahr 2020 veröffentlicht, das im Zusammenhang mit der seit
2002 von der japanischen Regierung intensiv vorangetriebenen Politik
der „Urban Renaissance" zu sehen ist. Zahlreiche aus diesen Konzepten
entwickelte Projekte haben seit etwa 2000 eine bemerkenswerte
Raumwirksamkeit entfaltet und das Stadtbild Nagoyas entscheidend
verändert. Und dieser Prozess wird sich fortsetzen, denn viele Projekte
befinden sich derzeit in Planung oder Umsetzung. Exemplarisch dafür sind
Bauprojekte im östlichen Umfeld des Hauptbahnhofs Nagoya, in Sakae und
entlang der Hirokōji-Ōdōri, die sich innerhalb der innerstädtischen „Urban
Renaissance"-Zone beziehungsweise des von der Stadt 2004 im Rahmen
des Zukunftskonzepts deklarierten Zentrumsbereichs befinden (vgl. Abb. 7).
Letzterer reicht noch über die „Urban Renaissance"-Zone hinaus.

Ziel des 2002 von der Regierung Koizumi initiierten und auf zehn Jahre
befristeten Gesetzes zur „Urban Renaissance" ist es, durch eine in speziellen Entwicklungszonen mögliche Ausweisung von Sonderdistrikten in
einer Art „Urban Deal" mit privaten Developern und Investoren eine durch
den Privatsektor angetriebene Stadtentwicklung zu unterstützen, die über
Linkage-Maßnahmen auch dem öffentlichen Sektor und den Bürgern zugute
kommt. Hierzu wurde ein komplexes Anreizsystem geschaffen. So können

in den Sonderdistrikten Regelungen des Planungs- und Baurechts außer
Kraft gesetzt werden, um Flächennutzung, Geschoßflächenzahl (GFZ) oder
Gebäudehöhen frei auszuhandeln. Im Rahmen dieses Verhandlungspro-
zesses wird im Regelfall ein deutlicher GFZ-Bonus gewährt – zum Beispiel
als Gegenleistung für die Schaffung öffentlicher Räume oder Grünbereiche
durch den Privatsektor. Private Investoren können zudem die Einrichtung
eines solchen Sonderdistrikts beantragen, indem sie einen Projektvorschlag
für ein mindestens 0,5 Hektar großes Grundstück einreichen, dem mindestens zwei Drittel der Grundstückseigentümer und Grundstückspächter
zugestimmt haben und der Verbesserungen der öffentlichen Infrastruktur
einschließt. Über diesen Vorschlag muss innerhalb von sechs Monaten
per Stadtplanungsbeschluss entschieden werden. Ab einer Projektfläche
von einem Hektar kann der private Projektträger auf der Grundlage der
vom Minister für Land und Infrastruktur erteilten Projektgenehmigung bei
der staatlichen Stiftung zur Förderung der Stadtentwicklung in privater
Trägerschaft finanzielle Unterstützung in Form zinsloser Darlehen erhalten
respektive Anleihen aufnehmen, um Plätze, Atrien, Wegeverbindungen oder
auch Bildungs- und Kultureinrichtungen zu schaffen.

Mit dieser Politik verfolgt die japanische Regierung ein ganzes Bündel von
Zielen. In erster Linie geht es um die Steigerung der internationalen Wett-
bewerbskraft und um die ökonomische Restrukturierung der Metropolen,
zum Beispiel durch den Ausbau der Gateway-Funktionen oder den Aufbau
von Clustern in verschiedenen Zweigen der Wissensökonomie. Darüber
hinaus stehen aber auch Maßnahmen im Bereich Katastrophenschutz,
Sicherheit und Umweltschutz sowie Kooperationen zwischen dem öffentlichen und privaten Sektor im Rahmen von Public-Private-Partnership
(PPP) und Private-Finance-Initiative (PFI) auf dem Programm.

Als im Juli 2002 erstmals prioritäre Entwicklungszonen der „Urban
Renaissance", die zuvor von den Städten beantragt worden waren, von
der japanischen Regierung ausgewiesen wurden, war Nagoya mit einer
57 Hektar großen Zone östlich des Bahnhofs dabei. Diese Zone wurde
bald darauf um weitere Flächen im Umfeld des Hauptbahnhofs sowie um
Fushimi und Sakae auf 348 Hektar erweitert.

Hinzu kamen außerdem Chikusa-Tsurumai, ein multifunktionales Stadtum-
bauprojekt auf dem Gelände der 2000 geschlossenen Sapporo-Brauerei
mit Einzelhandel (AEON AG), Fitnesscenter und Wohnungen auf einer
Fläche von zirka 24 Hektar sowie drei Gebiete von zusammen 56 Hektar
um die Bahnhöfe Inaei, Noseki und Kinjō-Pier entlang der 2004 eröffneten
Aonami-Bahnlinie. Diese verbindet über 15,4 Kilometer den Kinjō-Pier
als Standort der Hafenmesse mit dem Bahnhof Nagoya. In der fünften
Ausweisungsrunde wurde schließlich im Januar 2005 Meijō-Yanagihara,
ein Viertel, das nordöstlich an den Burgbereich angrenzt, als „Urban

Abb. 9 **Die Lucent Avenue als neue unterirdische Verbindung zwischen Hauptbahnhof und Lucent Tower**

Abb. 10 **Der 2006 eröffnete Midland Square als Projekt der „Urban Renaissance"**

Abb. 11 **Der Spiral Tower und das Bodenumlegungs-gebiet Sasashima Life 21 (Brachfläche am mittleren rechten Bildrand)**

Renaissance"-Zone anerkannt. In diesem zirka 19 Hektar großen Gebiet geht es um ein PPP-Projekt, in dem Wohngebäude für Regierungsange-stellte, städtische Sozialwohnungen und Privatgebäude einer integrierten Erneuerung durch Abriss und Neubau unterzogen werden sollen.

In der größten und stadtentwicklungspolitisch wichtigsten Zone zwischen dem Hauptbahnhof und Sakae geht es gemäß dem Zukunftskonzept für das Zentrum um

- den Ausbau der internationalen und metropolitanen Handels- und Dienstleistungsfunktionen,
- die Stärkung des überregionalen Verkehrsknotenpunkts,
- die Gestaltung attraktiver und repräsentativer öffentlicher Räume mit hoher Aufenthaltsqualität entlang der Hauptstraßen,
- die barrierefreie Erweiterung und Vernetzung der unter- und ober-irdischen Fußgängerbereiche unter Einschluss öffentlicher und privater Räume,
- den Vorrang des öffentlichen Personennahverkehrs gegenüber dem motorisierten Individualverkehrs,
- die Verbindung von Einkaufen, Kultur und Vergnügen,
- die Förderung des innerstädtischen Wohnens,
- den Erhalt und die Nutzung historischer Gebäude,
- die Gestaltung einer attraktiven Waterfront entlang des Horikawa-Kanals,
- die Förderung des innerstädtischen Grüns durch die Schaffung eines Netzwerks von Grünverbindungen und von schattigen Plätzen unter Bäumen,
- die Verringerung der Umweltbelastungen, zum Beispiel durch den Aufbau von Niedrigenergiesystemen,
- die Inszenierung des urbanen Raumes auch bei Nacht, etwa durch Illuminationen.

Die Ende 1999 erfolgte Eröffnung der Central Towers von JR Tōkai mit einem 245 Meter hohen Büroturm und einem zweiten Turm von 226 Metern, der von einem Hotel, Restaurants und einem Kaufhaus genutzt wird, sowie der 2007 eröffnete Lucent Tower (vgl. Abb. 8) setzten bereits vor Beginn der offiziellen Politik der „Urban Renaissance" Zeichen der Erneuerung im Bahnhofsbereich. Der Umzug des Kaufhauses Takashimaya aus Sakae in einen der JR Central Towers verstärkte zudem den Druck auf die Akteure in Sakae, sich auch dort aktiv um eine Attraktivitätssteigerung zu bemühen. Der Lucent Tower wurde ab 2000 im Rahmen einer privaten Stadterneue-rungsmaßnahme realisiert. Ein neuer Fußgängertunnel, die 290 Meter lange und 6,5 Meter breite Lucent Avenue (vgl. Abb. 9), verbindet den Büroturm mit dem Hauptbahnhof, wobei die Besonderheit darin besteht, dass sich der Tunnel zwar in öffentlichem Eigentum befindet, aber privat verwaltet wird.

Ein Leitprojekt der „Urban Renaissance" stellt der Midland Square (vgl. Abb. 10) dar, denn hierbei handelt es sich um ein Projekt, für das im Oktober 2002 auf Betreiben der Projektträger (Tōwa-Immobilienge-sellschaft, Toyota Automobile und Mainichi-Zeitungsverlag) erstmals die Ausweisung eines Sonderdistrikts für eine Fläche von 1,16 Hektar beantragt und per Stadtplanungsbeschluss im Februar 2003 genehmigt wurde. Die normalerweise in einem Geschäftsgebiet maximal zulässige Geschoßflächenzahl (GFZ) von zehn wurde in Verhandlungen mit der Stadtplanungsbehörde auf 14,2 erhöht. Zudem gab es Subventionen aus dem Programm zur Förderung von Qualitätsarchitektur. Der Neubau mit einer Bruttogeschoßfläche von 194.000 Quadratmetern, der die alten Gebäude von Mainichi und Toyota ersetzt, wurde in nur zweieinhalb Jahren errichtet und im September 2006 eröffnet.

Während der 247 Meter hohe Büroturm eine der neuen Landmarken im Stadtbild darstellt, nimmt das Nebengebäude die traditionelle Bauhöhe von 30 Metern auf, die aus Erdbebenschutzgründen bis 1963 in ganz Japan als maximale Höhe für Bürogebäude galt. In diesem Annex finden sich Luxusläden weltweit führender Markengeschäfte, Restaurants und ein Kinozentrum. Als Gegenleistung für den GFZ-Bonus verpflichtete sich der private Projektträger zur Anlage eines 190 Meter langen und sechs bis zehn Meter breiten Nord-Süd-Verbindungsweges, der zukünftig über das Gelände weiterer „Urban Renaissance"-Projekte verlängert werden wird. Im Kontext dieser Win-win-Situation erweitert sich also das öffentliche Wegenetz für Fußgänger. Im Bau befindet sich derzeit – ebenfalls in einem ausgewiesenen Sonderdistrikt – der Spiral Tower (vgl. Abb. 11) einer bekannten, in Nagoya gegründeten Modeschule, die als Projektträgerin gemeinsam mit Mitsui-Immobilien auf dem Gelände eines ehemaligen Bürogebäudes von Mitsui agiert. Der Spiral Tower soll zu einem markanten Gebäude mit avantgardistischer Formensprache werden. Die Fertigstellung des Hochhauses, in das auch noch eine IT- und eine Medizinschule einziehen werden, ist für Februar 2008 geplant. Für die Förderung des innerstädtischen Wohnens steht schließlich der im Rahmen einer von der Urban Renaissance Agency getragenen Stadterneuerungsmaßnahme im November 2006 fertig gestellte Aqua Tower mit einer Mischnutzung aus Wohnungen, Büros und Einzelhandel.

Neue Entwicklungsimpulse erhofft sich die Stadtplanung Nagoyas vor allem auch für das Projekt Sasashima Life 21, ein 22,1 Hektar großes ungenutztes respektive untergenutztes Gelände zirka einen Kilometer südlich des Hauptbahnhofs, das zur Hälfte (12,4 Hektar) von einer seit 1986 brachliegenden Güterbahnhofsfläche eingenommen wird und

Abb. 12 **Oasis 21 – ein multifunktionaler urbaner Raum mit Symbolkraft (am linken oberen Bildrand das neue Kunst- und Kulturzentrum der Präfektur Aichi)**

Abb. 13 und 14 **Kreuzungsbereich der Hisaya-Ōdōri und der Hirokōji-Ōdōri am Kaufhaus Mitsukoshi 2007 und Leitbild der verkehrsberuhigten Einkaufsstraße Hirokōji-Ōdōri**

aufgrund des hohen infrastrukturellen Erschließungsaufwands bislang noch nicht entwickelt worden ist. 1999 erging jedoch der Stadtplanungsbeschluss über eine von der Stadt zu tragende Bodenumlegung, die bis 2014 abgeschlossen werden soll. Beteiligt an dieser Umlegung sind als Grundeigentümer neben der Stadt Nagoya auch die japanische Post und die Urban Renaissance Agency. Um Anregungen für die Entwicklung eines multifunktionalen Gateway-Standorts mit Handel, Büros, Kultur und Unterhaltung zu erhalten, veranstaltete die Stadt 2007 für ihre Fläche einen Ideenwettbewerb.

Das zweite Hauptzentrum in der punkt-axial aufgebauten Zentrumsstruktur der Stadt neben dem Hauptbahnhof bildet Sakae. Zu einem bemerkenswerten Symbol neben dem als Kulturdenkmal anerkannten Fernsehturm von 1954 hat sich in kurzer Zeit der Komplex Oasis 21 als neuer, multifunktionaler Raum mit Plaza und dreidimensionalem Parkkonzept entwickelt. Das zunächst unter der Bezeichnung „Sakae-Park" firmierende Projekt wurde 1986 auf einer Fläche von 5,52 Hektar in Angriff genommen. Seinerzeit standen auf dem Gelände von Oasis 21 das örtliche NHK-Rundfunkgebäude und das Kulturhaus der Präfektur Aichi, an die sich der alte Sakae-Park anschloss. Der heute in Oasis 21 integrierte unterirdische Busbahnhof befand sich weiter südlich an der Hisaya-Ōdōri. Im Zuge des integrierten Erneuerungsprojekts und eines Flächentausches wurde der Park als öffentlicher Raum an die Hisaya-Ōdōri verlegt, während im östlichen Teil des Grundstücks eine Medien- und Kulturzone mit der neuen Sendestation von NHK und dem neuen Kunst- und Kulturzentrum der Präfektur Aichi entstand, die 1991 beziehungsweise 1992 eröffnet wurden. 1997 wurde von der als PPP organisierten Sakae Park Promotion AG ein städtebaulicher Wettbewerb für die Plaza-Zone durchgeführt. Die Eröffnung des Gesamtkomplexes fand im Oktober 2002 statt. Eine Besonderheit stellt ein Park mit mehreren Ebenen dar. Die oberste Ebene bildet mit dem Leitthema „Raumschiff Wasser" eine Wasserfläche auf dem Dach mit umlaufender Promenade (vgl. Abb. 12). Es folgen ein sanft ansteigender Park auf Straßenniveau und eine unterirdische, von Geschäften gesäumte Plaza mit Zugang zum Busterminal, die als „Galaxy Platform" auch für Events nutzbar ist. Dieses Projekt dokumentiert die große Bedeutung, die in Nagoya seit Ende der 1980er Jahre dem „Urban Design" beigemessen wird.

Um die Aufenthaltsqualität und das urbane Ambiente für die Besucher weiter zu verbessern, soll nun die Umgestaltung der West-Ost-Achse Hirokōji-Ōdōri in Angriff genommen werden. Unter dem Slogan „Hirokōji-Renaissance" wird die bislang vierspurige Fahrbahn auf zwei Spuren verengt, um den Automobilverkehr zu reduzieren und mehr Raum für Fußgänger, für Begrünungen und für die Außengastronomie zu schaffen (vgl. Abb. 13 und 14). Durch diese Umgestaltung erhofft man sich zudem eine Intensivierung des Geschäftsbesatzes in den Erdgeschoßzonen.

Erwähnung verdient schließlich auch das „Waterfront Redevelopment", die Umnutzung ehemaliger Hafenareale durch Entertainment, Museen, themenorientierte Shopping-Parks und Erholungsflächen am Wasser. Ähnliche Projekte wurden in vielen japanischen Hafenstädten ab Mitte der 1980er Jahre in Angriff genommen.[8] Im alten Hafen von Nagoya begann die Entwicklung mit einer Neulandgewinnung zwischen zwei nicht mehr benötigten Fingerpiers. 1983 wurde auf der neu gewonnenen Fläche der Garden Pier Park eröffnet, 1984 folgte das Hafengebäude mit dem Meeresmuseum, 1985 das Fuji-Antarktis-Museum auf einem außer Dienst gestellten Eisbrecher. Die weitere Entwicklung fand ab 1988 auf der Basis eines Leitkonzepts statt, wonach der Innenhafen zur Kultur- und Erholungszone auszubauen sei. 1992 eröffnete das Aquarium, das 2001 erweitert wurde. 2005 schließlich kam als weitere Besucherattraktion ein „Dorf" im italienischen Stil, das Villaggio Italia, hinzu (vgl. Abb. 15). Dieser Shopping-Park entstand durch die Umnutzung von alten Lagerhäusern und deren Ergänzung durch Neubauten. Mit italienischen Geschäften und Restaurants sowie einem mit Bogenbrücken überspannten Kanal mit Gondeln will man urbane Atmosphäre nach dem Vorbild Venedigs der 1950er Jahre erzeugen.

Verglichen mit den Großprojekten des „Waterfront Redevelopment" in Tokio, Yokohama, Osaka und Kōbe, sind die Dimensionen in Nagoya allerdings bescheiden. Im Mittelpunkt steht hier weiterhin der Hafen als Handels- und Industriestandort. Der Umschlag des Hafens lag 2006 bei 208 Millionen Tonnen, wovon 133 Millionen auf den Außenhandel entfielen. Der Anteil von Autos und Autoteilen am Export betrug 70 Prozent, denn Nagoya ist Exporthafen für die Automobilwerke im nahen Toyota.[9]

---

8 Vgl. etwa Uta Hohn, „Von Teleport zu Rainbow Town: Stadterweiterung und Stadtumbau an der Waterfront Tokios zwischen ‚global' und ‚lokal', ‚top down' und ‚bottom up'", in: D. Schubert (Hg.), *Hafen- und Uferzonen im Wandel. Analysen und Planungen zur Revitalisierung der Waterfront in Hafenstädten*, Berlin 2001, S. 451–482 (= edition stadt und region – Bd. 3).

9 Vgl. Nagoya-kō kanri-kumiai, *Port of Nagoya 2006/2007. 100th Anniversary in 2007*, Nagoya 2007, S. 43 f.

Abb. 15 „Waterfront Redevelopment" im alten Hafen von Nagoya
in Tsukiji: Entwicklung zu einem Distrikt des „Urban Entertainment"
(Villaggio Italia im Vordergrund rechts)

Nagoya ist heute mit 2,237 Millionen Einwohnern die viertgrößte Stadt
Japans – hinter Tokio, Yokohama und Osaka – und erwirtschaftet 2,4
Prozent des Bruttoinlandsprodukts (BIP). Davon entfallen zirka 80 Prozent
auf den tertiären Sektor. Nagoya hat in den vergangenen Jahrzehnten einen
einschneidenden ökonomischen Strukturwandel vollzogen. Arbeiteten 1970
noch 41 Prozent der Erwerbstätigen in der Produktion, waren es 2005
nur noch 25 Prozent. Im selben Zeitraum erhöhte sich der Anteil der im
tertiären Sektor Erwerbstätigen von 58 auf 73 Prozent. Da der sekundäre
Sektor aber dennoch eine größere Bedeutung hat als zum Beispiel in Tokio
oder Osaka, bezeichnet sich Nagoya auch weiterhin als „Stadt der Produktion" (monozukuri no machi). Nagoya ist darüber hinaus das führende
Zentrum der drittwichtigsten Metropolregion des Landes: Die Großregion
Nagoya, welche die Präfekturen Aichi, Mie und Gifu umfasst, trägt 2007 mit
zehn Prozent zum japanischen BIP bei (Metropolregion Tokio: 30 Prozent,
Metropolregion Osaka: 15 Prozent).

Die Zeit des Bevölkerungs- und Flächenwachstums gehört aber auch in
Nagoya der Vergangenheit an. Bereits heute ist die Erwerbstätigenzahl
rückläufig, und ab 2010 erwartet die Stadt sinkende Einwohnerzahlen bei
weiterhin zunehmender Überalterung. Für 2025 wird eine Zahl von 2,12
Millionen Einwohnern prognostiziert, von denen 341.000 75 Jahre und
älter sein werden (2005: 170.000). Die Zukunftsaufgaben der Stadtentwicklungspolitik Nagoyas lauten daher: Stärkung der Metropolfunktionen,
Aufwertung und multifunktionale Weiterentwicklung des polynuklear
strukturierten Stadtzentrumsbereichs nach dem Leitbild der kompakten
Stadt, Verbesserung der Lebens- und Umweltqualität durch die Schaffung
attraktiver urbaner Räume mit qualitativ hochwertigem „Urban Design".
Man darf gespannt sein, wie sich die Politik der „Urban Renaissance"
auf den Zentrumsbereich auswirken wird. Doch werden in Zukunft auch
die Stabilisierung und qualitative Weiterentwicklung des ehemals
suburbanen Raumes und die Metropolregion als Handlungsebene einer
„Regional Governance" eine entscheidende Rolle spielen. Hier verfolgt die
Stadt- und Regionalentwicklungspolitik sowohl auf der gesamtstädtischen
als auch auf der Ebene der Metropolregion das Konzept der dezentralen
Konzentration, wobei die Knotenpunkte über ein Achsensystem miteinander
verbunden sind (vgl. Abb. 16).

Es geht von nun an um die Entwicklung integrierter, auf mehrere Ebenen
bezogener Strategien und Konzepte zur Steuerung sehr komplexer urbaner
Transformationsprozesse. Diese sind mit der ökonomischen Restrukturierung im Kontext der Globalisierung und des internationalen Wettbewerbs
der Metropolen sowie des demografischen und gesellschaftlichen Wandels
in eine neue Phase eingetreten. Vor diesem Hintergrund ist der wechsel-
seitige Gedanken- und Erfahrungsaustausch im Bereich Stadtplanung und
Stadtentwicklung zwischen Japan und Europa mehr denn je von hoher
Relevanz.

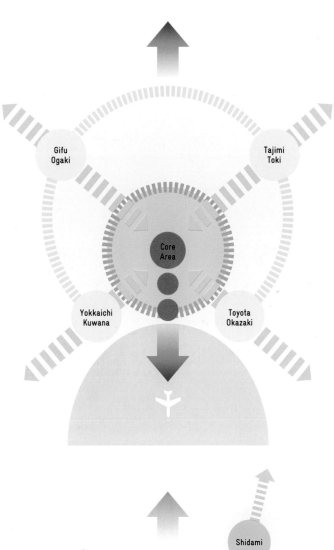

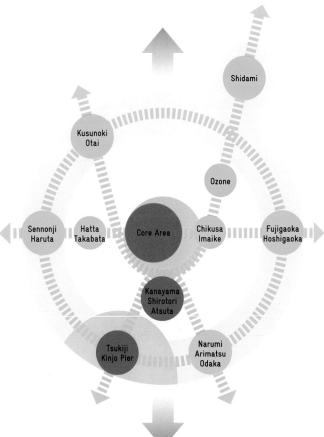

Weitere Quellen:
Nagoya-shi keikaku-kyoku, *Fukkō tochi-kukaku-seiri-jigyō no aramashi. Abriss der Boden-umlegungsmaßnahmen im Wiederaufbau*, Nagoya 1991.
Nagoya-shi jūtaku-toshi-kyoku, *Nagoya-shi toshinbu shōrai-kōsō. Zukunftskonzept für das Stadtzentrum von Nagoya*, Nagoya 2007.
Nagoya-shi jūtaku-toshi-kyoku, *Nagoya machizukuri mappu. Nagoya Planning Map*, Nagoya 2005.
Nagoya-shi jūtaku-toshi-kyoku, *Toshi-keikaku-gaiyō 2003. Outline of City Planning*, Nagoya 2003.
Nagoya-shi sōmu-kyoku, *Nagoya 100 nen. 100 Jahre Nagoya*, Nagoya 1989.
Offizielle Website der Stadt Nagoya: http://www.city.nagoya.jp
Expertengespräche im Stadtplanungsamt Nagoya, 05.09.2007

Abb. 16 **Das Konzept der dezentralen Konzentration der Metropolregion Nagoya (oben) und der Stadt Nagoya (unten)**

Stadtleben in Nagoya, 2007
(5.27)

DIE AUSSTELLUNG
TEXTE UND OBJEKTE

NAGOYA IN DER EDO-ZEIT

(1610 BIS 1867)

Der Aufstieg von Nagoya war unmittelbar mit der Machtübernahme des Tokugawa-Geschlechts verknüpft. Nach einer langen Periode von Bürgerkriegen zwischen lokalen Feudalherren etablierte sich um 1600 wieder eine starke Zentralregierung mit Edo (heute Tokio) als Hauptstadt. Fast 300 Jahre lang herrschte das Regime der Tokugawa als Primus inter Pares über rund 250 verwandte, befreundete und verfeindete Fürsten.

Wenige Jahre nachdem der Feldherr Ieyasu Tokugawa (1543 bis 1616) das Shogunat erobert hatte, befahl er 1610 den Bau der Burg von Nagoya, der neuen Hauptstadt seiner Stammprovinz Owari. Die lokale Herrschaft übertrug er seinem neunten Sohn, Yoshinao Tokugawa (1601 bis 1650). Dass die neue Stadt rasch an Bedeutung gewann, lag an der prominenten Rolle der Stadt innerhalb des Machtverbunds der Tokugawa: Die in Nagoya residierende Linie war eine von drei, die Nachkommen des Shōgun stellen konnten. Geprägt war die neue Burgstadt von der Kriegeraristokratie; fast die Hälfte der Bevölkerung – rund 40.000 Bewohner – gehörte dem Stand der Samurai an.

Eine Voraussetzung des Aufstiegs Nagoyas war die günstige Verkehrslage: Die Festungsstadt lag in unmittelbarer Nähe des Tōkaidō, der wichtigsten Fernstraße zwischen der alten Hauptstadt Kioto und der neuen Metropole Edo. In der Küstenebene von Owari kreuzte sich die Kioto-Edo-Route mit jener über das Landesinnere (Nakasendō) und jener entlang der Küste. Bald war Nagoya die viertgrößte Stadt Japans und wurde wegen seiner Lage als „mittlere Metropole" (chūkyō) bezeichnet.

Die Edo-Zeit brachte Japan inneren Frieden, Kontinuität und stabile Machtverhältnisse. Allerdings schränkten die Tokugawa-Shogune die Außenbeziehungen Japans ein: Die Schifffahrt nach Übersee wurde verboten, nur mit China, Korea, Holland und einigen Inseln durfte Handel betrieben werden. Zudem wurden in den 1630er Jahren die portugiesischen Jesuiten endgültig des Landes verwiesen. Durch die Kontakte mit China und Holland war man in Japan über die Vorgänge in der Welt dennoch leidlich informiert. Auch neue wissenschaftliche Erkenntnisse sickerten auf diese Weise ins Land. Unter diesen zwar stabilen, aber international statischen Bedingungen kam es in Nagoya zum Aufblühen einer aristokratischen und bürgerlichen Stadtkultur. WK

Die Stadt der Samurai
Bau der Burg und Anfänge Nagoyas

Nagoya wurde 1610 als Burgstadt gegründet – der seit dem 15. Jahrhundert dominierende Stadttyp. Die Anlage mit dem 48 Meter hohen zentralen Turm ist ein Paradebeispiel japanischer Festungsarchitektur. Als so genannte Flachburg war sie von mehreren Gräben umgeben. Erbaut wurde das neue Machtzentrum der Provinz Owari auf einer leicht erhöhten Terrasse am Rand der fruchtbaren Nōbi-Ebene.

De facto handelte es sich beim neu angelegten Nagoya um die komplette Verlegung einer älteren Burgstadt, des nur sieben Kilometer entfernten Kiyosu. Die Tokugawa zwangen die rund 60.000 Bewohner zum Umzug, der in kürzester Zeit durchgeführt wurde. Tempel, Schreine und Brücken wurden ebenso „mitgenommen" wie die Namen von Stadtvierteln. Hauptgrund für die Verlegung war die bessere Verteidigungsmöglichkeit der neuen Burgstadt.

Die Straßen wurden in Form eines Schachbretts angelegt, die Stadtstruktur bildete die Hierarchie der feudalistischen Gesellschaft ab: Die Nähe zur Burg war abhängig von der Ranghöhe. An die weitläufige Festung schlossen sich im Süden die Residenzen der Samurai an, verborgen hinter lehmverputzten Mauern und Torgebäuden. Außerhalb der Befestigungsanlagen lagen die Quartiere der Händler und Handwerker, die jeweils mit hölzernen Toren verschlossen waren. Am Rand der Stadt waren Schreine und Tempelanlagen situiert, die auch Verteidigungsaufgaben hatten.

Wichtig für die ökonomische Entwicklung war der Aushub des zunächst sechs Kilometer langen Horikawa-Kanals, der Nagoya mit dem Meer verband. Der Kanal hatte nicht nur militärische Zwecke, sondern diente auch als Transportweg für Handelsgüter. WK

1.1 (Abb. S. 36)
Rüstung mit Rundpanzer (dōmaru gusoku)

Edo-Zeit, 17./18. Jahrhundert
Eisen, Leder, Lack und Seidenschnüre
Nagoya City Museum

Die Rüstung besteht aus länglichen Blättchen aus
Rindsleder und Eisen, die vertikal und horizontal durch
hellgrün gefärbte Fäden miteinander verbunden sind.
Der Brustpanzer steht in der Tradition der mittelalter-
lichen „dōmaru" (Rundpanzer). Beim Anlegen öffnet
man den Panzer an der rechten Seite und legt ihn so
um den Körper, dass die hintere rechte Seite außen,
die vordere rechte Seite innen zu liegen kommt. Die
beiden Teile der rechten Seite werden dann mit einer
Schnur verbunden. Der Helmschmuck in Form einer
Mondsichel (tentsuki) soll dem Träger ein heroisches
Aussehen verleihen. Die Rüstung wurde innerhalb des
Hauses Ōshima, einer Vasallenfamilie des Fürstentums
Owari, von Generation zu Generation weitergegeben. NCM

1.2
**Taschenbuchausgabe des Tagebuchs des Samurai
Monzaemon**

Jirō Kōsaka (Hg.), „Genroku o-tatami bugyō no nikki. Owari-
hanshi no mita ukiyo" (Tagebuch eines für die Fußbodenmatten
des Fürsten Zuständigen aus der Genroku-Periode. Wie ein
Samurai aus Owari die fließende Welt erlebte). Tokio: Chūō
kōronsha, 21. Auflage 1985 (erste Auflage 1984).
Sepp Linhart, Wien

1.3
**Moderne Manga-Ausgabe des Tagebuchs des Samurai
Monzaemon**

Kōsaka Jirō (Hg.), „Genroku o-tatami bugyō no nikki" (Tagebuch
eines für die Fußbodenmatten des Fürsten Zuständigen aus der
Genroku-Periode).
Zeichner: Mitsuteru Yokoyama. Tokio: Chūō kōronsha, 1988.
Sepp Linhart, Wien

Das Tagebuch des Monzaemon Asahi ist eine der
wichtigsten Quellen über das Alltagsleben der Samurai während der Edo-Zeit. Es trägt den Titel Ōmu
rōchū ki (Aufzeichnungen eines Papageien im Käfig).
Monzaemon war ein Samurai im Dienste der Tokugawa
von Owari und als solcher für die Fußbodenmatten
in der Burg Nagoya zuständig. Wie dem Tagebuch zu
entnehmen ist, liebte Monzaemon das Fischen, das
Glücksspiel, den Reiswein, das Theater und den Tratsch
unter den Samurai. Das Tagebuch wurde durch die hier
gezeigte Taschenbuchausgabe populär, rasch dramati-
siert und verfilmt und erschien auch als Comic. SL

1.4
Modell des Burgturms von Nagoya

1980er Jahre
Maßstab 1:50
Nagoya City Museum

Der Hauptturm der Burg von Nagoya war ein fünf-
geschoßiges Gebäude, dessen unterstes Geschoß
unterirdisch situiert war. Die Turmhöhe betrug
55,6 Meter. Die Burg von Nagoya zählte damit zu den
größten und repräsentativsten Burgbauten der frühen
Edo-Zeit. Auf dem Dachfirst waren zwei „shachi" angebracht, die auch heute noch Wahrzeichen der Stadt
sind. Am 14. Mai 1945 brannte die Burg als Folge der
Bombardements der Amerikaner ab. 1959 wurde mit
dem Wiederaufbau begonnen. HT

1.5
Modell eines „shachi"

1980er Jahre
Nagoya City Museum

Schon aus weiter Entfernung waren die goldenen
„shachi" auf dem Dach der Burg Nagoya sichtbar.
„Shachi", oft fälschlich mit „Delfin" übersetzt, sind
mythologische Meerestiere mit dem Kopf eines Tigers
und dem Leib eines Karpfens und sollten die Macht der
Tokugawa-Familie in der Region Owari symbolisieren.

Bei der Herstellung der ersten „shachi" im Jahr 1612
wurden 320 Kilogramm Gold verwendet. Nach Ver-
schlechterung der Finanzen des Fürstentums mussten
die Fische dreimal umgegossen werden und büßten
dabei jedes Mal einen Teil ihres Goldgehalts ein. Um
1870 wurden die „shachi" vom Burgturm abmontiert
und auf vielen Ausstellungen in ganz Japan gezeigt.
Auch bei der Wiener Weltausstellung 1873 wurde einer
der „shachi" präsentiert. 1879 montierte man sie wieder auf dem Turm, 1945 wurden sie bei amerikanischen
Luftangriffen zerstört. Heute sind die Fabelwesen
Wahrzeichen der Stadt Nagoya und finden sich sogar
auf den Kanaldeckeln wieder. HT

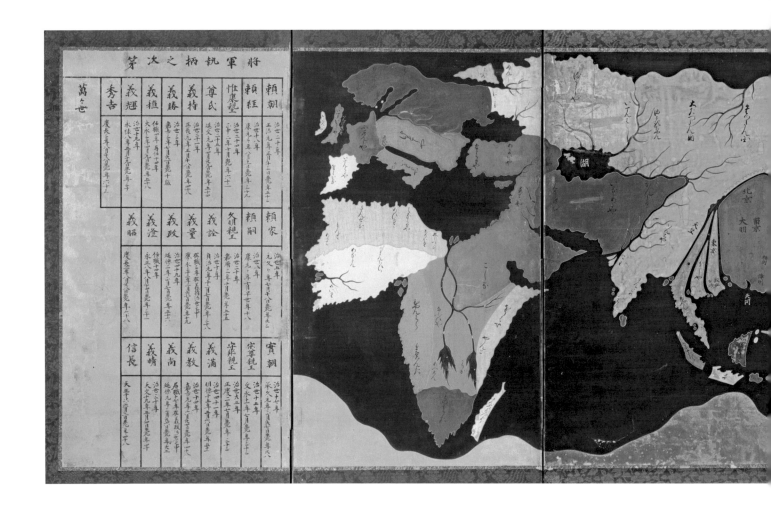

1.6
Wandschirm mit einer Karte Japans und der Welt

Frühe Edo-Zeit, 17. Jahrhundert
Aquarell und Deckfarben auf Papier, Blattgold
68 x 245 cm
Nagoya City Museum

Bereits Ende der ersten Hälfte des 16. Jahrhunderts
landeten portugiesische Seefahrer in Japan. Kurze Zeit
später betrat Fanz Xavier, ein Mitbegründer des Jesu-
itenordens, japanischen Boden. Den portugiesischen
Handelsmännern folgten in der zweiten Hälfte des 16.
Jahrhunderts Kaufleute aus Spanien, England und den
Niederlanden. Die Folgen waren die Aneignung europäischer Technologien und die Ausbreitung des Chris-
tentums. Anfang des 17. Jahrhunderts kam es jedoch
zu einer Politik der Abschließung, bis schließlich 1639
jeglicher Kontakt zu europäischen Ländern mit Ausnahme der Niederlande verboten wurde. Der Wandschirm
mit Landkarte stammt aus jener Zeit, in der Japan der
Welt noch offen stand, und basiert auf europäischen
Karten. Heute sind kaum mehr als ein Dutzend derartiger Weltkarten aus Japan bekannt. Man kann Asien,
Europa, Afrika und Japan erkennen, der damals bereits
bekannte amerikanische Kontinent fehlt jedoch. Japan
ist im Vergleich zur restlichen Welt ungewöhnlich
groß dargestellt. Viele Landesbezeichnungen sind auf
Japanisch eingetragen, etliche davon können jedoch
keinem heute bekannten Land zugeordnet werden.
Japan, Ostasien und Europa sind vergleichsweise
genau erfasst. NCM

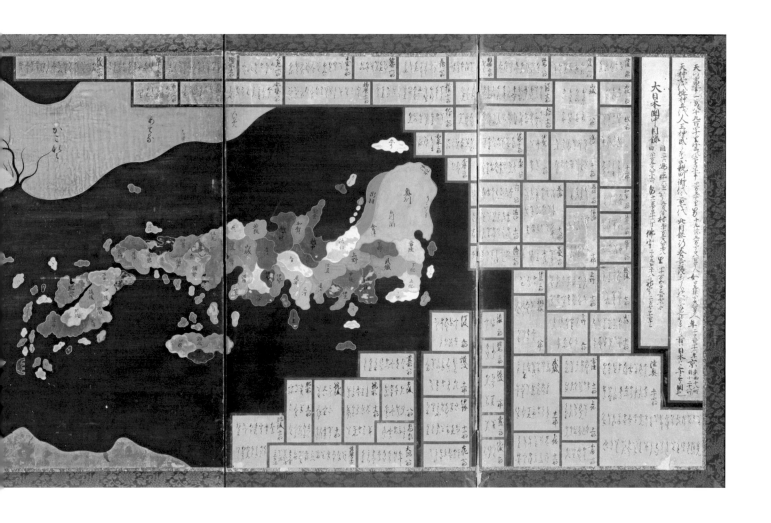

113

1.7
Wandschirm mit Darstellung des Horikawa-Kanals

Spätere Edo-Zeit, 18. Jahrhundert
Shōkei Matsuyoshi
Aquarell und Deckfarben auf Papier, Blattgold, sechsteilig,
134 x 283 cm
Nagoya City Museum

Auf dem Wandschirm sind alle Einzelheiten dieser für
Nagoya so wichtigen Verbindung zum Hafen Atsuta
dargestellt: die Burg, die sich auf der linken Seite
im oberen Teil befindet, die Anwesen der mächtigen
Vasallen und die großen Tempel, die Speicher, in denen der Reis des Fürstentums aufbewahrt wurde, die
Laderäume des Hafens und die beladenen Schiffe, die
den Horikawa befahren oder in See stechen. Der aus
Nagoya stammende Maler Shōkei Matsuyoshi (1870
gestorben) hatte in Kioto studiert und stand als Hof-
maler in den Diensten der Fürsten von Owari. NCM

1.8
Schiffsparade auf dem Horikawa-Kanal

Spätere Edo-Zeit, 19. Jahrhundert
Enkōan Takariki
Faltbuch, Aquarell und Deckfarben auf Papier, 26 x 220 cm
Nagoya City Museum

Die Darstellung zeigt eine Schiffsparade am 15. Tag
des neunten Monats Kyōwa 2 (11. Oktober 1802), die
zur Unterhaltung der Nonne Seisōin veranstaltet wurde.
Aka Tatehime war die Gemahlin von Haruyuki Tokugawa, dem Adoptivsohn und potenziellen Nachfolger des
neunten Owari-Fürsten Munechika Tokugawa. Nach
dem frühen Tod ihres Ehemannes 1793 trat Tatehime
unter dem Namen Seisōin in den buddhistischen Non-
nenstand ein. Das prächtige Schiff des Fürsten, begleitet von 31 größeren und kleineren Booten, gleitet
langsam den Horikawa flussabwärts. Zu beiden Seiten
des Flusses wird die Parade von Sänften begleitet,
während zahllose Menschen das Schauspiel verfolgen.
Die Darstellung stammt von Tanenobu Takariki (Künst-
lername Enkōan, 1756 bis 1831), der in eigenwilligen
Bildern und Texten die Sitten und Gebräuche in und um
Nagoya festhielt. NCM

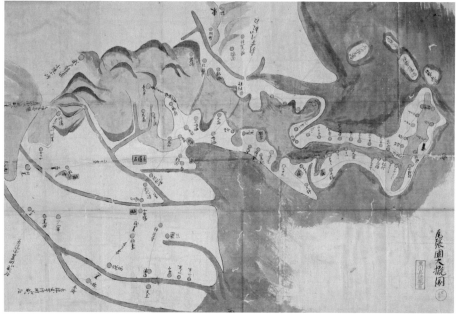

1.9
Übersichtskarte der Provinz Owari

Späte Edo-Zeit, 19. Jahrhundert
Aquarell und Deckfarben auf Papier, 50,3 x 82,8 cm
Nagoya City Museum

Die verwaltungstechnische Einteilung Japans in
Provinzen (kuni) geht auf das Jahr 645 zurück. 824
zählte man bereits 66 Provinzen und zwei Inseln.
Jede Provinz war in mehrere Distrikte unterteilt.
Im Mittelalter wurden die Provinzen als politische
Verwaltungseinheiten von den Herrschaftsgebieten
einzelner Feudalherren verdrängt, die ehemaligen
Provinzen und die neu entstandenen Herrschafts-
gebiete waren nicht mehr deckungsgleich.

Dies galt im Wesentlichen auch in der Edo-Zeit, doch
zählte die Provinz Owari, zu der auch Nagoya gehörte,
zur Gänze zum Herrschaftsgebiet des Owari-Zweiges
der Familie Tokugawa. Erst mit der Abschaffung des
Feudalsystems 1871 wurden die Provinzen aufgelöst
und Präfekturen geschaffen. Dabei kam es auch zu
neuen Grenzziehungen durch Zusammenlegung der
alten Provinzen. Der Name Owari wird aber noch heute
als Bezeichnung einer bestimmten Region häufig
verwendet. In der Mitte der Karte ist ein gelbes Rechteck mit der Aufschrift „Nagoya" eingezeichnet, links
davon befindet sich ein weiteres gelbes Rechteck mit
der Aufschrift „Alte Burg". Es handelt sich dabei um
Kiyosu, die alte Provinzhauptstadt vor Errichtung der
Burgstadt Nagoya. NCM

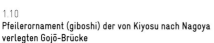

1.10
Pfeilerornament (giboshi) der von Kiyosu nach Nagoya verlegten Gojō-Brücke

Frühe Edo-Zeit, 17. Jahrhundert
Kupfer, Höhe: 72,3 cm, Durchmesser: 37,1 cm
Burgverwaltung Nagoya

Eines der seltenen erhaltenen Fragmente, die die so genannte Verlegung von Kiyosu (Kiyosugoshi) dokumentieren. Im 16. Jahrhundert war Kiyosu das Zentrum der Provinz Owari. Laut alten Quellen gab es im Jahr 1594 in der Stadt 2.729 Häuser, was auf eine Bevölkerung von 60.000 bis 70.000 Einwohnern schließen lässt. Als Shōgun Ieyasu Tokugawa im Jahr 1610 die Burg von Nagoya errichten ließ, wurden die Einwohner von Kiyosu zwangsweise in die neue Burgstadt umgesiedelt. Diese Verlegung, die auch sämtliche Tempel, Schreine, Straßennamen und sogar Brücken betraf, war der Beginn der Stadt Nagoya.

Das hier ausgestellte Fragment war Pfeilerdekoration des Brückengeländers. Brücken wurden üblicherweise aus Holz hergestellt, die Pfeilerornamente hingegen aus Bronze. Die Gojō-Brücke wurde im Jahr 1602, kurz vor der Verlegung Kiyosus, errichtet und spannte sich zunächst über den Gojō-Fluss in Kiyosu, auf den sich auch der Name bezog. Nach der Verlegung nach Nagoya führte sie nun über den Fluss Horikawa, der Name Gojō-Brücke blieb jedoch erhalten. NCM

1.11 (Abb. S. 29)
Übersichtskarte Großjapans für Reisende

Späte Edo-Zeit, 19. Jahrhundert
35,7 x 196,5 cm
Nagoya City Museum

Gegen Ende der Edo-Zeit war es nicht nur Fürsten und Samurai, sondern auch Bürgern und Bauern möglich, Reisen zu unternehmen. Die vorliegende Landkarte war für den Gebrauch während der Reise gedacht. Sie verzeichnet Provinzen, Burgstädte, Poststationen, Überlandrouten und Wasserwege. Auch die Distanzen zwischen den einzelnen Poststationen sind vermerkt. NCM

1.12
„Miya-Torii am Strand von Atsuta"

Aus der Serie „Berühmte Orte der 53 Stationen des Tōkaidō"
Späte Edo-Zeit, 19. Jahrhundert
Hiroshige Utagawa
Farbholzschnitt auf Papier, 34,4 x 23 cm
Nagoya City Museum

Miya (Schrein) ist der Name der 42. Station auf dem Tōkaidō. Sie befand sich in der Küstenstadt Atsuta, die Nagoya auch als Hafen diente. Hier liegt auch der Großschrein von Atsuta, einer der bedeutendsten Schreine Japans, der bis heute eine der drei Reichskleinodien, das heilige Schwert Kusanagi, beherbergt. Die Darstellung der Strandes von Atsuta mit dem Torii ist ein immer wiederkehrendes Motiv in den Serien über die berühmten Orte am Tōkaidō. NCM

1.13 (Abb. S. 38-39)
„Miya"

Aus der Serie „Berühmte Orte der 53 Stationen des Tōkaidō"
Späte Edo-Zeit, 1855
Hiroshige Utagawa
Farbholzschnitt auf Papier, 38,6 x 25,5 cm
Nagoya City Museum

Mit seinen Landschaftsdarstellungen zählt Hiroshige Andō (Utagawa) neben Hokusai Katsushika zu den weltweit bekanntesten Ukiyo-e-Künstlern. Das vorliegende Blatt stammt aus einer seiner berühmten Serien über die 53 Stationen des Tōkaidō und stellt die Landschaft um den Hafen von Atsuta dar. Die erste Tōkaidō-Serie von Hiroshige, in der die Poststationen zwischen Edo und Kioto abgebildet sind, wurde in den Jahren 1832 und 1833 publiziert und fand derart reißenden Absatz, dass Hiroshige das Thema noch über 20-mal behandelte. NCM

1.14
**Bildrolle mit Darstellungen berühmter Sehenswürdig-
keiten auf der Tōkaidō-Fernstraße von Edo nach Osaka**
Edo-Zeit, 17. bis 19. Jahrhundert

Aquarell und Deckfarben auf Papier, 17,1 x 456 cm
Nagoya City Museum

In der Edo-Zeit war die Stadt Edo, das heutige Tokio,
politisches Zentrum Japans. Sämtliche Fürsten
(daimyō) des Landes waren verpflichtet, abwechselnd
ein Jahr in Edo und ein Jahr in ihren Stammländern zu
wohnen. Zu diesem Zweck wurden, von Edo ausgehend,
Straßen mit so genannten Poststationen (shukuba)
errichtet. Jeder Fürst ließ von Zeit zu Zeit die Strecke
zwischen Edo und seinem Stammland auf Bildrollen
oder Wandschirmen darstellen. Diese Bilder wurden oft
kopiert. Der Ausschnitt der viereinhalb Meter langen
Bildrolle zeigt die Poststationen im Bereich des heutigen Ballungszentrums Nagoya. Im Hintergrund sieht
man die Burg von Nagoya, die nicht am Tōkaidō lag. NCM

1.15 (Abb. S. 30-31)
Die Burg Nagoya aus der Vogelperspektive

Späte Edo-Zeit, 1842
Harue Odagiri (Bild), Narimichi Hayashi (Text)
Rollbild, Aquarell und Deckfarben auf Papier
128 x 63,5 (69,1) cm
Nagoya City Museum

Die Darstellung zeigt die Burg Nagoya von Westen
aus der Vogelperspektive. Beigefügt ist ein Gedicht,
das die Schönheit der Burg zum Ausdruck bringt. Im
Vordergrund reihen sich die Anwesen der Vasallen
des Fürsten zu beiden Seiten des Horikawa, dahinter
ist, umgeben von Gräben, Steinmauern und einem
Föhrenwäldchen, der fünfgeschoßige Burgturm zu erkennen. Die Burganlage von Nagoya bestand aus dem
Haupttrakt (Honmaru), der neben dem Burgturm auch
luxuriös ausgestattete Hallen für einen Aufenthalt des
Shōgun beherbergte, aus den Trakten Nishi-no-maru
und Ofuke-maru im Westen, aus dem Ni-no-maru-
Trakt im Südosten, wo sich die Wohnräume des Fürsten
und die Verwaltung des Fürstentums befanden, und
aus dem weitläufigen San-no-maru-Trakt im Süden.
Die Gesamtfläche betrug über 660.000 Quadratmeter
(200.000 tsubo). Der Künstler Harue Odagiri (1810 bis
1888) stammte aus einer Samurai-Familie aus Owari.
Er schuf zahlreiche Werke, in denen er die Landschaften sowie die Sitten und Gebräuche der Menschen von
Owari darstellte. NCM

1.16 (Abb. S. 24-27)
**Bildrolle mit Rundpanorama, wie es sich von der Burg
von Nagoya aus darstellt**

Spätere Edo-Zeit, 18. Jahrhundert (Kopie aus dem 19. Jahr-
hundert)
Aquarell und Deckfarben auf Papier, 29,8 x 1163 cm
Nagoya City Museum

Für Verteidigungszwecke dargestellt ist die gesamte,
noch fast unbesiedelte Nōbi-Ebene, wie sie von Burg
Nagoya aus überblickbar war. Das Original wurde im
Auftrag von Katsunaga Matsudaira (1737 bis 1811),
dem jüngeren Bruder des achten Fürsten von Owari,
Munechika Tokugawa, von mehreren bedeutenden
Künstlern angefertigt. Es soll sich im Burgturm befunden haben. Bezeichnet ist die ungewöhnliche Bildrolle
mit „Zeichnungen für die erlauchten Kriegsherren –
Ausblicke von der Goldenen Burg". Überliefert ist sie
als Teil einer Sammlung von Bildern und Berichten, die
sich auf Nagoya und seine Burg beziehen (vgl. 1.17).
Ursprünglich war das Panorama ein loses Heft mit 40
einzelnen Blättern, später wurde es zu einer über elf
Meter langen Rolle gebunden. NCM

1.17 (Abb. S. 33)
„Ansicht von Nagoya im Land Owari"

Aus der Serie „Hundert Ansichten berühmter Orte aus allen
Ländern"
Späte Edo-Zeit, 1859
Hiroshige Utagawa II
Farbholzschnitt auf Papier, 35,3 x 23,4 cm
Nagoya City Museum

In der Mitte des Bildes befindet sich der Burgturm mit
dem goldenen Fabelfisch „shachi", im Hintergrund die
Bucht von Ise. CK

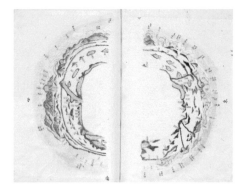

1.18
**Index des Rundpanoramas, wie es sich von der Burg von
Nagoya aus darstellt**

Aus der Sammlung „Kinju onkoroku" (Berichte zum Burgturm),
Bd. 5, hg. v. Tokugi Okumura
Späte Edo-Zeit, 19. Jahrhundert
Aquarell und Deckfarben auf Papier, Heftbindung, 30 x 21 cm
Hōsa-Bibliothek, Nagoya

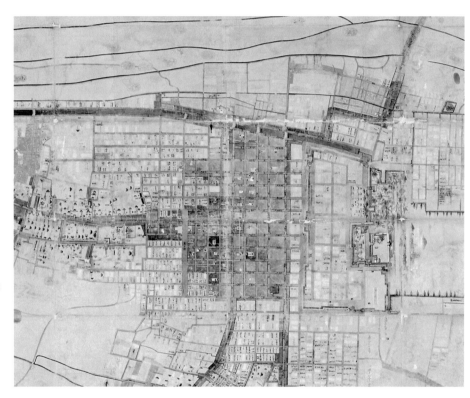

1.19
Plan von Nagoya

Mittlere Edo-Zeit, um 1750
Aquarell und Deckfarben auf Papier, 304 x 214 cm
Nagoya City Museum

Im oberen Teil der Karte sieht man das Burggelände,
das aus Gründen der militärischen Geheimhaltung nur
schemenhaft dargestellt ist. Darunter erkennt man die
eigentliche Stadt, im Süden und Südosten die großen
Anwesen der Samurai, die sich im unmittelbaren
Schutzbereich der Burg befanden. Daran anschließend,
folgen die Wohnhäuser und Werkstätten der Bürger. Die
Tempel- und Schreinanlagen befinden sich vor allem
im südlichen und südöstlichen Teil der Stadt. Sie lagen
an den Hauptstraßen, damit sie im Bedarfsfall strategisch geschützt werden konnten. Ganz im Süden zu
sehen sind die Poststation Miya und die Stadt Atsuta,
die Nagoya als Hafen diente und im 20. Jahrhundert
eingemeindet wurde. NCM

Religion und Vergnügen
Stadtleben in der Edo-Zeit

Japan war in der Edo-Zeit eine zentralisierte und weitgehend urbanisierte Gesellschaft; im weltweiten Vergleich lebten ungewöhnlich viele Menschen in Städten. Um 1800 gab es neben den Metropolen Edo, damals größte Stadt der Welt, Kioto und Osaka rund 15 Städte mit ungefähr 100.000 Einwohnern. Das prosperierende Nagoya war davon die bedeutendste. Die Vitalität des urbanen Lebens und der Austausch zwischen den Städten führten zu einer neuen populären Massenkultur, die nach der Öffnung Japans im späten 19. Jahrhundert im Ausland für die „traditionelle japanische Kultur" gehalten wurde.

Als Fürstensitz der Tokugawa-Dynastie war Nagoya von einer breiten Oberschicht geprägt, rund 40 Prozent der Bewohner waren Samurai. Doch die Zeit der Kriegskunst und heldenhaften Kämpfe war längst vorbei, die militärischen Aufgaben der Samurai verloren deshalb an realer Bedeutung. Gleichzeitig wurden sie Teil des administrativen Apparats. Durch die Dominanz des Militäradels war Nagoya eine vom Konsum bestimmte Stadt, das Gewerbe spezialisierte sich – neben der Schwerterzeugung – auf Nahrungsmittel, Bekleidung und Alltagsdinge. Nahe gelegene Wälder begünstigten zudem die Erzeugung von Gerätschaften aus Holz und den Handel mit Edelhölzern. Überregionale Bedeutung hatte die Keramikproduktion im nahen Seto.

Politisch lösten einander Perioden von strenger Kontrolle und Liberalität ab. Im 18. Jahrhundert gab es in Nagoya eine Phase mit relativ großen Freiheiten, ebenso im frühen 19. Jahrhundert. Das förderte vor allem das Vergnügungsleben, wurde doch die rigide Kontrolle der „Orte des Bösen", wie man Theater- und Freudenviertel nannte, vorübergehend gelockert. Das hatte zur Folge, dass Schauspieler und Prostituierte, die in Edo oder Kioto ihre Arbeit verloren hatten, nach Nagoya zogen. Theater und Prostitution hingen im Japan der Edo-Zeit eng zusammen und waren wichtige Faktoren für den Boom neuer, populärer Bild- und Textmedien. Die örtlichen Verleger produzierten bedeutende wissenschaftliche Werke ebenso wie unterhaltsame Bücher.

Träger des Kultur- und Geisteslebens waren Samurai, die ausreichend Muße hatten, und wohlhabende Kaufleute. Zum Beispiel kam es in Mode, die Kunst des Töpferns zu erlernen und sich der Dichtkunst, vor allem dem Kurzgedicht Haiku, zu widmen. WK

1.20
Leben und Treiben in der Stadt Nagoya

Kyōhō-Genbun-Zeit, um 1736 (Kopie aus dem 19. Jahrhundert)
Bildrolle, Aquarell und Deckfarben auf Papier, 56 x 370 cm
Verein zur Instandsetzung der Burg von Nagoya (Meijō Shinkō
Kyōkai)

Die Kyōhō-Genbun-Zeit (1716 bis 1741) war eine
Blütezeit für Kultur und Wissenschaft, aber auch für
die populären Vergnügungen. Die Bildrolle schildert
das lebhafte Treiben in der Burgstadt während der
Herrschaft des siebenten Tokugawa-Fürsten Muneharu (1730 bis 1739), dessen opulenter Lebensstil im
Gegensatz zur Sparpolitik der Regierung in Edo stand.
Der belebte Platz mit Theatern und Schaubuden liegt
im Süden der Burgstadt, wo auch das Zentrum der
Tempelstadt rund um den Kannon-Tempel von Ōsu
angesiedelt war. In unmittelbarer Nähe findet sich
das neue Freudenviertel, das ebenfalls während der
Regierungszeit Muneharus entstanden war. Zu sehen
sind unter anderem eine Shinto-Prozession, Darbie-
tungen von Akrobaten, Geschäfte für Kimono-Stoffe
oder Reis, Teestuben und Gasthäuser, aber auch Szenen
mit Trinkern und Prostituierten. Diese Bildrolle ist eines
der seltenen Dokumente zur Geschichte Nagoyas, die
Aufschluss über das Stadtleben geben. Die Illustra-
toren sind unbekannt, möglicherweise handelt es sich
bei der Bildrolle um ein Gemeinschaftswerk mehrerer
Künstler. WK

Schreine, Tempel und Feste

Buddhistische Tempel und shintoistische Schreinbezirke waren multifunktionale Orte: Sie dienten nicht nur religiösen Zwecken, sondern boten auf ihrem Areal der Bevölkerung auch Spektakel, Ausstellungen und Einkaufsmöglichkeiten. In Nagoya entwickelte sich der südliche Tempelbezirk Ōsu zum Vergnügungsviertel: Hier traten Theatertruppen auf, hier gab es auch Freudenhäuser. Und hier nahmen die großen Feste ihren Ausgang.

Regelmäßige Feste mit Prozessionen waren Höhepunkte im städtischen Leben. Das größte im Nagoya der Edo-Zeit war das jährliche Fest des Tōshōgū-Schreins, der sich innerhalb der Burg befand und in dem Stadtgründer Ieyasu Tokugawa als Gott verehrt wurde. Ein farbenfroher Umzug, der stets Menschenmassen anlockte, bewegte sich mit drei „Göttersänften" zu einem temporären Schrein und wieder zurück. Nur an diesem Tag war es der allgemeinen Bevölkerung erlaubt, die Burg zu betreten. Andere Feste dienten dazu, Epidemien fern zu halten, manche bezogen auch die Nacht mit ein.

Die Inszenierung des festlichen Treibens war opulent: Es wurden mit Lampions geschmückte Schauwagen durch die Stadt geführt, wobei der zweistöckige Wagen im „Nagoya-Stil" zu einem landesweiten Vorbild wurde. Hauptattraktion waren aber die bis heute bei Festen beliebten mechanischen Puppen auf diesen Wagen. Ihr technisches Raffinement spiegelte die weit verbreitete Faszination für mechanische Erfindungen wider.

In unmittelbarer Nähe Nagoyas lag der Großschrein von Atsuta, einer der bedeutendsten Schreine Japans, der bis heute eines der drei Reichskleinodien, das heilige Schwert Kusanagi, beherbergt. Er befand sich an der Station Miya (Schrein) der Tōkaidō-Fernstraße. Von weit her kamen Pilger, die die Reise auch für Vergnügungen aller Art und den Kauf von Souvenirs nutzten. WK

1.22 (Abb. S. 71, 80)
Festprozession zum Tōshōgū-Schrein

Späte Edo-Zeit, 1822
Takamasa Mori
Bildrolle, Aquarell und Deckfarben auf Papier, 41,3 x 284 cm
Nagoya City Museum

Der Tōshōgū-Schrein wurde 1620 vom ersten Tokugawa-Fürsten von Owari, Yoshinao, zu Ehren seines Vaters Ieyasu Tokugawa (1543 bis 1616) innerhalb der Burg von Nagoya errichtet. Hier wurde Ieyasu Tokugawa unter seinem posthumen Gottestitel Tōshō Daigongen verehrt. Der Hauptschrein des Ieyasu Tokugawa ist der Tōshōgū in Nikkō, der sich zirka 100 Kilometer nördlich von Tokio befindet. Der Tōshōgū in Nagoya ist ein Zweigschrein dieses Mausoleums. Die Schreinfeste fanden jedes Jahr vom 15. bis zum 17. Tag des vierten Monats statt. Nur zu diesem Zeitpunkt war den Bürgern der Stadt der Besuch des Schreins gestattet. Dies war wohl der Grund, warum jedes Stadtviertel eine Prozession zum Schrein veranstaltete. Am Todestag Ieyasus, dem 17.4., fand dann die Hauptprozession statt, bei der eine Schreinsänfte (mikoshi) von der Burg ins zwei Kilometer entfernte Stadtzentrum und wieder zurück getragen wurde. An der Prozession nahmen die Abordnungen der einzelnen Stadtviertel – angefangen vom Magistrat der Burgstadt (machi bugyō) – teil, deren Schauwagen (dashi) sich gegenseitig an Prächtigkeit überboten. Es gab Zeiten, da beteiligten sich mehr als 2.000 Menschen an den Prozessionen.
Bei der vorliegenden Bildrolle handelt es sich um einen Entwurf, der dem Auftraggeber, dem Fürsten von Owari, zur Begutachtung vorgelegt wurde. Daher sind einige Ausschnitte in kräftigen Farben, andere lediglich in blassen Pastelltönen gehalten. Die Endfassung befindet sich heute im Tokugawa-Kunstmuseum von Nagoya. Der Künstler, Takamasa Mori (1791 bis 1864), war vor allem in Nagoya tätig und schuf zahlreiche Frauenbilder sowie Darstellungen der Sitten und Gebräuche von Owari.

1.23
„Jahreszeitliche Feste in Atsuta" (Band 8)

Späte Edo-Zeit, 19. Jahrhundert
Aquarell und Deckfarben auf Papier, Sackbindung, 27 x 19,2 cm
Hōsa-Bibliothek Nagoya

Das Fest des (ochsenköpfigen) Himmelskönigs der Stadt Atsuta fand jährlich am vierten und fünften Tag des sechsten Monats statt. Die Abbildung zeigt die Prozession am ersten Tag. Zwei monumentale Schauwagen von über 22 Meter Höhe und mehrere kleinere von zwölf Meter Höhe kamen aus allen Stadtvierteln Atsutas zusammen. Das vorliegende Buch enthält Darstellungen aller jahreszeitlichen Feste im und um den Großschrein von Atsuta. NCM

1.24 (Abb. S. 82–83)
In einem Freudenhaus

Späte Edo-Zeit, 19. Jahrhundert (Kopie, frühes 20. Jahrhundert)
Hokusai Katsushika
Holzschnitt, fünfteilig, je 37,4 x 24,2 cm
Sammlung Kazuo Kandutsch, Wien

1.21
Modelle der neun Schauwagen des Nagoya-Tōshōgū-Schreins

1977–1981
Gestaltung: Suekichi Noda
Aquarellfarben auf Biscuit-Porzellan
Nagoya City Museum

Das Fest des Tōshōgū-Schreins wird auch als Nagoya-Matsuri bezeichnet und war das größte Ereignis der Burgstadt. Am Umzug nahmen zahlreiche Abordnungen aus allen Stadtvierteln in den unterschiedlichsten Kostümen teil. Sie zogen vom Tōshōgū-Schrein entlang der Honmachi-Straße zum Wakamiya-Hachiman-Schrein in der südlichen Tempelstadt. Die Festwagen bildeten das zentrale Element des Festzuges, ihre Reihenfolge war genau festgelegt. Auf den Festwagen waren mechanische Puppen zu sehen, die ein raffinierter Mechanismus zu erstaunlichen Kunststücken befähigte. Alle neun Schauwagen verbrannten 1945 als Folge der Flächenbombardements der Amerikaner. YT

1.25 a–c (Abb. S. 73)
Kyōgen-Masken

Edo-Zeit
Holz, bemalt
Nagoya City Museum, Dauerleihgabe der Kyōgen Kyōdōsha

Nagoya ist seit der Edo-Zeit ein Zentrum des Kyōgen-Theaters, das das komödiantische Gegenstück zum Nō-Theater darstellt. In den reichen Kaufmannsfamilien war es allgemein üblich, den Kindern Unterricht in dieser Theaterform zu geben. Im Jahr 1614 holte der erste Tokugawa-Fürst von Owari, Yoshinao, den berühmten Kyōgen-Meister Yamawaki Izumi-no-kami Motonori (gestorben 1659) an den Hof. Seine Familie war über Generationen für das Kaiserhaus in Kioto tätig gewesen, übersiedelte aber schließlich ganz nach Nagoya, wo Yamawaki Izumi-no-kami Motonori nun dem Fürsten Unterricht erteilte. Der Ruhm des Kyōgen-Theaters aus Nagoya gründet sich somit auf die Izumi-Tradition des Hauses Yamawaki. Sie wird heute von der Kyōgen Kyōdōsha fortgeführt, die sowohl die grünen Kleider als auch die Masken übernommen hat. Im Kyōgen wird meist ohne Masken gespielt, und es gibt auch viel weniger Maskentypen als im Nō-Theater. Die etwa 20 Grundtypen stellen fast ausschließlich nicht-menschliche Wesen wie Tiere, Götter, Dämonen oder Gespenster dar. CK

a
Chichi-no-jō (ein alter Mann)

Edo-Zeit, 17. Jahrhundert
17,2 x 13,4 x 5,4 cm

Eine der Greisenmasken des Kyōgen. Geschenk des zweiten Tokugawa-Fürsten Mitsutomo an das Haus Yamawaki Izumi-no-kami.

b
Kaminari (Donner)

Edo-Zeit, 18. bis 19. Jahrhundert
16,3 x 13,5 x 8,4 cm

Die Maske wurde für das Kyōgen-Stück „Donner" angefertigt. Der Donnergott ist aus Versehen durch ein Loch in den Wolken auf die Erde gefallen und wird von einem Quacksalber mit Akupunktur traktiert. In seinem Schmerz verspricht er, 800 Jahre lang weder Trockenheit noch Überschwemmung hervorzurufen.

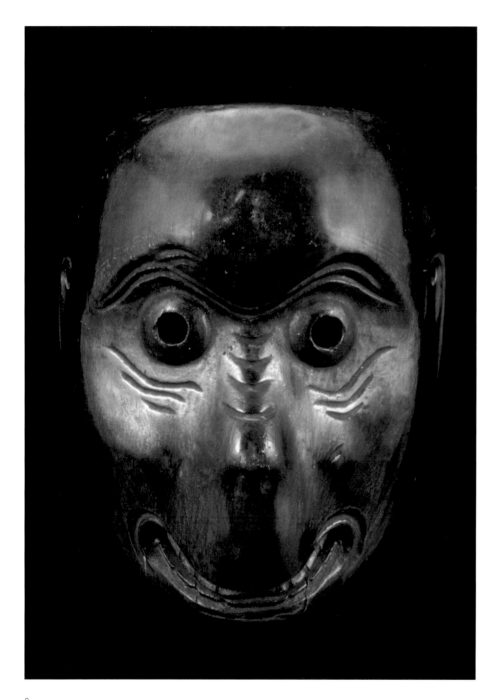

c
Saru (Affe)

Edo-Zeit, 18. bis 19. Jahrhundert
16,3 x 13,5 x 8,4 cm

Maske für die Rolle des Affen. Angefangen von
Utsubozaru (Der Affe für den Köcher), gibt es
zahlreiche Affenrollen im Kyōgen.

1.26
**Schwertmontur im „itomaki"-Stil (Wickelfadenstil),
bestehend aus Langschwert (tachi) und Schwertscheide
mit Paulownien- und Malvenmuster in „nashiji"-Lack-
technik**

Frühe Edo-Zeit, 17. Jahrhundert
Gesamtlänge: 103,7 cm
Nagoya City Museum

Das Schwert dieser Montur gehört zu jenen drei Lang-
schwertern, die der erste Tokugawa-Fürst von Owari,
Yoshinari, dem Tōshō-Schrein von Nagoya im Jahr
1619 darbrachte. Der Schrein wurde ebenfalls 1619
im San-no-maru-Trakt der Burg von Nagoya errichtet
und diente der Verehrung von Yoshinaris Vater, Shōgun
Ieyasu Tokugawa, der 1616 zur Gottheit erklärt worden
war. Dokumente aus der Edo-Zeit berichten, dass diese
drei Schwerter bei den jährlichen Prozessionen von
der Burgstadt Nagoya zum Tōshō-Schrein vor den drei
Göttersänften getragen wurden, die das Zentrum der
Prozession bildeten. Das Schwert ist im „Kuniyuki"-Stil
angefertigt, der auf einen Schwertschmied aus der Ka-
makura-Zeit (1185 bis 1333) zurückgeht. Aufgrund der
besonderen Detailtreue und Präzision der Anfertigung
nimmt man an, dass das Schwert speziell als Opferga-
be für den Tōshō-Schrein angefertigt wurde. NCM

1.27
Tracht der Festtagshelfer des Zuijō-Schauwagens

Edo-Zeit
Baumwolle
Nagoya City Museum

Die Tracht, bestehend aus Oberteil (hanten) und Hose
(momohiki), ist aus festem indigofarbenem Baumwollstoff mit viereckigem Muster (kiriishi) gefertigt und
stellt die typische Kleidung der Helfer bei den religiösen Festen in der Burgstadt Nagoya dar. Die Arbeit der
Helfer war äußerst anstrengend, da sie die schweren
Wagen ziehen und lenken mussten. NCM

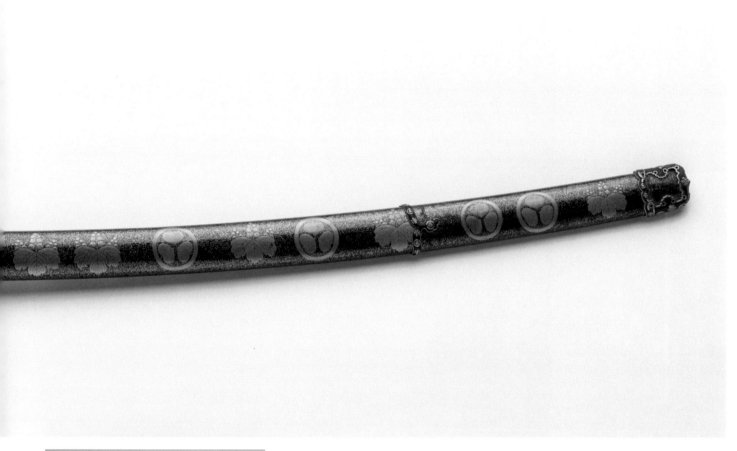

1.28 a–d (Abb. S. 72)
Bücher von Enkōan Takariki (Band 7)

Späte Edo-Zeit, 18. bis 19. Jahrhundert
Text und Bilder: Enkōan (Tanenobu) Takariki
Aquarell und Deckfarben auf Papier, Sackbindung
Nagoya City Museum

Enkōan Takariki (1756 bis 1831) war ein Nachkomme einer Samurai-Familie aus Owari, der in der Blütezeit der Burgstadt Nagoya (Ende 18. bis Anfang 19. Jahrhundert) die Stadt und ihre Umgebung mit ihren Schrein- und Tempelfesten, Theatern und Schaubuden und sonstigen Sehenswürdigkeiten in Bildern und Texten dokumentierte. Harue Odakiri (1810 bis 1888), ebenfalls ein Samurai aus Owari, der Enkōan bewunderte und später eigene Sittenbilder aus Owari schuf, kopierte diese Werke äußerst präzise, sodass im vorliegenden Fall nur zwei Bände von Enkōan selbst stammen, während die restlichen 14 Bände Kopien von Harues Hand sind. NCM

a
„Neue Kuriositäten-Bibliothek"
Die Schausteller im Tempelviertel Ōsu zeigten Tiere und Pflanzen, die aus riesigem Korbgeflecht oder Muscheln geformt waren. Auf der Abbildung kann man Korbgeflechte in Form von Löwen und Mandarinenten erkennen.

b
Bildgeschichte „Der Deutzienhut" (Gashi unohanakasa)
Die Geschichte berichtet von den Ereignissen im Zusammenhang mit den „okagemairi"-Wallfahrten des Jahres 1830 in Nagoya und Atsuta. Als „okagemairi" bezeichnete man Massenwallfahrten zum Ise-Schrein, die ohne Genehmigung der Vorgesetzten oder Behörden durchgeführt wurden. In allen Provinzen Japans kam es etwa einmal in 60 Jahren zu diesem Phänomen. Gruppen gleichartig angezogener Pilger brachen gemeinsam auf und erhielten unterwegs Kost und Quartier, manchmal sogar Kleider und Geld. Der Titel bezieht sich auf die mit Deutzienblüten geschmückten Strohhüte der Pilger.

c
„Illustrierter Bericht über Tempelausstellungen"
Bericht von vier öffentlichen Ausstellungen (kaichō) von Tempelschätzen in der südlichen Tempelstadt, 1829. Unter „kaichō" verstand man das öffentliche Ausstellen der Heiligtümer von Shinto-Schreinen oder buddhistischen Tempeln, die für gewöhnlich nicht zugänglich waren. Dabei gab es auch Mönche, die die Schätze erläuterten. Es kam sogar vor, dass Schätze aus anderen Regionen, etwa aus Kioto oder Osaka, ausgestellt wurden. Diese Veranstaltungen können durchaus mit heutigen Ausstellungen verglichen werden.

d
„Illustrierte Erzählung von der Entdeckung der Schatz-pagode des Kasadera", „Der Otokiki-Berg"
Die Erzählung enthält einen Bericht über eine Tem-pelschatzausstellung in den Außenbezirken Nagoyas. Unter anderem wurde eine elfgesichtige Kannon-Statue ausgestellt, die 1814 in der Gegend des Kasadera-Kannon-Tempels ausgegraben worden war. Des Weiteren wurde von einer Ausstellung anlässlich der 100-Jahr-Feier der Gründung des Hachiji-Kōsei-Tempels im Jahr 1818 berichtet. Man erkennt das lebhafte Treiben der städtischen und ländlichen Bevölkerung.

Bücher von Enkōan Takariki (Band 7)
(1.28 a)

獅子
しし

此獅子の
形ちあらく
むく天竺は
とき殊に
新羅の
形ちにて
御江の獅子
といふ胎内より
此てよき形と
のこし殘りて
吠えんけんと
なるにもあらず
さるにもあらず
此獅子よ三所を
作り殺如如の所を
吠えまひぬるの処
吠える阿吽を隔く

あいさつ賀さ節

名府をいつる沼ぞ、
女色までも放ちのらご
ともりて名きとにと
本町遍へおくす坊げらも
の助とし女より乾毎に
さゝぐの標具とうざる
つるも風流あるあうち
ゆく板〆縮緬或〳〵ん
のうつくしき渓名をとそし
渓人とえけ〳〵これ〳〵を事て
れの辻すう執田の渓ぎぎ
〳〵の不まで汐かり
上約〳〵もせう渓人这れ
旅人とむゝへ〳〵から〳〵翁を
つて亥の舩つき出もりて
ひさすの人〳〵之乍そうさしで

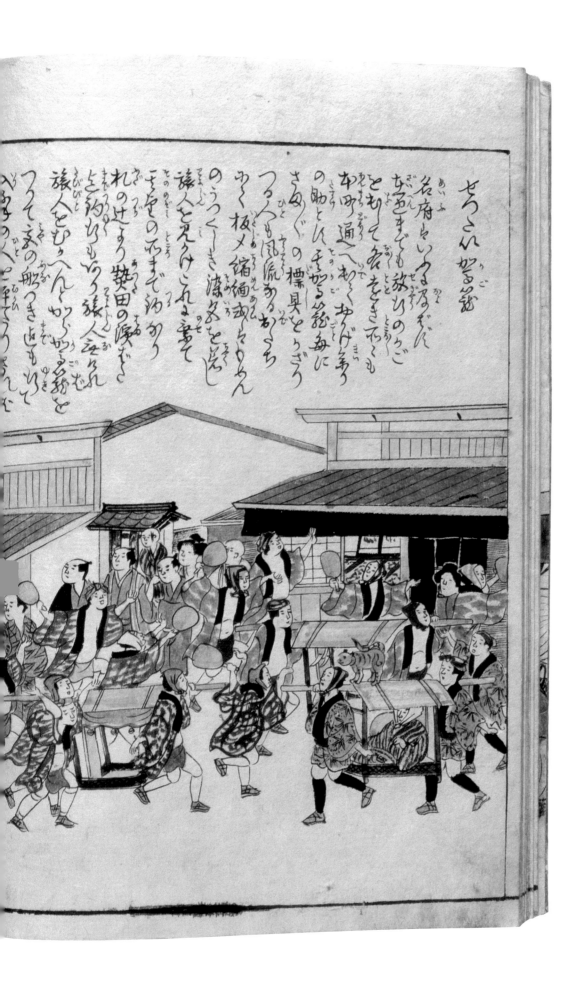

131

Bücher von Enkōan Takariki (Band 7)
(1.28 c)

書院 霊宝場

不動明王
明澤筆

六字名号
弘法大師筆

阿
陀
佛

天台智者大師
張思享筆

雲中文殊并
牧溪筆

地蔵菩薩満菜上人
の作十一面観音
ぎやうい菩薩燈
大師の作弁天
天い運等の作
雲中の文殊并は
牧渓の筆
天台智者大師の
新像ち得思
雲の筆
六字の名号の
ろぼ大師の
男女和合の鈴い
ろぼち大師の
御有相い鈴と
娘する亭の恵

Bücher von Enkōan Takariki (Band 7)
(1.28 d)

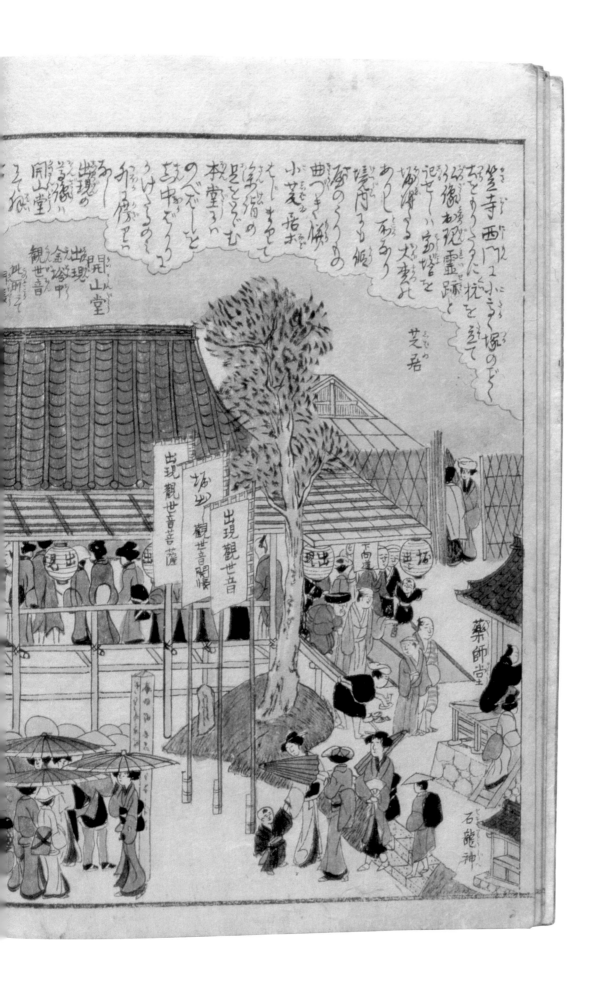

Verlagswesen und populäre Medien

Die Zahl der Menschen, die lesen und schreiben konnten, war in den japanischen Städten im Vergleich zu Europa sehr hoch. Das hatte mit der Verbreitung eines Schulwesens zu tun, in welchem nur einige hundert japanische Silbenschriftzeichen und einige dutzend einfache chinesische Schriftzeichen wie etwa Zahlen unterrichtet wurden.

Ab dem späten 18. Jahrhundert kam es zu einem Boom der Unterhaltungsliteratur. Bücher wurden nicht nur in Läden verkauft, sondern es entwickelte sich auch ein Netzwerk von Leihbuchhändlern, die mit aktuellen Druckwerken in der Rückentrage regelmäßig ihre Kunden besuchten. Der wichtigste Buchverleiher Nagoyas hatte eine solch gewaltige Bibliothek, dass sie während der Meiji-Zeit Grundlage der Bestände in den Universitätsbibliotheken von Tokio und Kioto werden konnte.

Das Verlagswesen war auf Edo, Osaka und Kioto konzentriert, aber auch in Nagoya gab es bedeutende Hersteller von Druckwerken. Publiziert wurden vor allem Bücher und Einblattdrucke, die dem breiten Geschmack entsprachen, aber auch religiöse, wissenschaftliche und praxisorientierte Werke. Viele Druckwerke kombinierten Text und Bild, aber auch durchwegs bebilderte Bücher waren im Angebot. Im Verlag von Toshirō Eirakuyo erschien die berühmte 15-bändige Serie *Hokusai Manga* von Hokusai Katsushika, einem der bedeutendsten Künstler populärer Farbholzschnitte im Japan der späten Edo-Zeit. Bestseller waren neben Porträts von berühmten Kurtisanen und Schauspielern vor allem Stadt- und Landschaftsdarstellungen von „berühmten Orten", die bei aller Flächigkeit des Holzschnitts raffinierte Tiefenwirkungen aufwiesen. WK

1.29
Fächerbilder mit berühmten Plätzen Nagoyas

Späte Edo-Zeit (Kopie 1934)
Takamasa Mori
Farbholzschnitt für Fächer, 35,8 x 32 cm
Nagoya City Museum

Unter Fächerblättern versteht man Drucke, die auf die Fächer aufgebracht wurden. Diese Serie zeigt Motive berühmter Feste, Blütenschauen, Tempelausstellungen und Spaziergänge in der und um die Burgstadt Nagoya. Dargestellt sind unter anderem die „Kirschblütenschau des Nishi-Honganji", „Blüten entlang des Horikawa", „Topfpflanzenverkauf beim Sakura Tenjin", „Gion-Fest des Wakamiya", „Schilf und Bambus in Miya". Der Künstler Takamasa Mori (1792 bis 1864) lebte in Nagoya und schuf hier zahlreiche Darstellungen von schönen Frauen und Sittenbilder. Als man 1934 die Druckblöcke aus den Jahren 1824 bis 1841 wieder entdeckte, legte man die Serie neu auf. NCM

1.30
„Bildersammlung der Sehenswürdigkeiten Owaris" (erste Auflage, Band 1 und 2)

Späte Edo- bis Meiji-Zeit, 19. Jahrhundert
Holzschnitt auf Papier; Sackbindung, 26,0 x 18,5 cm
Nagoya City Museum

In der Edo-Zeit war die übliche Form der Buchbindung die so genannte Sackbindung, wobei für die Buchseiten ein Blatt Papier in der Hälfte gefaltet und das Buch an den zusammengefalteten Enden gebunden wurde. Dafür wurden die noch ungefalteten Papierseiten bedruckt, danach gefaltet, und so ergaben sie eine (Buch-)Doppelseite. Der Druckstock wurde beidseitig benutzt, es konnten also vier Seiten (zwei Buchseiten) mit einem Stock gedruckt werden.

Die „Bildersammlung der Sehenswürdigkeiten Owaris" ist für die Historiker eine der wichtigsten Quellen. 1841 wurde die erste Auflage von sieben Bänden in sieben Heften gedruckt, 1880 die zweite Auflage mit sechs Bänden in sechs Heften. Seit dem späten 17. Jahrhundert erfreuten sich Bildersammlungen über berühmte Orte im ganzen Land großer Beliebtheit. Die Themen betrafen wichtige Städte, Landschaften und Landstraßen. Die Ansichten wurden aus der Vogelperspektive gezeigt und zumeist durch chinesische oder japanische Gedichte ergänzt, die sich auf die Darstellungen bezogen. Unter all diesen Sammlungen sticht die „Bildersammlung der Sehenswürdigkeiten Owaris", an der zeitgenössische Gelehrte aus Owari mitwirkten, wegen ihres wissenschaftlichen Charakters hervor. Es handelte sich nicht nur um einen Führer zu den Se-

hens würdigkeiten des Fürstentums, sondern auch um ein ausführliches Werk zur Geschichte von Owari. Die Originaldruckstöcke der „Bildersammlung der Sehenswürdigkeiten Owaris" wurden bis ins 20. Jahrhundert verwendet. NCM

1.31
Druckstock der „Bildersammlung der Sehenswürdigkeiten Owaris"

Späte Edo- bis Meiji-Zeit, 19. Jahrhundert
Holz, 20,2 x 45,2 cm
Nagoya City Museum

Die Kunstfertigkeit der Holzschnitzer, die wie bei den Ukiyoe feine Linien und subtile Ausdrucke auf den Druckstock übertrugen, lässt sich hier gut nachvollziehen. NCM

1.32
„Hokusai malt aus dem Stegreif ein Riesenbild"

Späte Edo-Zeit, 1814
Text und Bild: Enkōan (Tanenobu) Takariki
Aquarell und Deckfarben auf Papier, Sackbindung
24 x 18,3 cm
Nagoya City Museum

Hier handelt es sich um einen Bericht von der Malaktion des berühmten Hokusai Katsushika, der am 5.10. des Jahres Bunka 14 (nach westlichem Kalender 13. November 1817) auf einem Tempelgelände im Süden der Burgstadt Nagoya im Beisein vieler Schaulustiger das Porträt des legendären Mönchs Bodhidharma (Daruma) auf ein Papier von elf mal 18 Metern malte. Der Bericht stammt von Enkōan Takakiri (1756 bis 1831). Hokusai besuchte zu dieser Zeit Nagoya auf Einladung des Verlegers Tōshirō Eirakuya, der die *Hokusai Manga* (Illustrierte Hefte von Hokusai) herausgab. Die spektakuläre Malaktion soll von Eirakuya als Werbegag für die *Hokusai manga* erdacht worden sein. NCM

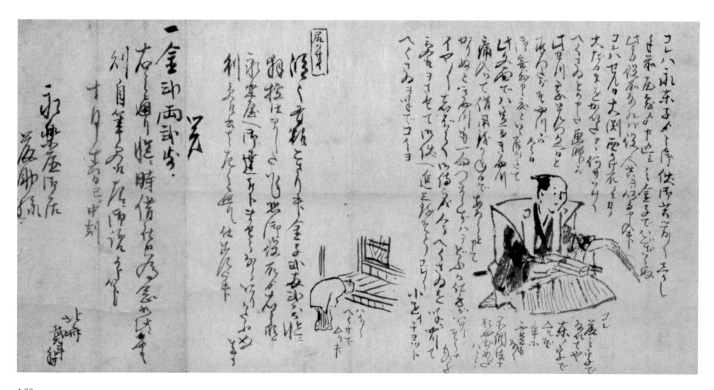

1.33
Schriftstück von Hokusai Katsushika

Späte Edo-Zeit, datiert 16.10. Bunka 14 (24.11.1817)
Tusche auf Papier auf Rollbild, 90 x 42,4 cm
Nagoya City Museum

Nachdem Hokusai den Riesen-Bodhidharma (vgl.
1.32) gemalt hatte, blieb er noch einige Zeit in Nagoya
und verfasste das vorliegende Schreiben für einen
Angestellten des Verlegers Eirakuya. Es handelte sich
dabei um einen Schuldschein. Es war jedoch kein
gewöhnlicher Schuldschein, denn dargestellt ist genau
der Moment, in dem der Angestellte dem sich verbeu-
genden Hokusai das Geld übergibt. NCM

1.34
Hokusai Manga, Band 12

Späte Edo-Zeit, 1834
Hokusai Katsushika
Farbholzschnitt auf Papier, Sackbindung, 22,8 x 15,8 cm
Hōsa-Bibliothek Nagoya

Auf seiner Reise nach Westjapan im Jahr 1812 hielt
sich Hokusai bei seinem Schüler Bokusen Maki auf und
fertigte hier über 300 Skizzen für Blockdrucke an, die
der Verleger Tōshirō Eirakuya 1814 in Nagoya zum ersten Mal herausgab. Wegen der unglaublichen Beliebtheit dieses Skizzenbuchs wurden weitere neun Hefte
vom Verleger Kadomaruya Jinsuke in Edo herausgegeben. Weitere fünf Bände wurden erneut von Eirakuya
verlegt. Die über 4.000 Einzelzeichnungen beweisen die
wunderbare Begabung Hokusais, alles Mögliche und
Unmögliche bildlich darzustellen. NCM

1.35
Ansicht des Fuji

aus der Serie „Hundert Ansichten des Fuji"
Späte Edo-Zeit, 19. Jahrhundert
Hokusai Katsushika
Farbholzschnitt auf Papier, Sackbindung, 22,8 x15,8 cm
Hōsa-Bibliothek Nagoya

Diese 100-teilige Sammlung verschiedener Ansichten
des Fuji wurde im 75. Lebensjahr des Künstlers herausgegeben. Es handelt sich um eine Gesamtschau
von Hokusais Fuji-Bildern, die auch die berühmten
„36 Ansichten des Fuji" enthält.

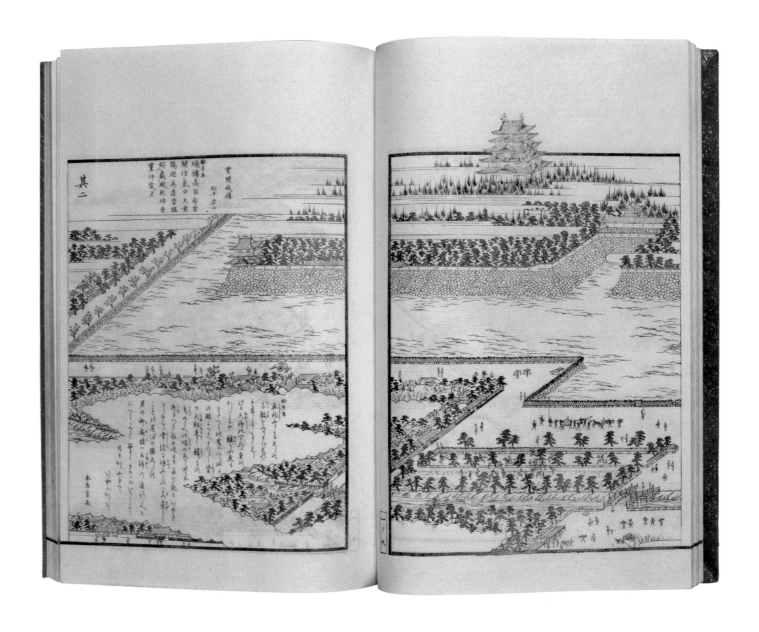

„Bildersammlung der Sehenswürdigkeiten Owaris"
(erste Auflage, Band 1 und 2)
(1.30)

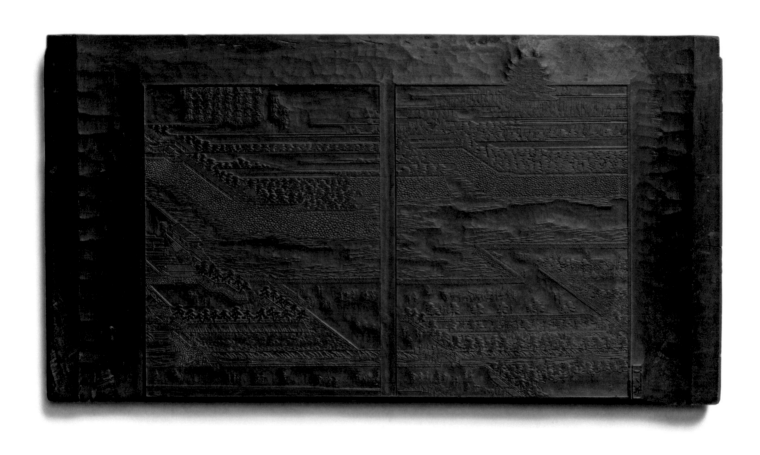

Druckstock der „Bildersammlung der Sehenswürdigkeiten Owaris"
(1.31)

Handwerker und Kaufleute

Rund 40 Prozent der Bevölkerung Nagoyas zählten zum Kriegeradel, 60 Prozent zum Stand der Handwerker und Kaufleute. Nach der Gesellschaftsordnung der Edo-Zeit gehörten die Handwerker dem dritten, die Kaufleute sowie die Dienstboten dem vierten und niedrigsten Stand an. Für einen Samurai, der streng nach der konfuzianischen Weltanschauung leben musste, waren Geld- und Gewinnstreben verpönt. Trotzdem musste sich der Kriegeradel von den Kaufleuten immer wieder Geld leihen.

Von den Handwerkern waren jene besonders geachtet, die Waffen für die Samurai herstellten. Ein Handwerk wurde in einer sieben- bis achtjährigen Lehrzeit erlernt, eine eigene Gewerbesprache verhinderte die Weitergabe von Fachwissen an Außenstehende. Die Betriebe waren meist klein, ihre Steuern zahlten die Handwerker in der Regel in Form von Dienstleistungen. Von Bedeutung für alle Bewohner der rasch wachsenden Stadt waren die „fünf Handwerke", die sich mit dem Hausbau beschäftigten: Zimmermann, Mörtler, Dachdecker, Holzsäger und Steinmetz. Auch die Tatsache, dass die Lebensdauer der japanischen Häuser auf zirka 40 Jahre begrenzt war, bedingte eine große Nachfrage. Erdbeben und Feuer erhöhten noch zusätzlich den Bedarf an neuen Gebäuden. Dementsprechend groß war die Nachfrage nach Bauholz. Die japanische Zypresse (hinoki), die vor allem im nahen Wald von Kiso gefällt wurde, war ein begehrter Baustoff. Über den Kiso-Fluss gelangten die Baumstämme nach Nagoya und von dort nach ganz Japan. Die reichen Holzvorkommen führten auch zur Etablierung zahlreicher Holz verarbeitender Betriebe: Besonders gefragt waren Möbel, Holzsandalen, Eimer und Kämme.

In den stadtnahen Dörfern Arimatsu und Narumi kam es bereits in der frühen Edo-Zeit zu einer Spezialisierung auf Schnürbatik. Bei dieser Technik wird der Stoff vor der Färbung an bestimmten Stellen mit Fäden fest umwickelt, sodass keine Farbe eindringen und ein Muster entstehen kann. Diese gebatikten Stoffe waren auch als Souvenirs bei den Reisenden beliebt, denn Arimatsu und Narumi lagen am Tōkaidō. Außerdem wurde in unmittelbarer Nähe Baumwolle angebaut. Zahlreiche Großhändler eröffneten daher hier ihr Geschäfte. Sie bestimmten das Design, ließen die Stoffe schnüren und übergaben diese den Färbereien, die zuletzt die Schnürfäden entfernten und die Endprodukte dann an die Großhändler retournierten. IT

1.36 a–l
Produktionsstufen der Herstellung eines Schwertes

Für das Museum hergestellte Demonstrationsobjekte
20. Jahrhundert
Nagoya City Museum

Das japanische Schwert ist eine einschneidige, geschwungene Blankwaffe, die in einer speziellen Schmiedetechnik hergestellt wird. Zu ihren besonderen Eigenschaften zählen Unzerbrechlichkeit, Elastizität und Schärfe. Die Art der Krümmung, die Härtelinien entlang der Klinge und die Oberflächentextur des Stahls bestimmen den Wert eines Schwertes. Schwerter werden in Japan als Objekte der Metallkunst hoch geschätzt. Für die Herstellung werden zwei unterschiedliche Stahlsorten verwendet, damit ein elastischer Schwertkern und eine gehärtete Schnittkante geschmiedet werden können. NCM

a
Eisensand
Eisensand bildet den Rohstoff für das japanische Schwert.

b
Tama-Stahl (tamahagane)
Tama-Stahl wird mit einer besonderen Schmelztechnik unter Verwendung eines fußbetriebenen Blasebalgs aus Eisensand und Holzkohle hergestellt. Sein Kohlenstoffgehalt liegt bei etwa 1,5 Prozent.

c
„Oroshigane" aus kohlenstoffreichem Roheisen
Bei der Herstellung von Tama-Stahl kommt zunächst Roheisen von unreiner Qualität aus dem Schmelzofen. Sein Kohlenstoffgehalt liegt bei etwa drei Prozent. Roheisen (oroshigane) ist Eisen, dessen Kohlenstoffgehalt auf das Niveau von Tama-Stahl reduziert wurde.

d
„Oroshigane" aus kohlenstoffarmem Schmiedeeisen
Wenn man dem Roheisen Kohlenstoff entzieht, wird es zu weichem, dehnbarem Schmiedeeisen. Sein Kohlenstoffgehalt liegt unter 0,15 Prozent. Bringt man dieses Schmiedeeisen auf den Kohlenstoffgehalt von Tama-Stahl, spricht man von Schmiedeeisen-„oroshigane".

e
Schmieden des Schwertkerns
Tama-Stahl und Schmiedeeisen-„oroshigane" werden in kleine Teilchen zerschlagen, auf einem Griffstück (teko) aus Roheisen übereinander gelegt und auf einem Kohlefeuer erhitzt, bis sie weich werden. Sodann werden sie mit einem Schmiedehammer breit geklopft und gefaltet. Dieser Vorgang wird mehrmals wiederholt, bis ein zäher „Schwertkern" (shingane), das Herzstück des Schwerts, entsteht.

f
„Herunterschmieden" (shitakitae)
Unbehandelter Tama-Stahl, Roheisen- und Schmiedeeisen-„oroshigane" werden jeweils auf eigene Griff-

stücke gelegt, über Kohlenfeuer erhitzt und weich gemacht, mit einem Hammer breit geklopft, gefaltet und erneut geschmiedet. Dieser Vorgang wird mehrere Male – bis zu 15-mal – wiederholt. Dadurch werden die Verunreinigungen im Metall beseitigt, zugleich wird der Kohlenstoffgehalt verringert, bis ein möglichst harter, reiner Stahl entsteht.

g
„Hinaufschmieden" (agekitae)
Die drei unterschiedlichen, durch „Herunterschmieden" gewonnenen Stähle werden in längliche Rechtecke geschnitten und auf einem einzigen Griffstück übereinander gelegt. Es gibt dabei verschiedene Kombinationsmöglichkeiten. Die übereinander geschichteten Stähle werden erneut mehrere Male über Kohlenfeuer weich gemacht, breit geklopft und gefaltet. Der auf diese Weise erzeugte Stahl bildet die äußere Schicht des Schwerts.

h
Zusammenfügen der Stahlsorten (tsumiage)
Durch die bisher besprochenen Arbeitsprozesse sind qualitativ unterschiedliche Stahlsorten entstanden, die nun über einem metallenen Griffstück zusammengefügt werden. Es gibt dabei wiederum eine Reihe von Kombinationsmöglichkeiten, hier aber wird die aufwändige „Viererkombination" (shihōzume) gezeigt. Dabei werden der „Rückenstahl" (munegane), der Schwertkern (shingane) und der „Schneidestahl" (hagane) zwischen zwei Lagen von „Seitenstahl" (kawagane) eingeklemmt. Schneidestahl hat den höchsten Härtegrad, gefolgt von Seitenstahl, Rückenstahl und dem Schwertkern. Im vorliegenden Musterstück ist der Kern entfernt worden.

i
Rohform des Schwertes (sunobe)
Die zusammengefügten Metallstreifen werden wieder erhitzt und mit dem Schmiedehammer in eine längliche, kantige Stabform gebracht. Kurz bevor die vorgesehene Schwertlänge erreicht ist, wird der Vorgang beendet und das Griffstück abgetrennt.

j
Formen der Klinge (hizukuri)
Die Rohform des Schwerts wird wieder erhitzt und breit geschlagen. Zwischen dem stärkeren „Körper" des Schwertes und der sich verjüngenden Schneide entsteht dabei eine deutlich sichtbare Linie namens „shinogi". Die Krümmung des Schwertes ist minimal. Die noch unregelmäßige Oberfläche wird mit zwei Werkzeugen („sen" und „yasuri") glatt gehobelt und gefeilt. Die äußere Form des Schwertes ist nun fertig.

k
Einbrennen des Musters (yakiire)
Das Schwert wird mit einer Mischung aus feuchtem Lehm und fein geriebener Pinienholzkohle bedeckt, wobei die Schicht um die Schneide nur ganz dünn aufgetragen wird. Dieser Arbeitsschritt bestimmt schlussendlich das „hamon" (das Muster der Härtelinien) und den erwünschten Härtegrad der Schneide. Wenn der Lehmmantel getrocknet ist, kommt das Schwert in den Brennofen und wird so lange erhitzt, bis es glüht. Anschließend wird es in einen Bottich mit kaltem Wasser getaucht. Das Timing dieses Vorgangs erfordert höchstes Feingefühl des Schwertschmiedes. Wenn hier ein Fehler gemacht wird, war die gesamte bisherige Arbeit umsonst. Durch das plötzliche Abkühlen des glühenden Schwertes entsteht das Brennmuster (yaki), und das Metall wird hart. An der Schneide, wo der Lehm dünn ist, erfolgt die Kühlung rascher, wodurch ein höherer Härtegrad erzielt wird. Die Grenze zwischen rasch und langsam erkaltetem Stahl bleibt in Form der Härtelinien sichtbar. Außerdem dehnt sich die gehärtete Schneide leicht aus, was eine Vergrößerung der Schwertkrümmung zur Folge hat.

l
Grobschliff
Der letzte Arbeitsschritt des Schwertschmiedens ist der Grobschliff, wobei Unregelmäßigkeiten in der Form oder der Oberflächentextur ausgeglichen werden. Nun wird die Angel (nakago), die Klinge und Griff verbindet, in die richtige Form gebracht, zurechtgefeilt und mit Löchern (mekugi ana) versehen, damit das Heft mit der Angel vernietet werden kann. Schließlich graviert der Schwertmeister seine Signatur ein und übergibt die Klinge dem Poliermeister. Bei dem hier gezeigte Modell handelt es sich um ein Kurzschwert (wakizashi).

1.37
Lang- und Kurzschwert

Edo-Zeit, 18. bis 19. Jahrhundert
Langschwert: Klinge mit „toranha-hamon", ohne Bezeichnung
Klingenlänge: 91 cm
Kurzschwert: Klinge mit „sambonsugi-hamon", am Griff bezeichnet
Klingenlänge: 60 cm
MAK – Österreichisches Museum für angewandte Kunst/
Gegenwartskunst

1.38 (Abb. S. 40)
Holzschwemmung aus den Wäldern von Kiso nach Nagoya

Späte Edo-Zeit, 1838
Rollbild, Aquarell und Deckfarben auf Papier, 29,6 x 31,8 cm
Nagoya City Museum

In der Edo-Zeit fand erstmalig in Japan ein beispielloser Bauboom statt. Die Errichtung von Burgen, Tempeln und neuen Wohnhäusern für Samurai und Händler erforderte große Mengen an Bauholz. Besonders die japanische Zypresse (hinoki) war ein wichtiges Baumaterial. Die Zypressen wurden in dieser Zeit vor allem im Wald von Kiso gefällt, der zum Fürstentum Owari gehörte. Nagoya war somit auch ein wichtiger Umschlagplatz für Holz. Die Baumstämme ließ man dann den Kiso-Fluss hinuntertreiben, wo sie gesammelt und zu Flößen zusammengebunden wurden. Jedes Floß wurde von einem Flößer bis zur Flussmündung gebracht. Dort wurden die Stämme auf Schiffe verladen und nach ganz Japan transportiert. Die Illustration zeigt den Transport der Zypressenstämme, die für den Wiederaufbau der Palastanlagen im Nishinomaru-Trakt der Burg Edo im Jahr 1838 bestimmt waren. Mit Beginn des 20. Jahrhunderts wurde der Fluss als Transportmittel allmählich von Lastwagen und Güterzügen abgelöst. NCM

1.39 (Abb. S. 41)
Model für die Herstellung von Lampions

Meiji-Zeit
Nagoya City Museum

Lampions dienten als mobile Beleuchtungskörper. Bei der Herstellung eines Lampions müssen vorerst acht hölzerne Bretter zu einer Form zusammengesetzt werden. An den äußeren Kanten sind Rillen angebracht, in denen dünne Bambusbänder (takehigo) Rille für Rille spiralartig oder in konzentrischen Kreisen um die Form gewickelt werden. Danach klebt man Papier auf das Gerüst. Üblicherweise lassen sich derartige Lampions zusammen- und auseinander ziehen. Die historische Entwicklung der Lampionherstellung in Nagoya ist zwar im Detail nicht bekannt, doch vermutet man, dass Lampions in Heimarbeit seit der frühen Edo-Zeit hergestellt wurden. Zu Beginn der Meiji-Zeit entwickelte man neue Formen für den Export. NCM

1.40
Produktionsstufen der Herstellung von Holzsandalen

Für das Museum hergestellte Demonstrationsobjekte
20. Jahrhundert
Nagoya City Museum

Geta sind Holzsandalen aus einem viereckigen Brett mit zwei Riemen (hanao), an dessen Unterseite zwei Querstege angebracht sind. Je nach Verwendungszweck wurden in der Edo-Zeit verschiedenste Formen hergestellt. Nagoya war ein Zentrum der Geta-Produktion. NCM

1.41
Geräte zur Herstellung von Holzsandalen

Für das Museum hergestellte Demonstrationsobjekte
20. Jahrhundert
Nagoya City Museum

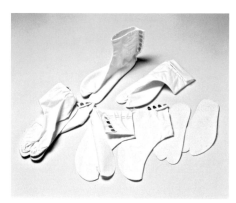

1.42
Produktionsstufen der Herstellung von Tabi

Für das Museum hergestellte Demonstrationsobjekte
20. Jahrhundert
Nagoya City Museum

Tabi sind Socken, die man bei Kälte und zu festlichen Anlässen anzieht. Die große Zehe eines Tabi ist abgeteilt, damit der Riemen (hanao) der Sandale zwischen den beiden Zehen durchgezogen werden kann. Nagoya war ein Zentrum der Produktion von Tabi-Sohlen, die nach Tokio und in den Raum Kioto/Osaka geliefert wurden. NCM

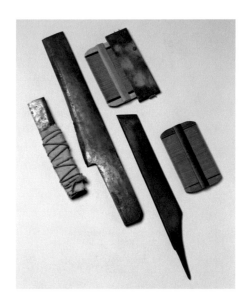

1.43
Geräte zur Herstellung feinzinkiger Kämme

1910er bis 1920er Jahre
Nagoya City Museum

Im Alltag verwendete man meist Kämme aus Holz oder gespaltenem Bambus (sukigushi). Gezeigt wird ein Gerät (kowari), mit dem man den Bambus fein spalten konnte, und ein Werkzeug, mit dem man das Äußere und das Innere des Bambus schliff und glättete. Anschließend wurden die fein gespalteten Bambusspäne in die Metallplatte hineingesteckt und fixiert. NCM

1.44 (Abb. S. 45)
Ansicht eines Miso-Ladens

Meiji-Zeit, um 1900
Farbholzschnitt, 37,5 x 25,9 cm
Nagoya City Museum

Die Darstellung zeigt ein Geschäft in einem Einkaufsviertel Osakas, das von drei führenden Miso-Herstellern aus Nagoya gegründet wurde. Wahrscheinlich wurde das Blatt anlässlich der Geschäftseröffnung für Werbezwecke angefertigt. Auf den Fässern befindet sich das Markenzeichen des Geschäfts mit drei „shachi" – den Wahrzeichen Nagoyas –, die hier für die drei Produzenten stehen. Nagoya-Miso (hatchōmiso) besteht aus Sojabohnen und wird in Owari und Mikawa hergestellt. Er zeichnet sich durch seine dunkelbraune Farbe und einen intensiven herben Geschmack aus und ist ein unverzichtbarer Bestandteil der „kaiseki"-Küche, die mit der Teezeremonie in Zusammenhang steht. Der typische Miso der Kansai-Region rund um Osaka besteht hingegen aus Reis (shiromiso), er ist weißlicher und schmeckt süßlich. Nagoya-Miso ist somit sowohl im Geschmack als auch in der Farbe das Gegenteil von „shiromiso". Da die Burg von Osaka zu dieser Zeit keinen Burgturm besaß, wurde er auf der Darstellung kurzerhand durch den Turm von Nagoya, allerdings ohne „shachi"-Fische, ersetzt. Man kann dies auch als Symbol für das Engagement ansehen, dessen es bedurfte, um im Zentrum der „shiromiso"-Region ein Geschäft für Nagoya-Miso zu eröffnen. HT

1.45
Musterkatalog für gedämpften Reiskuchen (mushigashi)

Späte Edo-Zeit, 19. Jahrhundert
Aquarell und Deckfarben auf Papier, 29,4 x 19,9 cm
Hōsa Bibliothek, Nagoya

Das Buch zeigt Beispiele von traditionellen Süßigkeiten, die bei einem Empfang mit Teezeremonie im Teezimmer serviert wurden. Es gab gedämpften Reiskuchen (mushigashi), der zu kräftigem Tee (koicha) gegessen wurde, und Trockenkonfekt (higashi), das zu schwächerem Tee (usucha) gereicht wurde. Der Katalog enthält auch Rezepte und die dafür benötigten Zutaten. So konnte man je nach Jahreszeit und Anlass des Empfangs die passenden Süßigkeiten auswählen. Das Buch war im Besitz der Tokugawa. Es ist anzunehmen, dass es für offizielle Empfänge, die die Tokugawa gaben, verwendet wurde. Auch in besser situierten Kaufmannsfamilien und bei den Ministern des Fürsten muss es ähnliche Musterkataloge gegeben haben. Vermutlich wurden sie von den Vertretern der Süßwarenhersteller mitgebracht, um Bestellungen zu erleichtern. In Owari erfreut sich die Teezeremonie seit der Edo-Zeit großer Beliebtheit. Der bittere „matcha" (bei der Teezeremonie verwendeter pulverisierte Tee) wird in Nagoya auch im Alltag getrunken. Daher ist die Nachfrage nach traditionellen Süßigkeiten auch heute noch sehr groß. NCM

1.46
Gedämpfter Reiskuchen (mushigashi)

20. Jahrhundert
Wachsmodell
Nagoya City Museum

1.47
Geräte zur Herstellung von Schnürbatiken

20. Jahrhundert
Nagoya City Museum

Bei der Schnürbatik (shibori) wird der Stoff, bevor er in das Farbbad gelegt wird, stellenweise mit einem Faden so fest umwickelt, dass an diesen Partien keine Farbe eindringen kann und somit ein bestimmtes Muster entsteht. In den Dörfern Arimatsu und Narumi stellte man bereits in der frühen Edo-Zeit Schnürbatik her. Hier wurde vor allem die Indigofärberei der Baumwolle durchgeführt. Da die beiden Ortschaften entlang des Tōkaidō lagen, wo viele Reisende unterwegs waren, erfreuten sich die gebatikten Stoffe als Souvenirs großer Beliebtheit. Unweit von Arimatsu und Narumi wurde Baumwolle angebaut. Da das Fürstentum Owari die Batikproduktion förderte, errichteten dort viele Großhändler ihre Batikläden. Die Batikproduktion lief über Großhändler, deren Monopol ab Mitte der Edo-Zeit durch gesetzliche Maßnahmen beschnitten wurde. Sie behielten jedoch weiterhin großen Einfluss auf die Produktion. Die Großhändler bestimmten das Design, ließen die Stoffe schnüren und übergaben sie den Färbereien, die zuletzt die Schnürfäden entfernten und die fertigen Stoffe an die Großhändler zurückschickten. Das Schnüren der Stoffe war für die Bäuerinnen der Umgebung eine willkommene Nebenbeschäftigung. Bei der „kanoko"-Batik aus Kioto erfolgt das Umwickeln des Stoffs händisch. In Arimatsu und Narumi gelang es, durch Einsatz der vorliegenden Geräte neue Techniken zu entwickeln, die die beiden Ortschaften zu bedeutenden Batikproduktionsstätten werden ließen. NCM

1.50
Kimono mit Spiralmuster

20. Jahrhundert
Baumwollstoff, Länge: 149 cm
Nagoya City Museum

Arashi-shibori ist eine Schnürbatiktechnik, bei der der Stoff so gebunden wird, dass das entstehende Muster an Regen im Sturm (arashi) erinnert. Bei dieser Batik wird das Tuch um einen entrindeten Holzstamm gewickelt und in schmalen Abständen mit dünnen Schnüren umwickelt, zusammengezogen und gefärbt. Nach dem Entfernen der Fäden kommen kettenförmige Muster zum Vorschein. Diese Technik findet man sonst nirgends in Japan, sie wurde um 1879 in Arimatsu und Narumi entwickelt. NCM

1.48
Kimono mit Mond, Wildgans und den sieben Gräsern des Herbstes

Meiji-Zeit
Baumwolle, Länge: 139 cm
Nagoya City Museum

Im Schulterbereich des Kimonos wurde vor allem die „Miura"-Schnürbatik eingesetzt. Dabei handelte es sich um eine Technik, die in Arimatsu und Narumi von alters her gepflegt wurde. Für die Blumenmuster am Saum wurde der Stoff gefaltet und am oberen Teil vernäht. Für manche Effekte wurden einzelne Teile des Stoffes sogar mehrfach miteinander vernäht. NCM

1.49
Kimono mit Rautenmuster

Meiji-Zeit
Baumwolle, Länge: 143 cm
Nagoya City Museum

Sekka-shibori ist eine Färbetechnik, bei der der Stoff mehrmals entweder in viereckiger oder in dreieckiger Form gefaltet, an den Enden mit Brettern fixiert, zusammengepresst und schließlich ins Farbbad gelegt wird. Das Ergebnis sind geometrische Stoffmuster. Mit dieser Technik können große Mengen gefärbt werden. Für wertvolle Stücke wird diese Technik nicht angewendet. Dieser Kimono wurde im Sommer getragen. NCM

Hiroshige Utagawa: „Narumi"
(1.53)

1.51
„Arimatsu"

Aus der Serie „Berühmte Orte der 53 Stationen des Tōkaidō"
Späte Edo-Zeit, 19. Jahrhundert
Hiroshige Utagawa
Farbholzschnitt, 24,8 x 37,4 cm
Nagoya City Museum

1.52
„Narumi"

Aus der Serie „Berühmte Orte der 53 Stationen des Tōkaidō"
Späte Edo-Zeit, 1855
Hiroshige Utagawa
Farbholzschnitt, 36,8 x 23,2 cm
Nagoya City Museum

1.53
„Narumi"

Aus der Serie „Berühmte Orte der 53 Stationen des Tōkaidō"
Späte Edo-Zeit, 19. Jahrhundert
Hiroshige Utagawa
Farbholzschnitt, 22,7 x 33,4 cm
Nagoya City Museum

Die nahe von Nagoya gelegene Poststation Narumi
war – wie auch Arimatsu – bekannt für die Herstellung
und den Verkauf von Batikstoffen.
Hier zeigt Hiroshige die Innenansicht eines Batikladens
mit seinen ausgestellten Waren. Vor dem Geschäft
hängen die typischen blauen Schnürbatikstoffe zum
Trocknen. NCM

1.54
**Rechnungsbücher und Inventarliste einer Kaufmanns-
familie**

Edo-Zeit, 18. Jahrhundert
Rechnungsbücher 1769–1774
16 x 45 x 6 cm und 15,8 x 42,5 x 4,5 cm
Inventarliste 1749–1763
15,3 x 42 x 4,5 cm
Nagoya City Museum

Die Rechnungsbücher stammen aus dem Besitz der
Familie des Jirōsaemon Itō, die 1910 das erste Kaufhaus Nagoyas (Tuchhandlung Itō, später Matsuzakaya)
gründete. In der Edo-Zeit betrieb das Haus Itō eine
Einzelhandelskette für Seiden- und Baumwollkleider
mit Filialen in Kioto und Edo und zählte zu den repräsentativsten Kaufmannsfamilien der Stadt Nagoya. Die
voluminösen Rechnungsbücher wurden auch „Wohl-
standsbücher" genannt. Diese Kostenabrechnungen
geben Auskunft über die Ausgaben während eines
einjährigen Zeitraums vom achten bis zum siebenten
Monat.
Die Inventarliste enthält regelmäßige Einträge zu den
gelagerten Waren, den ausständigen Geldsummen,
geordnet nach den individuellen Schuldnern, sowie
den geliehenen Geldern, geordnet nach den Namen der
Gläubiger. CK

1.55
Rechenschieber

Edo-Zeit, 19. Jahrhundert
Holz, 14,9 x 30,1 x 6,4 cm
Nagoya City Museum

Da sich dieser Rechenschieber aufgrund seiner Größe
und seines Gewichts auch zum Abmessen von Stoffen
eignete, wurde diese Form auch als „Altkleiderhänd-
ler-Abakus" bezeichnet. Im mittleren Rahmen sind die
Einheiten der Gold- und Silberwährungen, die in der
Edo-Zeit voneinander abwichen, verzeichnet, sodass
man Berechnungen in verschiedenen Währungen
durchführen konnte. Der Abakus wurde im China des
zwölften oder 13. Jahrhunderts entwickelt und hat sich
von dort aus in ganz Ostasien verbreitet. Im 15. Jahrhundert wurde er nach Japan gebracht und war in der
Edo-Zeit allgemein in Gebrauch. Bis zur Einführung von
elektronischen Rechenmaschinen im 20. Jahrhundert
stellte er ein unverzichtbares Instrument der Rechen-
technik dar. CK

1.56
2 Suppenschalen, Teile eines fünfteiligen Porzellan-Sets

Späte Edo-Zeit bis Anfang Meiji-Zeit
Lack auf Keramik
Nagoya City Museum

1.57
Lotosblatt-Teller, Teil eines fünfteiligen Keramik-Sets

Späte Edo-Zeit
Shūji Ōhashi
Nagoya City Museum

Shūji Ōhashi (1795 bis 1857) stammte aus Owari und
betrieb das Töpfern aus Liebhaberei. Hier bildete er die
Blätter der Lotosblume nach. NCM

1.58 (Abb. S. 78)
**Teller mit der Darstellung von alkoholisierten, chine-
sischen Weisen**

Späte Edo-Zeit
Nagoya, Sasashima-Keramik
Nagoya City Museum

Auf dem Teller sind chinesische Weise bei einem
Saufgelage dargestellt. Das chinesische Gedicht nimmt
ebenfalls auf dieses Motiv Bezug. Alkoholismus war
unter den Samurai ein großes Problem. NCM

1.59
Tablett, Teil eines fünfteiligen Sets

Meiji-Zeit, 1895
Unterglasurmalerei auf Porzellan
Nagoya City Museum

Speisetabletts waren meist aus Holz gefertigt. Hier
handelt es sich um ein Tablett aus Keramik, auf dem
Suppen- und Reisschalen sowie andere Teller für ein
mehrgängiges Menü platziert wurden. NCM

1.60
Löwenhund

Späte Edo-Zeit
Mino-Keramik
Nagoya City Museum

Löwenhunde werden am Eingang von Shintō-Schreinen
aufgestellt, um böse Geister abzuwehren. NCM

1.61
Sugawara no Michizane

Späte Edo-Zeit
Seto-Keramik
Nagoya City Museum

Sugawara no Michizane war ein Staatsmann des
neunten Jahrhunderts, der in ganz Japan für seine
Gelehrsamkeit berühmt war und bis heute als Gott der
Wissenschaft und Bildung verehrt wird. NCM

1.62
Standuhr für das japanische Temporalstundensystem

Edo-Zeit
Messing, Holz
Mitsuzōin-Tempel, Nagoya

In Japan wurde die Uhrmacherkunst aus dem Westen
eingeführt und adaptiert, die westliche Zeiteinteilung
übernahm man hingegen erst im späten 19. Jahrhundert. In der Edo-Zeit galt das Temporalstundensystem,
nach dem die Zeit zunächst in Tag und Nacht geteilt
wurde, und diese wurden wiederum in gleich viele
Stunden unterteilt. Da Tag und Nacht je nach Jahreszeit
unterschiedlich lang waren, hatten auch die Tages-
und Nachtstunden verschiedene Länge. Es war daher
notwendig, die westlichen Uhren an das Temporalstundensystem anzupassen.
Unter der halbkugelförmigen Glocke der von einem
Uhrmachermeister aus Nagoya gefertigten Uhr sind
zwei Leisten (tenpu) zu sehen, mit der die automatische Umschaltung von Tag- und Nachtzeit erfolgt. Um
die Stundenlänge der jeweiligen Jahreszeit anzupassen,
sind an diesen Leisten links und rechts kleine, verrück-
bare Gewichte angebracht. Das Uhrwerk befindet sich
in einer viereckigen Schachtel auf der Rückseite des
Ziffernblattes. Im hölzernen Unterteil verbergen sich
die Gewichte zum Antrieb der Uhr. NCM

DIE MEIJI-RESTAURATION UND DIE ÖFFNUNG JAPANS

Mit dem Beginn Meiji-Ära (1868 bis 1912) kam es zu einer tiefen Zäsur in Politik, Kultur und Lebensstil. Nach einer langen Phase der Abschirmung und weitgehenden Isolierung öffnete sich Japan zur Welt, wodurch eine rasche Modernisierung einsetzen konnte. Schon Mitte des 19. Jahrhunderts hatte es Handelsverträge mit dem Westen gegeben. Im Gegensatz zu anderen Ländern Asiens gelang es Japan, im Kolonialzeitalter seine Unabhängigkeit zu bewahren.

Unter der Meiji-Restauration versteht man den Sturz des Shogunats und den Beginn der Regentschaft von Kaiser Mutsuhito, heute besser bekannt unter seinem posthumen Namen Meiji. Edo hieß nun Tokio. Es kam zur Abschaffung des Feudalsystems und zu einer tief greifenden Reorganisierung des Staates nach europäischem Vorbild. Unter dem Motto „Ein reiches Land, eine starke Armee" wurde neben einer Modernisierung der Verwaltung vor allem das Militärwesen ausgebaut und eine imperialistische Außenpolitik betrieben. Japan war beim Tod von Kaiser Meiji im Jahr 1912 die vorherrschende Macht in Ostasien und die einzige nicht westliche Großmacht.

Der Sprung in die Moderne führte zu einem schnellen Nachholen in Technologie und Infrastruktur. In landesweiten Industrie- und Gewerbeausstellungen wurden neben traditionellen auch neuartige Produkte präsentiert. Vor allem konnte durch die Übernahme westlichen Know-hows die Industrialisierung forciert werden. Westliches fand auch in die japanische Kunst und Alltagskultur Eingang. So wurde etwa statt des bis dahin gültigen Mondkalenders der Sonnenkalender mit dem in 24 Stunden eingeteilten Tag eingeführt, und ebenso übernahm man die westliche Siebentagewoche. Japan präsentierte seit den 1870er Jahren auch international – zum Beispiel auf den Weltausstellungen – seine kulturellen und wirtschaftlichen Errungenschaften. WK

2.1.
Die große Japanausstellung von 1872 in Tokio

1872
Kuniteru II
Farbholzschnitt, dreiteilig, 36,6 x 72 cm
Nagoya City Museum

1872, ein Jahr vor der Wiener Weltausstellung, fand in Tokio (vormals Edo) eine große nationale Leistungsschau statt. Produkte der Handwerkskunst wie Rüstungen, Waffen, Holzschnitte und vieles mehr aus ganz Japan wurden zusammengetragen und von 20. März bis 30. April in der Yushima-Seidō-Halle ausgestellt. Die Schau stand unter der Schirmherrschaft des Unterrichtsministeriums und war die erste Ausstellung in Tokio überhaupt.

Auch die berühmten goldenen Fabelfische aus Nagoya, die „shachi", die nach der Meiji-Restauration als störend empfunden und vom Dach der Burg abmontiert worden waren, wurden in Tokio präsentiert. Einer der beiden Fische, der männliche „shachi", wurde danach in ganz Japan gezeigt. NCM

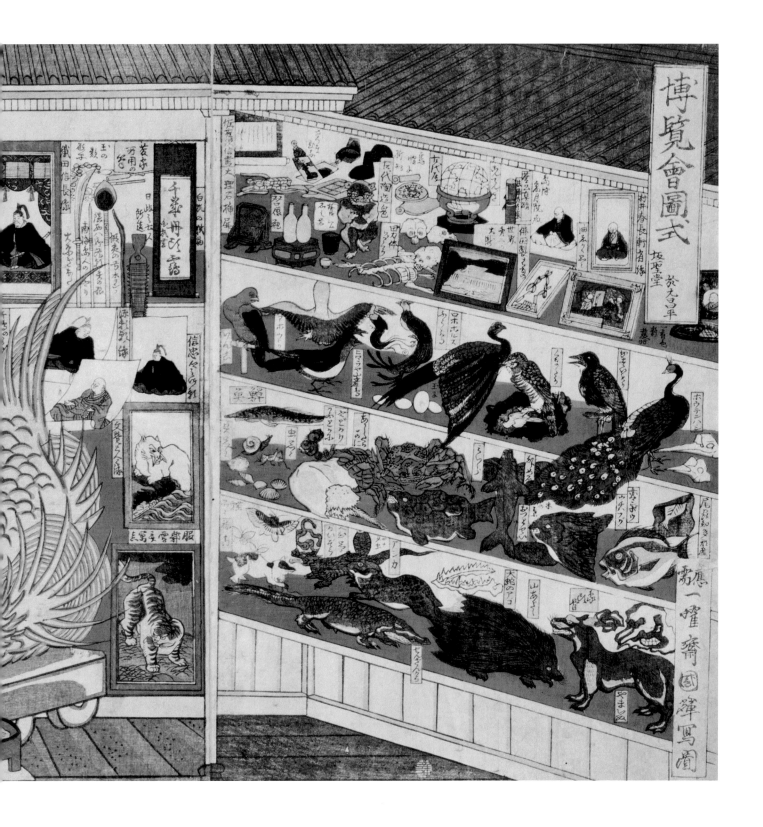

2.3
Exponatsverzeichnis der ersten Großausstellung in Nagoya

1874
Holzschnitte, 26,9 x 42,9 cm
Nagoya City Museum

Ein Jahr nach der Wiener Weltausstellung wurde im Zweigtempel des berühmten Higashi Honganji in Nagoya eine Ausstellung eröffnet, die vorerst vom 1. bis zum 30. Mai dauern sollte, dann aber aufgrund des großen Erfolgs bis 10. Juni verlängert wurde. Gezeigt wurden hauptsächlich Schätze aus alten Tempeln und Schreinen, wobei die wertvollsten Stücke in einem illustrierten Ausstellungskatalog aufgelistet wurden. Auch einen der goldenen „shachi"-Fische präsentierte man. Vorbild war die Ausstellung von 1872 in der Yushima-Seidō-Halle in Tokio. In der Folge fanden solche Veranstaltungen im gesamten Land statt, wodurch sich der Begriff „Ausstellung" nach und nach in ganz Japan etablierte. Derartige Ausstellungen spielten in den Gründungsjahren der japanischen Moderne auch eine wichtige Rolle bei der Förderung von Industrie und Gewerbe. NCM

2.2
Die Ausstellung in der Yushima-Seidō-Halle in Tokio

Aus der Serie „36 berühmte Ansichten von Tokio, nach eigenem Gutdünken ausgewählt"
1872
Ikkei Shōsai
Farbholzschnitt
Nagoya City Museum

Auf humorvolle Weise sind hier Ausstellungsbesucher dargestellt, die beim Anblick des goldenen „shachi" aus Nagoya so überwältigt sind, dass ihre Beine den Dienst versagen. NCM

Japan auf der Wiener Weltausstellung 1873

Eine besondere Attraktion der umfangeichen Präsentation Japans auf der Weltausstellung in Wien bildeten die goldenen „shachi" aus Nagoya. Zum ersten und einzigen Mal wurde eine der beiden mythologischen Tiergestalten ins ferne Europa transportiert.

Schon zu Beginn der 1870er Jahre beschloss die Meiji-Regierung, sich im großen Stil an den Weltausstellungen zu beteiligen, um international zu demonstrieren, dass man schnellstmöglich zu einer Weltmacht werden wollte. Für die Schau in Wien wurden 0,8 Prozent des damaligen Bruttoinlandsprodukts aufgewendet. Da die japanische Industrie erst am Anfang stand, wurden vor allem handwerklich gefertigte und dekorative Kunstgegenstände nach Wien gebracht, die das europäische Publikum faszinierten und eine Japonismuswelle auslösten. Obwohl die Objekte die zeitgenössische Geschmackskultur Japans repräsentierten und zumeist speziell für den Japanpavillon im Prater hergestellt wurden, hielt man sie für Zeugnisse der traditionellen japanischen Hochkultur.

Die reiche Japansammlung des Österreichischen Museums für Kunst und Industrie in Wien (heute MAK) beruht auf Ankäufen bei der Weltausstellung von 1873. Mit der japanischen Präsentation begann ein reger Kulturaustausch. Viele europäische Künstler und Kunsthandwerker variierten im Späthistorismus und in der Jugendstilepoche die Flächenkunst Japans.

In einem Bericht von F. Pecht über die Japanschau auf der Wiener Weltausstellung wird das Staunen über das exotische Angebot deutlich: „Hier drängt sich die Menge noch dichter als vor den Türkenbuden, und kein Mensch kehrt zurück, ohne einen Fächer, eine Tasse oder irgendein Nichts erbeutet zu haben. Die Japanesen sehen von allen Orientalen am sympathischsten und kulturfähigsten aus." WK

2.4
Japanische Exponate vor dem Transport nach Wien

Aus dem Fotoalbum von Michael Moser
1872
Österreichische Nationalbibliothek

Der Bad-Ausseer Fotograf Michael Moser (1853 bis 1912) fotografierte in Tokio im Dezember 1872 einen Großteil der für die Wiener Weltausstellung ausgewählten Exponate, bevor sie verpackt wurden. Ein Bild zeigt den riesigen „shachi" vor der Verschiffung nach Wien. Moser war als Lehrling des Fotografen Wilhelm Burger Mitglied der österreichischen Ostasienexpedition (1868 bis 1871) und blieb nach deren Abreise im November 1869 allein in Japan zurück, wo es ihm gelang, trotz seiner Jugend zum Fotografen und Dolmetscher in Regierungsdiensten aufzusteigen. Das Album umfasst 65 Aufnahmen. SL/IT

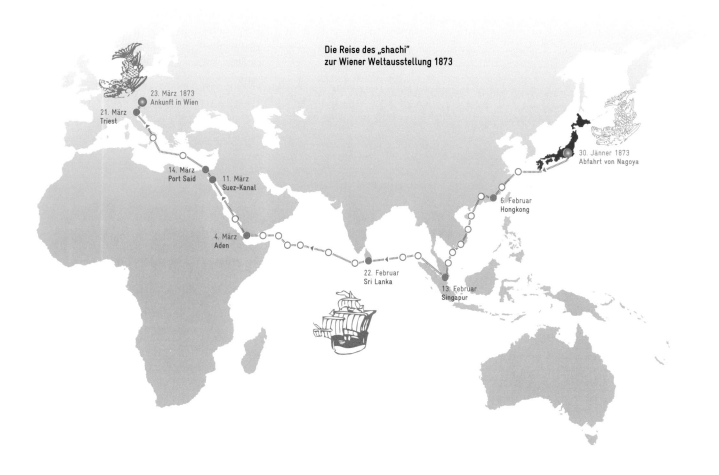

Die Reise des „shachi"
zur Wiener Weltausstellung 1873

23. März 1873
Ankunft in Wien

21. März
Triest

14. März
Port Said

11. März
Suez-Kanal

4. März
Aden

22. Februar
Sri Lanka

13. Februar
Singapur

6. Februar
Hongkong

30. Jänner 1873
Abfahrt von Nagoya

2.5
„Die Japanische Galerie auf der Wiener Weltausstellung"

1873
Fotografie, 41,2 x 35,1 cm
MAK – Österreichisches Museum für angewandte Kunst /
Gegenwartskunst

Exposition universelle de Vienne 1873.   Universal Exhibition of Vienna 1873.

4670

WELTAUSSTELLUNG IN WIEN 1873.

Photographie und Verlag der concessionirten Wiener Photographen-Association.

2.6
„Japanesische Gartenanlagen auf der Wiener Weltausstellung"

1873
Fotografie, 41,2 x 35,1 cm
Wien Museum

Auf dem Foto ist der japanische Garten mit dem in traditionellen shintoistischen Formen gestalteten Schrein zu sehen. Im Hintergrund kann man den ägyptischen Ausstellungspavillon erkennen. IT

2.7
„Japanesische Gartenanlagen auf der Wiener Weltausstellung"

1873
Fotografie, 19,8 x 25,5 cm
Wien Museum

2.8
Zierplatte „Der Fuji"

Meiji-Periode , um 1872
Masukichi Kawamoto
Porzellan mit Bemalung in Kobaltblau unter der Glasur,
62,3 x 94 cm
Erworben auf der Wiener Weltausstellung
MAK – Österreichisches Museum für angewandte Kunst /
Gegenwartskunst

Masukichi Kawamoto war ein bekannter Porzellanmaler in Seto, dem Porzellanzentrum nördlich von
Nagoya, der einen malerischen Stil bevorzugte. Obwohl
es von ihm vor allem sehr große Objekte gibt, gehört
diese Porzellanplatte zu seinen außergewöhnlichsten
Arbeiten: Der frontal dargestellte Berg ist fein gezeich-
net, wie man es von Holzschnitten Hokusais kennt.
Dreidimensionalität und Helldunkeleffekte entsprechen
dem westlichen Geschmack. Diese Platte wurde als ein
Meisterstück Kawamotos für die Wiener Weltausstellung ausgewählt. JW

2.9
Zwei Vasen

Meiji-Periode, vor 1873
Takashige Yokoyama
Bronze, patiniert mit Reliefdarstellung „Minamoto-no-Yorimasa
jagt einen dämonischen Vogel", H: 35,5 cm
1873 auf der Wiener Weltausstellung erworben
MAK – Österreichisches Museum für angewandte Kunst /
Gegenwartskunst

Minamoto-no-Yorimasa (1106 bis 1180) gehörte als
Politiker, Höfling, Dichter und Feldherr zu den führenden Persönlichkeiten der ausgehenden Heian-Zeit. Die
Szene spielt auf einen Dienst an, den Yorimasa dem
Kaiser erwies: In seinen Träumen wurde der Kaiser
von einem mythologischen Vogel verfolgt. Yorimasa
gelang es, den Vogel zu erlegen und so den Kaiser von
seinen Albträumen zu befreien. Yorimasas Gedicht, das
auf dieses Ereignis anspielt, zeugt von Bescheidenheit
und Treue zu seinem Herrn: „Ich spannte nur den Bo-
gen, der Pfeil flog von selbst." Dieses Thema passte
hervorragend zum wieder erstarkten Kaisertum der
Meiji-Periode. JW

2.10
Deckeldose in Form des Saiteninstruments „koto"

Meiji-Periode, vor 1872
Holz mit Schwarz-, Gold- und Silberlackdekor, 4,5 x 37 x 8,2 cm
1873 erworben auf der Wiener Weltausstellung
MAK – Österreichisches Museum für angewandte Kunst /
Gegenwartskunst

Bei den kunstgewerblichen Arbeiten stand die De-
monstration des technischen Könnens und der Materi-
alvielfalt im Vordergrund. Vor allem auf dem Gebiet der
Streu- und Goldlacke konnte Japan auf seine historisch
gewachsene und konkurrenzlose Tradition verweisen.
JW

2.13
Deckelkörbchen

Meiji-Periode, vor 1873
Bambusgeflecht in Form einer Chrysantheme
Höhe: 13,7 cm, Durchmesser: 18,8 cm
MAK – Österreichisches Museum für angewandte Kunst /
Gegenwartskunst

Japanische Flechtarbeiten sind charakterisiert durch
die Liebe zum Detail und eine äußerst exakte Ausfüh-
rung. Nach der Wiener Weltausstellung blieben viele
Arbeiten des japanischen Kunsthandwerks in Wien. Sie
dienten in der k. k. Korbflechterschule als Vorlagen.
Bei diesem Körbchen aus der Präfektur Hyōgo war eine
Chrysantheme das Vorbild. JW

2.14
Zwei Fächer (oōgi)

Meiji-Periode, vor 1873
Elfenbein mit Goldlackdekor, L: 22,7 cm
1873 erworben auf der Wiener Weltausstellung
MAK – Österreichisches Museum für angewandte Kunst /
Gegenwartskunst

Faltfächer waren das beliebteste Mitbringsel vom
japanischen Pavillon auf der Wiener Weltausstellung.
Was in Europa exotisch anmutete, war (und ist) in
Japan ein alltäglicher Gebrauchsgegenstand. Diese mit
Landschafs- und Tierbildern dekorierten Fächer waren
mit großer Sicherheit Luxusprodukte, die schließlich
dem Wiener Kunstgewerbemuseum gewidmet wurden. JW

2.11
Deckelkanne in Form eines Ahornstammes

Meiji-Periode, datiert 1868
Messing mit plastischem Dekor
Bodenmarke „gemacht im Meiji-Jahr von Gorosaburō Kanaya
IX" (Dai Nihon Meiji nen sei kudai Kanaya Gorosaburō)
Höhe 16,3 cm
1873 erworben auf der Wiener Weltausstellung
MAK – Österreichisches Museum für angewandte Kunst /
Gegenwartskunst

Als Vorbereitung für die Wiener Weltausstellung 1873
wurden in einigen Provinzen Japans Wettbewerbe und
Ausstellungen abgehalten. So konnten Künstler, Kunsthandwerker und Kaufleute nicht nur zeitgerecht neue
Produkte herstellen, sondern auch ältere Meisterstücke
präsentieren. JW

2.12
Drei Strohmaketerien

Meiji-Periode, vor 1873
Muster aus gefärbtem Stroh, auf Papier aufgeklebt,
27 x 37,5 cm; 24,6 x 36,3 cm; 24,8 x 49,8 cm
Seiemon Kanko, Tokio
MAK – Österreichisches Museum für angewandte Kunst /
Gegenwartskunst

In der zweiten Hälfte des 19. Jahrhunderts war das
Interesse am Ornament in Europa sehr stark. Es ist
daher nur allzu verständlich, dass man großen Gefallen an der Vielfalt des japanischen Flächenornaments
fand. Diese kleinteiligen und bunten Stroharbeiten
wurden in Japan für das Auslegen von kleinen Käst-
chen und Fächern verwendet. Eine Musterkollektion
an diesen Maketerien wurde dem Museum für Kunst
und Industrie, heute MAK, nach der Weltausstellung
überlassen. JW

NAGOYA WIRD MODERNE GROSSSTADT
(1870ER BIS 1930ER JAHRE)

Durch die „Modernisierung von oben" der autoritären Regierungen zur Zeit von Kaiser Mutsuhito (Meiji-Periode, 1868 bis 1912), vor allem aber in der Taishō-Ära (1912 bis 1926) und in der Shōwa-Zeit (ab 1926 bis 1989) kam es zu einem epochalen Urbanisierungsschub. Die partielle Übernahme von westlichen Kulturtechniken und Gebrauchsgegenständen veränderte das Alltagsleben, es kam zu einem Nebeneinander von japanischem und westlichem Lebensstil.

Die Einwohnerzahl von Nagoya vervielfachte sich durch Zuwanderung und Eingemeindungen innerhalb weniger Jahrzehnte: Um 1870 waren es 120.000, um 1930 wurde die Millionengrenze überschritten. Das Stadtgebiet wuchs rasch bis zur Meeresküste und bis an die Ränder der Nōbi-Ebene, es gab aber weiterhin große agrarisch genutzte Gebiete. Bisher selbstständige Orte wurden aufgesogen von der weitmaschigen Stadtlandschaft. Voraussetzungen für den wirtschaftlichen Aufschwung und Symbole der Moderne waren 1886 der Anschluss an das Eisenbahnnetz und 1898 die Einführung der elektrischen Straßenbahn – im selben Jahr wie in Wien, vier Jahre vor Tokio. Durch den Ausbau des Hafens Atsuta wurde Nagoya zu einem internationalen Umschlagplatz. Im späten 19. Jahrhundert wurden erste Fabriken gegründet. Vor allem die Textilindustrie hatte überregionale Bedeutung, bald wurde die Maschinenindustrie zum regionalen Dynamo. Ein Leitbegriff lautete „nobiru" (wachsen), scheinbar unbegrenzt war der Fortschrittsglaube.

1889 erhielt das über 270 Jahre von den Tokugawa-Fürsten regierte Nagoya eine selbstständige Stadtverwaltung. Nagoya war nun Hauptstadt der neuen Präfektur Aichi, die an die Stelle der alten Provinz Owari getreten war. Der Grundbesitz des Daimyō und der Samurai wurde verstaatlicht, doch erst im frühen 20. Jahrhundert entstanden stadtplanerische Steuerungsinstrumente. Die Stadtentwicklung beruhte nun auf dem System der „Bodenumlegung", durch das die Behörden in den privaten Grundbesitz eingreifen und Bauland erschließen konnten. Es wurden lange, schnurgerade Straßen angelegt, aber auch öffentliche Parks. Mehrstöckige Verwaltungsgebäude und Kaufhäuser dominierten bald das Stadtbild der noch dörflich wirkenden Flächenstadt. Stilistisch orientierte man sich vage am europäischen Historismus. WK

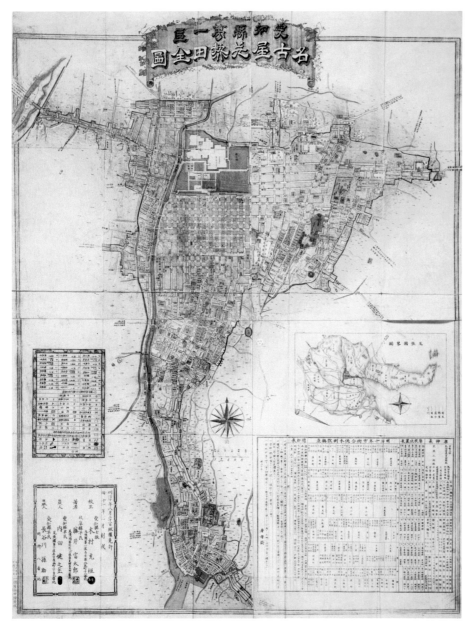

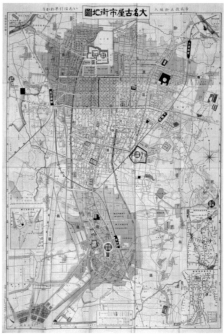

3.2
Stadtplanungskarte von Nagoya

1925
Mehrfarbiger Druck, 107,4 x 78,8 cm
Nagoya City Museum

Basierend auf dem städtischen Baugesetz von 1919
(dem Vorläufer des heutigen Baunormengesetzes) und
dem Stadtplanungsgesetz (altes Recht), unterteilte
man Nagoya 1922 in einzelne Stadtplanungszonen. Im
folgenden Jahr wurden zunächst Brandschutzgebiete,
1924 dann Straßen, Kanäle und Flächenwidmungszonen festgelegt.
Die Flächenwidmungszonen der Stadt wurden in Geschäftsviertel im Zentrum (rot), Industriegebiete im
Nordosten und Süden (blau) und Wohngebiete im Osten, Norden und Westen (hellgrün) unterteilt. Es blieb
allerdings westlich des Bahnhofs eine Zone (gelb) übrig, die keiner bestimmten Nutzung zugeordnet wurde.
Die gesamte südliche Industriezone sollte von Kanälen
durchzogen werden. Tatsächlich angelegt wurden aber
nur der Nakagawa-Kanal, der von Süden nach Norden
durch das Zentrum verlief, und ein Nebenkanal. NCM

3.1
**„Karte des ersten Bezirks der Präfektur Aichi: Nagoya
und Atsuta"**

1878
Farbholzschnitt, 75,6 x 59 cm
Nagoya City Museum

1872 wurden die Gebiete Owari und Mikawa, die in der
Edo-Zeit noch eigene Fürstentümer gewesen waren, zur
Präfektur Aichi zusammengeschlossen. Diese wurde
in 15 Bezirke unterteilt, wobei Nagoya und Atsuta den
ersten „Großbezirk" bildeten, der wiederum aus neun
„Kleinbezirken" bestand. Vier Jahre später wurde aus
dem „ersten Großbezirk" der „erste Bezirk". Zwei Jahre
später erfolgte schließlich die Einteilung in „Distrikte"
und „Bezirke". Das traditionelle ehemalige Stadtgebiet
Nagoyas wurde zum „Bezirk Nagoya", während Atsuta
Teil des „Distriktes Aichi" mit Sitz der Distriktverwal-
tung wurde. Das Gebiet des Bezirks Nagoya wurde
schließlich 1890 als Grundlage herangezogen, um
Nagoya auch im verwaltungstechnischen Sinn als
„Stadt" zu definieren. Auf dieser Karte sind die Grenzen
rund um Nagoya und Atsuta rot markiert. NCM

3.3
Planskizzen für den Ausbau des Hafens Atsuta

um 1900
Druck, 39 x 56 cm
Nagoya City Museum

Der Ausbau des Hafens war eine entscheidende
Voraussetzung, damit Nagoya zu einem internationalen
Industrie- und Handelsstandort werden konnte. Atsuta
war seit der Edo-Zeit eine Poststation des Tōkaidō
und gleichzeitig der Hafen von Nagoya. Bedingt durch
seine Lage am Ende der Ise-Bucht, verfügte der Hafen nur über eine geringe Wassertiefe, sodass große
Frachtschiffe nicht anlegen konnten. Diese waren daher
gezwungen, im offenen Meer vor Anker zu gehen, wo
dann die Fracht auf kleinere Schiffe umgeladen werden
musste. Um nun auch großen Schiffen das Anlegen im
Hafen selbst zu ermöglichen, hob man ab 1896 eine
Fahrrinne aus und schüttete Land für die Landungs-
brücken auf.
Für die Errichtung der neuen Hafenanlage hatte man
einen Zeitraum von 15 Jahren vorgesehen, doch
entpuppten sich die Baggerarbeiten in den sandigen
Böden als äußerst mühsam, sodass der Zeitplan weit
überschritten wurde. NCM

3.4 (Abb. S. 48)
Der Hafen von Nagoya

Frühes 20. Jahrhundert
2 Ansichtkarten
Nagoya City Museum

1907 wurde das erste Stadium des Hafenausbaus
von Atsuta vollendet, und der Hafen konnte eröffnet
werden. Bei dieser Gelegenheit wurde auch die bisher
übliche Bezeichnung „Hafenanlage Atsuta" in „Hafen
Nagoya" umgeändert. Der alte Hafen, auch Miya genannt, wurde weiterhin für den Fährverkehr genutzt, da
er direkt am Tōkaidō lag. Dort errichtete man auch eine
neue Zweigstelle des Zollamts von Osaka.
Im neuen Hafen baute man eine Landungsbrücke
mit Schienen für Güterwaggons, um auch große
Dampfschiffe be- und entladen zu können. Die Anlage
entwickelte sich so zu einem wichtigen Hafen, in dem
Porzellan und Keramik, Holzprodukte und Textilien
umgeschlagen wurden. Heute ist Nagoya der größte
Handelshafen Japans. NCM

3.6 (Abb. S. 47)
Öffentliche Verkehrsmittel der Stadt Nagoya

Um 1920/1930
2 Ansichtskarten
Nagoya City Museum

3.5
Modell der ersten elektrischen Straßenbahn Nagoyas

1977
Maßstab 1:10, 70,5 x 18,5 x 37,9 cm
Nagoya City Museum

Mit der Errichtung einer Eisenbahnstation am westlichen Stadtrand im Jahr 1886 wurde die Straße Hirokōji
verbreitert, die den neuen Bahnhof mit dem Stadtzentrum verband. 1898 nahm man auf dieser Strecke den
Straßenbahnverkehr auf – knapp nachdem in Kioto die
erste elektrische Straßenbahn Japans in Betrieb ge-
gangen war, aber noch vor Tokio.
Die Betreiberfirma, die Nagoya Elektrobahn GmbH,
war ein privates Unternehmen, das durch Investoren
Unterstützung erhielt, die auch die erste Straßenbahn
Japans in Kioto finanzierten. Da es damals noch einen
ungeregelten Verkehr von Rikschas, Transportkarren
und Pferdekutschen gab, spannte man ein Netz rund
um den Straßenbahnwaggon, um Unfälle zu vermeiden.
Die Hirokōji-Straße wurde eine wichtige innerstädtische Achse, die das Stadtgebiet Nagoyas vom Osten
nach Westen durchquerte. 1922 wurde die Straßenbahnlinie kommunalisiert. Ab 1961 musste sie nach
und nach der Untergrundbahn weichen, 1974 wurde
sie endgültig eingestellt. NCM

行發堂京中　　　最之前場車停屋古名

3.7
Alter und neuer Bahnhof Nagoya

Um 1910, 1937
2 Ansichtskarten
Nagoya City Museum

Durch die verspätete Industrialisierung begann in Japan auch das Eisenbahnzeitalter um einige Jahrzehnte später als in Europa oder Nordamerika. Am 1. März 1886 wurde in Sasajima, einem Sumpfgebiet am westlichen Stadtrand von Nagoya, eine Station der staatlichen Eisenbahn in Betrieb genommen. Für den Bau des Stationsgebäudes und des Bahnkörpers musste das Gelände aufgeschüttet werden. Das erste unscheinbare Bahnhofsgebäude wurde beim Nōbi-Erdbeben am 28. Oktober 1891 zerstört; danach errichtete man ein Gebäude, das wie sein Vorgänger ein Flachbau aus Holz war. Die Abbildung zeigt das Treiben am Bahnhofsvorplatz. Ein moderner Bahnhof aus Stahlbeton wurde erst am 1. Februar 1937 eröffnet, kurz vor Eröffnung der *Pan-Pacific Peace Exposition*. NCM

Nagoya station. (A famous place, Nagoya.)

新名古屋驛 （名古屋名所）

3.8
Nagoya aus der Vogelperspektive

1937
Mehrfarbiger Druck, 17,8 x 76,2 cm
Nagoya City Museum

Bei der Eröffnung der *Pan-Pacific Peace Exposition* im
Jahr 1937 wurden 40.000 Exemplare dieser Broschüre
an die Besucher in Nagoya verteilt. Der Entwurf stammt
vom Panoramamaler Hatsusaburō Yoshida (1884 bis
1955). Das Bild zeigt das 1933 fertig gestellte Rathaus
in Form einer Krone, die im Bau befindliche und 1938
vollendete, neue Präfekturbehörde, den neuen Bahnhof
und den 1937 eröffneten Higashiyama-Park im Osten
der Stadt. Ferner sind die Pavillons des in Hafennähe
gelegenen Ausstellungsgeländes zu sehen. NCM

名古屋市鳥瞰圖

3.9
Neubau des Hauptbahnhofs

1926–1937
2 Fotografien, 19,2 x 23,5 cm, 14,1 x 22 cm
Nagoya City Museum

Nachdem die Zahl der Passagiere stark angestiegen war, wurde der eingeschoßige Holzbahnhof von 1891 durch einen Neubau ersetzt. Im September 1926 begann man mit den Planungen. Der neue Hauptbahnhof war ein vierstöckiger – teilweise sogar fünfstöckiger –, in hochmoderner Konstruktion ausgeführter Stahlbetonbau mit Untergeschoß. Dabei wurde das Niveau der Gleisanlagen angehoben. Bei der Eröffnung am 1. Februar 1937 sprach man vom „großartigsten Bahnhof Ostasiens". Er war bis zur Errichtung des neuen Bahnhofs im Jahr 1993 in Betrieb. Passage und Einrichtungen außerhalb der Bahnhofsanlage haben ihren Originalzustand kaum verändert und werden auch heute noch entsprechend ihrer ursprünglichen Bestimmung genutzt. Die Abbildungen zeigen einen Entwurf des Bahnhofs und ein Luftbild, das während der Bauarbeiten aufgenommen wurde. Man kann sowohl die alte Schienenführung als auch die neue, erhöhte Gleisanlage erkennen. NCM

3.10 (Abb. S. 52)
Die Naya-Brücke

1913
Ansichtskarte
Nagoya City Museum

1913 wurde die Naya-Brücke über den Horikawa neu gebaut. Die im Jugendstil errichtete Brücke wurde äußerst positiv aufgenommen und symbolisierte das moderne Nagoya. Am 5. Mai fand die Einweihung in Form einer zeremoniellen Brückenbegehung statt, die vom Präfekturgouverneur Matsui angeführt wurde. Dahinter folgten die Angehörigen zweier Familien, die drei Generationen vertraten und folgendermaßen gekleidet waren: die Söhne in „haori" und „hakama" (Überzieher und Bundhose), ihre Frauen in traditionellen Brautkimonos; die Väter ebenfalls in „haori" und „hakama", aber mit Schwert, ihre Frauen im langen Obergewand mit vorne gebundenem Obi, die Großväter in „hitatare" (formelle Kleidung eines Samurai) und mit Papiermütze (ebōshi), ihre Frauen mit „katsugi"-Kopfbedeckung. Ihnen voran marschierte die Musikkapelle des Bekleidungshauses Itō. Eine der beiden Familien besaß das Nudelsuppenrestaurant „Chōmei Udon", die andere den Knödelladen „Nayabashi Manjū". Auf die Firmen dieser beiden Familien bezieht sich ein geflügeltes Wort aus der damaligen Zeit: „Rund wie ein Knödel, lang wie eine Nudel soll eine Familie bestehen." NCM

3.11 (Abb. S. 52)
Ansichten der Hirokōji-Straße (Japan-Bank, Kaufhaus Itō, Minami Ōtsu-Straße, Hauptpost)

1910–1930
Ansichtskarten
Nagoya City Museum

1886 wurde die Verbindungsstraße zwischen der Bahnstation und dem Edo-zeitlichen Stadtgebiet verbreitert und Hirokōji benannt. Rechts und links der Straße pflanzte man Weidenbäume. Die Hirokōji-Straße wurde zur Hauptverkehrsader, die das Stadtgebiet vom Osten nach Westen durchquerte. In der belebten Straße reihten sich Geschäfte, Restaurants, Geldinstitute und Verwaltungsgebäude aneinander.
Die Kreuzung Hirokōji-Straße und Ōtsu-Straße in Sakae-chō wurde zum Zentrum des modernen Nagoya. Hier entstand 1906 eine Filiale der Bank von Japan in Ziegelbauweise und 1910 ein dreistöckiges Bekleidungshaus aus Holz im Renaissancestil. Im Jahr 1909 war der Verkehrsknotenpunkt Sakae-chō durch eine zweite Straßenbahnlinie von Sakae nach Atsuta erweitert worden. An der Minami Ōtsu-Straße, die wegen der Schienenlegung verbreitert werden musste, entstanden neue Bauten im westlichen Stil, die eher an eine amerikanische Kleinstadt als an eine traditionelle japanische Stadt erinnerten. Auf der Ansichtskarte ist kein einziges Haus im traditionellen japanischen Stil zu sehen. NCM

Osu Kanon Temple Nagoya. 音献頭大屋古名

3.12 (Abb. S. 51)
Der Ōsu-Kannon-Tempel

Um 1910, 1930
2 Ansichtskarten
Nagoya City Museum

Zu Beginn der Moderne entstanden im traditionellen
Vergnügungsviertel um den Ōsu-Kannon-Tempel
zahlreiche Kinos und Fotostudios. Weiters wurden
Gaststätten eröffnet, die westliche Speisen wie Rind-
fleischgerichte anboten. Die südliche Tempelstadt war
daher das Viertel, in dem man die neu eingeführte
westliche Kultur kennen lernen konnte. 1892 brannten
die fünfgeschoßige Pagode und das Tor mit den Niō-
Wächtern der Ōsu-Kannon-Tempelanlage ab. Erst im
Mai 1901 wurde die Haupthalle des Tempels wieder
errichtet, die prächtige Pagode wurde jedoch nicht
wieder aufgebaut. NCM

3.13
Im Tsurumai-Park

1910/1930
2 Ansichtskarten
Nagoya City Museum

Der 1909 angelegte Tsurumai-Park ist der älteste Park
Nagoyas. 1910 wurde hier die zehnte Landesmesse der
Kansai-Region veranstaltet. Mit insgesamt 2,6 Millionen Besuchern war die Messe für Nagoya, das damals
erst 400.000 Einwohner zählte, ein Event der Super-
lative. Von den Messegebäuden sind heute noch die
Musikhalle, in der westliche Blasmusik gespielt wurde,
und der Springbrunnen erhalten. Beide galten zu Beginn
des 20. Jahrhunderts als Inbegriff westlicher Kultur.
1918 wurde im Tsurumai-Park der Tiergarten eröffnet,
zwischen 1923 und 1932 wurden eine Bibliothek, die
Stadthalle und ein Sportstadion errichtet. NCM

3.14
Gerichtsgebäude

Um 1910, 1930
2 Ansichtskarten
Nagoya City Museum

名古屋の裁判所本舘

3.15
„Der Horikawa-Kanal in der Abenddämmerung"

1929
Bakushi Kitamura (1899–1986)
Farbe auf Seide, 134 x 169,5 cm
Nagoya City Art Museum

Eine Kombination japanischer und westlicher Kunst:
Gemalt ist das Bild auf traditionelle Art auf Seide,
Komposition und Malweise orientieren sich jedoch an
der modernen französischen Malerei. WK

3.16
„Der Hafen von Nagoya"

Um 1938
Kenkichi Sugimoto (1905–2004)
Kreide und Bleistift auf Papier, 46 x 52 cm
Nagoya City Art Museum

3.17
„West-Nagoya"

Um 1938
Kenkichi Sugimoto (1905–2004)
Kreide und Bleistift auf Papier, 46 x 52 cm
Nagoya City Art Museum

Als Nagoya zur modernen Großstadt wurde, wuchs die
alte Burgstadt mit zum Teil weit entfernt liegenden
ehemaligen Dörfern zusammen. Es entstand eine Stadtlandschaft, in der viele Leerstellen blieben. Lange gab
es deshalb in relativ zentralen Stadtbereichen auch
größere landwirtschaftlich genutzte Gebiete. WK

3.18
„Die Universität von Nagoya"

Um 1938
Kenkichi Sugimoto (1905–2004)
Kreide und Bleistift auf Papier, 53,2 x 64 cm
Nagoya City Art Museum

3.19 a
„Neue berühmte Ansichten aus Nagoya" (Januar)

3.19 b
„Neue berühmte Ansichten aus Nagoya" (Februar)

3.19 d
„Neue berühmte Ansichten aus Nagoya" (Mai)

3.19 h
„Neue berühmte Ansichten aus Nagoya" (Dezember)

3.19 a–h (Abb. S. 77)
„Neue berühmte Ansichten aus Nagoya" (Monatsbilder)

1930–1932
Kōjō Asami (1890–1974)
12 Farbholzschnitte, je 37,3 x 24,7
Nagoya City Museum

Das Bemerkenswerte an dieser Serie ist die Kombination von Bildkonventionen der Edo-Zeit mit dem Zeitgefühl der Zwischenkriegszeit. Bereits der Titel bezieht sich auf ein erfolgreiches traditionelles Genre, die Serien der „berühmten Ansichten".
Unter den zwölf Ansichten Nagoyas, die jeweils einem Monat zugeordnet sind, befinden sich einerseits traditionelle Bildmotive wie der Atsuta-Großschrein, der Ōsu-Kannon-Tempel oder der Higashi-Betsu-in-Tempel, die schon in der Edo-Zeit berühmt waren, andererseits aber auch Plätze, die das moderne Nagoya symbolisieren, wie der Tsurumai-Park und der neue Hafen. Trotz Verwendung der traditionellen „nihonga"-Techniken hebt sich die urbane Atmosphäre Nagoyas deutlich von den „berühmten Ansichten" der Darstellungen der Edo-Zeit ab. Auch in der Kleidung der Menschen mischt sich Gewohntes mit Modernem. NCM

a
Januar: „Der schneebedeckte Atsuta-Großschrein in feierlicher Stille am Neujahrstag"

b
Februar: „Die goldenen ‚shachi' der Burg von Nagoya in der Morgendämmerung"

c
April: „Abendliche Kirschblüten"

d
Mai: „Der Duft des Windes unter der Glyzinie im Tsurumai-Park"

e
Juni: „Gedränge am Ōsu-Kannon-Tempel, wo Tempelschätze abends ausgestellt werden, sodass sie während der nächtlichen Kühle besichtigt werden können"

f
Juli: „Lampionfest in Hanazono"

g
August: „Feuerwerk über dem roten Torii vor dem Schrein des Nakamura-Parks"

h
Dezember: „Das geschäftige Treiben der Schiffe im Hafen von Nagoya zum Jahresende"

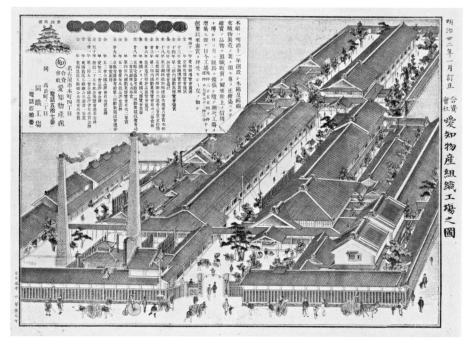

3.20
Baumwollweberei der Industriegruppe Aichi

1890er Jahre
Mehrfarbige Lithografie, 28,4 x 34,3 cm
Nagoya City Museum

Die Industriegruppe Aichi wurde 1878 als Spinnerei gegründet. Hier sollten vor allem Frauen und Kinder des alten Kriegeradels, der durch die Meiji-Restauration seine ökonomische Grundlage verloren hatte, Arbeit finden. Im östlichen Stadtteil Takaoka, wo sich ehemals die Residenzen der Samurai befunden hatten, wurden nun Fabriken errichtet, in denen Baumwollstoffe hergestellt wurden. Da es in der Region schon seit der Edo-Zeit eine Tradition der Baumwollweberei gab, entwickelte sich die Präfektur Aichi zu einem Mittelpunkt der Textilindustrie. Hier wurden die besten Baumwoll- und Wollstoffe Japans produziert. Zusammen mit Keramik und Porzellan zählten sie zu den wichtigsten Exportgütern der Region. NCM

3.21 (Abb. S. 48)
Übersichtsplan der zehnten Landesmesse der Kansai-Region

1910
Farbdruck, 54 x 77,7 cm
Archiv der Stadt Nagoya

Die zehnte Landesmesse der Kansai-Region wurde von 16. März bis 13. Juni 1910 im Tsurumai-Park veranstaltet. Die Leistungsschau entsprach eher einer gesamtjapanischen Industrieförderungsmesse als einer Regionalmesse. Besonderer Beliebtheit erfreuten sich die nächtlichen Illuminationen der Pavillons. Zwischen dem Springbrunnen und der Musikhalle befand sich ein im Renaissancestil gehaltener Pavillon gigantischen Ausmaßes, der sowohl als Hauptgebäude der Messe als auch als Haupteingang diente. Links des Haupteingangs befand sich ein Verkaufsstand der Präfektur Aichi in Form des Burgturms von Nagoya. NCM

3.22
„Keramikfabrik"

um 1955
Hekiu Adzuma (1904–1970)
Aquarell auf Papier, 36,3 x 35,5 cm
Nagoya City Art Museum

3.23
„Spinnerei"

um 1955
Hekiu Adzuma (1904–1970)
Aquarell auf Papier, 36,3 x 35,5 cm
Nagoya City Art Museum

Umstellung auf das westliche Zeitsystem

Bis 1873 galt in Japan der Mondkalender, das heißt, jeder Neumond fiel auf den ersten Tag des jeweiligen Monats, jeder 15. Tag bedeutete Vollmond. Es gab zwölf Monate mit 29 oder 30 Tagen und daher gegenüber dem Sonnenkalender, der sich im Westen seit Papst Gregor XIII. durchgesetzt hatte, ein jährliches Minus von einigen Tagen. Zum Ausgleich dieses Unterschieds wurde alle paar Jahre ein Schaltmonat eingefügt. Um endlich ein mit dem Westen synchrones Zeitsystem zu haben, wurde mit Neujahr 1873 der Mondkalender aufgegeben und durch den Sonnenkalender ersetzt. Das alte Neujahr wurde als Tokugawa-Neujahr, das neue als Meiji-Neujahr bezeichnet. Es dauerte etwa 40 Jahre, bis die Umstellung allgemein akzeptiert wurde.

Es gab vor der Meiji-Zeit auch keine Wocheneinteilung. Die Monate wurden in Abschnitte von jeweils zehn Tagen eingeteilt, der erste und der 15. Tag, also Neumond und Vollmond, waren Feiertage. Die Einführung der sieben Wochentage mit westlichen Bezeichnungen war daher ebenfalls völlig neu und setzte sich erst durch Schul- und Wehrpflicht langsam durch. All diese Umstellungen stießen vorerst auf Ablehnung.

3.24
Wanduhr Marke Hayashi

Um 1890
Hersteller: Hayashi
48,5 x 30,8 x 10,8 cm
Nagoya City Museum

1886 gründete der Uhrenimporteur Ichibei Hayashi in Nagoya die Firma Jiseisha und begann mit dem Nachbau amerikanischer Pendeluhren. 1887 kamen die ersten Uhren unter dem Markennamen Hayashi auf den Markt. Diese Firma war die erste Uhrenfabrik Japans. Nagoya entwickelte sich bald zu einem führenden Zentrum der Produktion von Uhren und Messgeräten. Wichtige Grundlage dieser Entwicklung war die schon auf die Edo-Zeit zurückgehende Herstellung von mit Zahnrädern betriebenen Automaten.Die gezeigte Uhr gehört zur ersten Generation japanischer Uhren mit westlichem Zeitsystem. Im Japan der Edo-Zeit galt das Temporalstundensystem, bei dem man unterschied zwischen Tag und Nacht, die jeweils durch Morgen- und Abenddämmerung begrenzt wurden. Tag und Nacht waren in jeweils sechs Einheiten unterteilt, deren genaue Länge sich mit dem Wechsel der Jahreszeiten

änderte. Die „japanischen Uhren" (wadokei) der Edo-Zeit unterteilten das Jahr in 24 Abschnitte und zeigten die jeweiligen Temporalstunden von Tag und Nacht mithilfe zweier Arten von Zahnrädern an. Als am 1. Januar 1873 der Sonnenkalender eingeführt wurde, teilte man auch in Japan den Tag in 24 gleich lange Stunden ein. NCM

3.25
Wanduhr Marke Meiji

Um 1915
Hersteller: Meiji-Uhren-KG, Nagoya
55,5 x 31 x 11,5 cm
Nagoya City Museum

Die Meiji-Uhren-KG wurde 1895 in Nagoya gegründet. Im 19. Jahrhundert versah man das Ziffernblatt entsprechend den Importuhren noch mit römischen Ziffern, ab dem 20. Jahrhundert kamen die arabischen Ziffern immer mehr in Mode. NCM

3.26 (Abb. S. 43)
„Uhr und Schönheit"

1920/1930
Shinsui Itō (1898–1972)
4 Holzfarbschnitte, 34,7 x 25,5 cm
Nagoya City Museum

Die Präsentation von Uhren wird mit dem traditionellen Genre der „Schönheiten" verknüpft – eine Art Design- und Modeparade quer durch die Zeiten. Der in Fukagawa bei Tokio geborene Künstler Shinsui Itō war vor allem auf die Darstellung schöner Frauen in traditioneller „nihonga"-Maltechnik spezialisiert. Ab 1916 beteiligte er sich an der Shin-hanga-Bewegung (Neue Holzschnitte) und stellte etwa 150 Holzschnitte her. Er malte für diese Serie Uhren aus den Epochen Edo, Meiji, Taishō und Shōwa und verband sie mit zeittypischen Frauendarstellungen. Mit dem charakteristischen weichen Ausdruck eines „nihonga"-Bildes und der scharfen Strichführung unterscheidet sich sein Werk deutlich vom Ukiyo-e-Stil der Edo-Zeit. NCM

a
Edo-Zeit

b
Meiji-Zeit

c
Taishō-Zeit

d
Shōwa-Zeit

„Uhr und Schönheit"
(3.26 b)

„Uhr und Schönheit"
(3.26 c)

„Uhr und Schönheit"
(3.26 d)

Émail cloisonné: japanisches Kunsthandwerk für westlichen Geschmack

Die japanische Regierung bemühte sich um eine forcierte Modernisierung des Landes. Es wurde aber auch das traditionelle Kunsthandwerk gefördert, da man hoffte, dass japanische Kunstobjekte sehr bald wichtige Exportartikel werden könnten. Diesem Ziel diente die Präsentation von Handwerk auf zahlreichen Weltausstellungen. Die großen Erfolge, die japanische Cloisonné-Arbeiten dabei erringen konnten, ließen die japanischen Emailkünstler immer neue raffinierte Herstellungsverfahren erfinden. In der Folge wurde Émail cloisonné hauptsächlich für den europäischen und amerikanischen Markt produziert. Nagoya war neben Kioto und Tokio das Zentrum der Cloisonné-Herstellung.

Die Cloisonné-Technik fand, ausgehend vom Nahen Osten und von Byzanz, vorerst in China Verbreitung. Mit Beginn des 17. Jahrhunderts wurde sie auch von japanischen Kunsthandwerkern übernommen. Es waren vor allem japanische Künstler, die zu Beginn der Meiji-Zeit (1868 bis 1912) Anregungen aus der Porzellanherstellung aufnahmen und die beiden Werkstoffe Email und Porzellan miteinander verbanden (shippō).

Émail cloisonné (Zellenschmelz) ist ein Verfahren der Emailkunst, bei dem vorerst dünne Metallstege auf ein Trägermaterial aufgebracht werden. Die so entstehenden Zellen (französisch: cloisons) werden mit farbigem Glaspulver aufgefüllt. Anschließend werden die Rohlinge bei zirka 700 bis 800 Grad gebrannt. Nach dem Brennvorgang werden die Stege zumeist bis auf die Höhe des Emails abgeschliffen, und die Oberfläche wird fein poliert. EF/IT

Der Einfluss der Weltausstellungen auf das moderne japanische Émail cloisonné

Mikio Ogawa

Grundsätzlich lassen sich in der Emailtechnik zwei Kategorien unterscheiden: der Grubenschmelz[1] (zōgan shippō) und der Zellenschmelz (Émail cloisonné[2], yūsen shippō[3]).

Unter Émail cloisonné (shippō[4]) versteht man eine Technik der Emailkunst, bei der Metallstege, entsprechend der Vorzeichnung, auf ein Trägermaterial aufgelötet oder geklebt werden. Die auf diese Weise entstehenden Zellen werden mit farbigem Glaspulver aufgefüllt, das unter anderem auch Blei enthält. Während des Schmelzvorgangs kommt es aufgrund des Bleianteils zu einer Verbindung von Trägermaterial und Paste. Nach Fertigstellung schleift und poliert der Emailleur für gewöhnlich das Objekt, sodass Metallstege und Glasfluss eine glatte, glänzende Oberfläche bilden. Als Trägermaterial wird meist Metall (Kupfer) verwendet, es kann aber auch Porzellan oder Keramik zur Anwendung gelangen.

Die Cloisonné-Technik erreichte, ausgehend vom Nahen Osten und Byzanz, zunächst China und fand um 1600 auch in Japan Verbreitung. Bis etwa 1850 wurde Émail cloisonné hauptsächlich für Einlegearbeiten verwendet, erst in der Meiji-Zeit (1868 bis 1912) erreichte diese Kunstform einen Höhepunkt. Ab 1880 setzte verstärkt die Produktion von kleineren Vasen und Schalen ein.

Ein Künstler, der großen Anteil an dieser Entwicklung hatte, war Tsunekichi Kaji (1803 bis 1883), der aus einer Samurai-Familie aus Owari stammte. Sein Vater versah Dienst in der Burg von Nagoya. Bei seinen ersten Arbeiten orientierte sich Tsunekichi Kaji offensichtlich an chinesischen Emailarbeiten (qiami), die dem japanischen Cloisonné sehr nahe kommen.

Tsunekichi Kaji gab die Technik, die er selbst in mühevoller Arbeit entwickelt hatte, an all jene weiter, die ihm versprachen, sie für sich zu behalten. Dennoch entwickelte sich die Cloisonné-Herstellung, ausgehend von der Ortschaft Tōshima (heute Shippō-chō [„Emailstadt"] in der Präfektur Aichi), rasch zu einem bedeutenden Gewerbezweig. Hinter dieser Entwicklung standen Maßnahmen, die die Meiji-Regierung setzte, um die Wirtschaft durch neue Unternehmensgründungen anzukurbeln. Da es noch keine Schwerindustrie gab, setzte die Regierung auf das traditionelle Gewerbe, das bereits in der Edo-Zeit höchstes handwerkliches Niveau erreicht hatte. Ziel der Regierungsmaßnahmen war die Steigerung der Exporte. Im Gegensatz zu Lackarbeiten und Keramik waren die Cloisonné-Erzeugnisse ein noch wenig gefragter Exportartikel. Um Cloisonné-Arbeiten im Westen vorzustellen – und damit auch den Export anzukurbeln –, waren die Weltausstellungen als internationale Leistungsschauen ein idealer Präsentationsort. Japanisches Cloisonné wurde erstmals 1867 auf der Weltausstellung in Paris präsentiert. Die aus Tōshima stammenden Objekte wiesen dabei eine äußerst hohe Qualität auf.

Die Aussicht, die Produkte auf den Weltausstellungen im internationalen Rahmen vorführen zu können, war ein wesentlicher Motor zur Entwicklung neuer Techniken. Hervorzuheben sind vor allem die Musen-, die Shosen- und die Moriage-Technik.[5]

Die frühen Arbeiten der japanischen Cloisonné-Technik sind charakterisiert durch dunkle, stumpfe Glasurfarben und werden daher als „Schlammemail" (doro shippō) bezeichnet. Bei diesem Verfahren wurden alle nicht ornamentierten Stellen mit einem einheitlichen Untergrundmuster bedeckt. Dies geschah aus technischen Gründen, da die Glasuren ohne strukturierte Basis nicht gehalten hätten. Erst als um 1880 die Glasuren verfeinert wurden, verschwand das Untergrundmuster, und neue, malerischere Kunstwerke entstanden. Von nun an wurden opake Glasuren nicht länger durch die Strukturierung des Untergrunds beeinträchtigt, die Cloisonnés wurden malerischer und bunter.

Japanisches Cloisonné auf den Weltausstellungen

Ein auf der Wiener Weltausstellung gezeigtes Räuchergefäß, das sich heute im Museum für angewandte Kunst in Wien befindet, gehörte noch der Kategorie der Schlammemailtechnik an. Die Signatur „Takesei" verweist auf den Handwerksmeister Seikurō Takeuchi aus Tōshima, der auch bei der ersten japanischen Gewerbeausstellung ausstellte, die im Jahr 1877 stattfand.

Ein weiteres Exponat auf der Wiener Weltausstellung war die *Große Trommel mit Vogel*, die sich heute im New-Yorker Metropolitan Museum befindet. Ein nahezu identes Werk wurde drei Jahre später auf der Weltausstellung in Philadelphia gezeigt. Da beide Werke keine Signatur aufweisen, lässt sich kaum etwas über die Identität der Künstler sagen. Es ist jedoch anzunehmen, dass es sich um einen Künstler aus Tōshima handelt, dem heutigen Shippō-chō in Aichi.

Auf der Weltausstellung in Philadelphia 1876 war auch die Shippō Gaisha (Emailfirma) aus Nagoya vertreten. Sie wurde 1871 auf Anraten des damaligen Gouverneurs von Aichi, Moritome Iseki, gegründet und kontrollierte bis zu ihrer Auflösung 1890 20 Jahre hindurch die Produktion, den Verkauf und den Export von Cloisonné. Bei ihr lag auch die Entscheidung, welche

---

1 Beim Grubenschmelz werden auf der metallenen Unterlage Vertiefungen angebracht, mit der Glasur aufgefüllt und gebrannt. Diese Technik war sowohl im europäischen Mittelalter als auch in Japan der Edo-Zeit (1600–1868) weit verbreitet.

2 Émail cloisonné, Zellenschmelz oder Zellenemail, von französisch „cloison" (Scheidewand).

3 Yūsen shippō, wörtlich „Linienemail".

4 Shippō (wörtlich „sieben Schätze") ist eine generelle Bezeichnung für die verschiedenen Techniken japanischen Schmuckemails.

5 Bei der Musen-Technik werden nach dem Schmelzen die Drahtstege entfernt; anschließend wird das Objekt erneut gebrannt. Bei der Shosen-Technik werden die Drähte nicht entfernt, als dekoratives lineares Element sind sie Bestandteil des Kunstgegenstands. Bei der Moriage-Technik wird durch Auffüllen des Glasflusses über die Drahtstege hinaus ein dreidimensionaler Effekt erzielt. Arbeiten in der Moriage-Technik sind durch extremen Naturalismus charakterisiert.

Großes Cloisonné-Gefäß mit Blumenmuster
(3.29)

Exponate auf den Weltausstellungen präsentiert werden sollten. Die Firma leistete somit einen großen Beitrag zur Etablierung dieses Gewerbezweigs. Die Cloisonné-Meister aus Tōshima unterstanden zum überwiegenden Teil der Kontrolle der Shippō Gaisha.

Auf der Pariser Weltausstellung von 1878 wurde ein weiteres Werk eines Künstlers aus Nagoya ausgestellt. Die Cloisonné-Vase mit Gras- und Blumendekor[6] stammt von Chūbei Takeuchi (1852 bis 1922), der ebenfalls für die Shippō Gaisha tätig war. Chūbei Takeuchi war ein vielseitiger, experimenteller Meister, der in seiner Frühzeit zunächst Keramik, später dann Kupfer und Glas als Trägermaterial verwendete.

Der japanische Beitrag für die 1893 in Chicago stattfindende World's Columbian Exposition kann als Höhepunkt des dekorativen Meiji-Stils angesehen werden. Trotz der – vor allem in westlichen Ländern – gelten-den Unterscheidung zwischen Kunst und Kunsthandwerk wurden die Expo-nate aus Japan im „Palast der schönen Künste" und nicht in den dem Kunsthandwerk vorbehaltenen Ausstellungsräumen des Manufactures and Liberal Arts Building oder im Museum of Science and Industry gezeigt. Ausschlaggebend für dieses Präsentationsforum waren die virtuose male-rische Behandlung und Gestaltung der Kunstgegenstände. Durch die Verfei-nerung der Glasuren ließen sich Emailarbeiten nach Belieben kolorieren und ermöglichten malerische Effekte und großformatige Objekte.

Die große Begeisterung, mit der japanische Cloisonné-Arbeiten auf den Weltausstellungen aufgenommen wurden, wirkte sich positiv auf die Entwicklung dieser Handwerkskunst aus. Die Zahl der Cloisonné-Meister nahm ständig zu, in spezialisierten Betrieben wie Nagoya Cloisonné wurde vor allem für den amerikanischen und europäischen Markt produziert. Diese Tatsache ist jedoch auch dafür verantwortlich, dass es bis heute keine systematische Erfassung der an Qualität und Perfektion kaum zu überbietenden Émail-cloisonné-Arbeiten der Meiji-Zeit gibt.

1894 kam es zum Ersten Sino-Japanischen Krieg, der 1895 mit dem Frie-densschluss von Shimonoseki und der darauf folgenden Tripel-Intervention Russlands, Frankreichs und Deutschlands gegen die Expansion Japans in China endete. Zumindest in den Augen der japanischen Regierung war Japan damit kein zurückgebliebenes Entwicklungsland mehr, sondern stand auf gleicher Höhe mit den westlichen Großmächten. Und so trachtete man wohl auch danach, auf den Gebieten der Industrie, der Kultur und der Kunst eine entsprechende Anerkennung zu erfahren. Zeitgleich mit dieser Entwicklung wurde 1893 in Chicago die World's Columbian Exposition abgehalten. Es ist bekannt, dass das japanische Kunsthandwerk bei dieser Weltausstellung im „Palast der schönen Künste" ausgestellt wurde. Im Westen wurden jedoch für gewöhnlich nur die Malerei, die Skulptur und die Architektur als Teile der schönen Künste erachtet, während das Kunst-handwerk als angewandte Kunst eine Stufe niedriger als die eigentliche Kunst angesiedelt wurde. Auch in Chicago wurde Kunsthandwerk im Allge-meinen nicht im „Palast der schönen Künste", sondern im Manufactures and Liberal Arts Building oder im Museum of Science and Industry gezeigt. Was Japan veranlasste, sein Kunsthandwerk unter die Kunstgegenstände einzureihen, war wohl seine zunehmend malerische Ausgestaltung. Auch die japanische Malerei übernahm die Form von gerahmten Bildern nach der Art westlicher Ölbilder, da sie in Gestalt von Rollbildern und Stellschirmen als Kunsthandwerk angesehen worden wäre. Durch die

Verfeinerung der Glasuren ließen sich auch Emailarbeiten nach Belieben kolorieren und ermöglichten malerische Effekte und großformatige Objekte. Damit beginnt für das moderne japanische Cloisonné eine neue Ära, in der es beschleunigt seinem Höhepunkt zustrebt.

Durch den Ansporn, den die Entwicklung des Cloisonnés durch die Weltausstellungen erfuhr, wuchs auch die Zahl der Cloisonné-Meister beträchtlich. Sie exportierten ihre Produkte in alle Welt und ernteten großen Ruhm, doch fast alle ihre Produkte verblieben im Ausland und fanden nicht den Weg nach Japan zurück. Auch wenn sich manche Werke glücklicherweise im Besitz ausländischer Museen befinden, die sie im Anschluss an eine Weltausstellung erwarben, so sind die meisten Exponate bis auf einige wenige Werke ganz berühmter Meister noch immer nicht systematisch erfasst. Das gilt im Übrigen auch für die Cloisonnés in Japan. Oft steht auch nicht der Name des Künstlers, sondern der eines Mäzens im Vordergrund.

6 Heute im Besitz des Museums für angewandte Kunst (MAK) in Wien.

3.27
Entwurf für einen Teller mit Blumenmuster

Meiji-Zeit
Farbe auf Papier, 105,0 x 106,4 cm
Schenkung der Familie Hayashi, Nagoya City Museum

Dieses florale Muster war typisch für die Produkte der
Handwerksfamilie Hayashi in Tōshima (heute Shippō-
chō im Distrikt Kaibu, Präfektur Aichi). 1861 erlernte
Kodenji Hayashi die Kunst der Cloisonné-Erzeugung
und eröffnete zwei Jahre später eine eigene Werkstatt.
Das Dorf Tōshima galt als Zentrum der Emailherstel-
lung. NCM

3.28
Teller mit Blumenmuster

Meiji-Zeit
Entwurf: Kodenji Hayashi
Cloisonné (yūsen shippō) auf Kupfer,
Durchmesser: 92 cm
Nagoya City Museum

Cloisonné-Vase mit Blumen und Schmetterlingen
spätes 19. Jahrhundert
(3.30)

Cloisonné-Vase mit Blumenmuster, um 1900

Großes Cloisonné-Gefäß mit Blumenmuster (Detail)
(3.29)

3.29
Großes Cloisonné-Gefäß mit Blumenmuster

Frühes 20. Jahrhundert
Entwurf: Kihyōe Hayashi
Cloisonné (yūsen shippō) auf Kupfer,
93 cm, Durchmesser: 58 cm
Nagoya City Museum

Am Boden dieses außergewöhnlichen Gefäßes befindet
sich das Firmenzeichen der Firma Andō. Erhaltene Fotografien beweisen, dass dieses Objekt zusammen mit
zwei weiteren Vasen, die ein identes Muster aufweisen,
Teil eines Sets war, das der berühmte Meister Kihyōe
Hayashi aus Tōshima für die Firma Andō Cloisonné
herstellte. Auf der Verpackung des Gefäßes findet sich
der Vermerk, dass es sich um ein Geschenk der Firma
Andō an das Kaiserhaus handelt, das später über die
Familie des Prinzen Nashimoto in den Besitz des kore-
anischen Königshauses Yi kam. Das Gefäß gehört der
Blütezeit des modernen japanischen Schmuckemails
an. NCM

3.30
Cloisonné-Vase mit Blumen und Schmetterlingen

Frühe Meiji-Zeit
Chūbei Takeuchi
Cloisonné auf Keramik, 55 x 18,5 cm
Nagoya City Museum

Diese Vase kann anhand der am Boden befindlichen
Signatur Chūbei Takeuchi, einem Meister der Shippō
Kaisha, zugeschrieben werden. Diese Emailfirma
existierte von 1871 bis 1890. In der frühen Meiji-Zeit
wurde Email nicht nur auf Kupfer, sondern auch auf
Keramik aufgebracht, da dieses Material aufgrund der
Nähe zu den Keramikzentren Seto und Mino verhältnismäßig einfach zu beziehen war. Mit der Entwicklung
neuer Glasuren wurde die Cloisonné-Technik auf Keramik, die von minderer Farbqualität war, zunehmend
in den Hintergrund gedrängt. Außerdem eigneten sich
die verhältnismäßig schweren Objekte nur bedingt für
den Export, sodass sie ab 1875 kaum noch produziert
wurden. Während Chūbei Takeuchi in seiner Frühzeit
viele Emailarbeiten auf Keramik schuf, war seine spätere Schaffensperiode von zahlreichen revolutionären
Innovationen geprägt. Viele seiner späteren Arbeiten
erinnern an Lackarbeiten. NCM

3.31 (Abb. S. 44)
Cloisonné-Kästchen mit Libellenmotiv

um 1903
Monzaemon Kawaguchi
Cloisonné auf Silber, 10,0 x 14,5 x 18,3 cm
Nagoya City Museum

Im Anschluss an die Entwicklung opaker Glasuren experimentierte man mit Techniken, bei denen der durch-
schimmernde Untergrund der Emailarbeit mit silbernen
Reliefs versehen wurde. Das vorliegende Cloisonné-
Objekt wird dem berühmten Meister Monzaemon Kawa-
guchi aus Nagoya zugeschrieben. Auf dem Deckel des
Kästchens prangt eine große Chrysantheme, das Mus-
ter der Libellen wird durch Goldstege definiert. Auf den
Seiten des Kästchens und des Deckels erkennt man
Reisähren, die durch die violette Glasur schimmern und
dem Werk eine Herbststimmung verleihen. Kawaguchi
Monzaemon wurde 1903 auf der fünften Gewerbeaus-
stellung für ein „silbernes Cloisonné-Kästchen mit
Libellen" mit einem Preis dritter Klasse ausgezeichnet.
Man nimmt an, dass es sich dabei um das vorliegende
Objekt oder eine Kopie davon handelte. NCM

Pionierbetriebe werden zu Weltkonzernen

Der Weg vieler japanischer Unternehmen, die sich im Lauf des 20.
Jahrhunderts von Kleinbetrieben zu Weltkonzernen entwickelten, lässt
sich, wenn man von den ursprünglich als Modellfabriken des Staates
entstandenen und nach 1880 von privaten Unternehmern übernommenen
Betrieben absieht, in typische Entwicklungsschritte gliedern: Bei der Gründung, zumeist im frühen 20. Jahrhundert, stand in der Regel die Absicht
im Vordergrund, die Abhängigkeit von europäischen oder amerikanischen
Importen zu brechen und billigere Produkte für den japanischen Markt zu
liefern. Dafür war schneller Wissenstransfer notwendig. Die Pionierunter-
nehmer und Erfinder, die ihre Wurzeln oft im Handwerk hatten, begannen,
westliche Produkte und Technologien zu studieren und nachzubauen, um
sie schließlich ingeniös weiterzuentwickeln und zu optimieren.
Die frühen Fabriken – in Nagoya wurzelten sie zumeist in der Textilver-
arbeitung – entstanden am Rand der großen Städte. Die von der Meiji-
Zentralregierung gezielt geförderte Industrialisierung wurde zum Motor
der Modernisierung der Gesellschaft und trug zur raschen Verstädterung
Japans bei. Viele Arbeiter wanderten aus den ländlichen Gebieten zu, auch
viele Frauen und Kinder arbeiteten in den Fabrikhallen.

Der erste große Wachstumsschub kam in der Zwischenkriegszeit, als der
Alltag westlicher wurde und zumindest in den Städten ein Konsumboom
einsetzte. Aber auch durch die Aufrüstung Japans kamen entscheidende
Impulse. Aus Start-up-Unternehmen, die in Marktnischen reüssiert hatten,
wurden diversifizierte Großbetriebe. In den 1950er Jahren wagten erste
Unternehmen den Sprung auf den Überseemarkt. Anfangs wurde in
Amerika und Europa das Potenzial der japanischen Industrie unterschätzt,
doch in den 1960er und 1970er Jahren wurde „Made in Japan" zum
Gütesiegel, und japanische Konsumprodukte eroberten die internationalen
Märkte. Entscheidend war die hohe Produktivität auf Basis neuer Ferti-
gungssysteme (Vollautomatisierung, „Just in time"-Produktion et cetera).
In vielen Branchen sind japanische Konzerne heute Weltmarktführer.

Am Beispiel von drei Unternehmen aus Nagoya wird der Weg in die
Moderne nachgezeichnet: Bei Toyota, dem größten und mächtigsten
Konzern im Großraum Nagoya, stand die Herstellung von Webstühlen am
Anfang der Erfolgssaga, bevor 1936 die Automobilproduktion nach amerikanischem Vorbild aufgenommen wurde. Die heutige Weltmarke Brother
begann mit Nähmaschinen, bevor in den 1950er Jahren Schreibmaschinen
zum Exportschlager wurden. Auch die Geschichte der Porzellanfabrik
Noritake ist gekennzeichnet von Transfers zwischen West und Ost. In
diesem Fall stand der Export nach Amerika am Anfang. Doch der Erfolg
kam nicht mit japanischem Design, sondern mit Vasen im historischen
Stil und Tafelgeschirr im westlichen Design. Die US-Konsumenten hielten
die Noritake-Modelle offensichtlich für europäische – ein globales Dreieck
zwischen Europa, Japan und Amerika. Erst als auch in Japan westliche
Tischsitten und „weißes Geschirr" in Mode kamen, eroberten die Porzellan-
produkte aus Nagoya den Inlandsmarkt. WK

Noritake – westliches Tafelgeschirr aus Nagoya

Todaharu Andō

Die Brüder Morimura als Pioniere des Außenhandels

Nach der Aufkündigung der Isolationspolitik im Jahr 1859 sah sich Japan mit massiven Einflüssen der westlichen Kultur und Zivilisation konfrontiert. Dass sich damit auch neue Chancen ergaben, erkannte Ichizaemon Morimura sehr früh. Er war ein Kaufmann, der in den vornehmsten Adelshäusern ein und aus ging, und musste erleben, wie im neu eröffneten Hafen von Yokohama hochwertige japanische Goldmünzen zu einem völlig unangemessenen Kurs gegen mexikanische Silbermünzen eingetauscht wurden. Diese Erfahrung ließ ihn befürchten, dass bald alles Geld aus Japan ins Ausland geflossen sein würde. Er wandte sich an den berühmten Gelehrten Fukuzawa Yukichi, der meinte, es gäbe nur eine Möglichkeit, um die japanischen Münzen, die ins Ausland abgeflossen waren, zurückzubekommen, nämlich den Handel. Ichizaemon beschloss daraufhin, den Außenhandel, der damals vom Staat betrieben wurde, selbst in die Hand zu nehmen.

1866 machte Ichizaemon seinem jüngeren Bruder Toyo, der damals erst 13 war und gerade seine Lehrzeit absolvierte, den Vorschlag, sich an seinem Vorhaben zu beteiligen. Toyo heuerte bei einem Ausländer in Yokohama an, um per Schiff nach Übersee zu gelangen, und besuchte Sprachkurse an einer Privatschule. 1876 brach er schließlich nach Amerika auf, kurz nachdem die Brüder auf der Ginza in Tokio eine Handelsfirma (Morimura Brothers) gegründet hatten. In New York eröffnete Toyo gemeinsam mit Freunden in der Sixth Avenue einen kleinen Laden namens Hinode Shōkai, wo sie alle möglichen japanischen Produkte verkauften, die sie über den älteren Bruder aus Tokio bezogen. So wurde Ichizaemons Ziel, Außenhandel zu betreiben, erstmals in die Tat umgesetzt. Seit er sich auf Anraten Yukichi Fukuzawas zu diesem Schritt entschlossen hatte, waren immerhin 17 Jahre vergangen. 1878 löste sich Toyo von Hinode Shōkai und gründete 1881 eine amerikanische Filiale der Morimura-Gruppe, die er Morimura Brothers nannte. Diese gilt als erste private japanische Handelsfirma auf der Basis des amerikanisch-japanischen Handelsabkommens.

Vom Handel zur Entwicklung eigener Exportprodukte

Anfangs wurde die Morimura-Gruppe von Gründer Ichizaemon und seinem Schwager Magobei Ōkura geführt. Dieser besaß eine Buchhandlung für illustrierte Romane in Edos Geschäftsviertel Nihonbashi. Tief beeindruckt von den innovativen Plänen seines Schwagers, übergab Magobei sein Geschäft einem Angestellten und übernahm für die Morimura-Gruppe den Einkauf von Waren für den Export.

Dieser erstreckte sich zunächst auf Lackwaren, Porzellan und Keramik, Farbholzschnitte, Wandschirme, Kupfer- und Eisenwaren, Lampions, Fächer, Inrō-Schachteln und Netsuke, doch bald spezialisierte sich die Firma auf Porzellan und Keramik, da hier die Nachfrage am größten war. Auch der amerikanische Zweig von Morimura Brothers entwickelte sich günstig, sodass man ab 1882 den Schritt vom lokalen Einzelhandel zum Großhandel ins Auge fasste, der die gesamten Vereinigten Staaten versorgen sollte. Zwei Jahre später schloss man Exklusivverträge mit Fabriken für Porzellanbemalung und ließ von ihnen unglasiertes Porzellan aus dem nördlich von Nagoya gelegenen Seto weiterverarbeiten. Diese Produkte mit klassisch japanischen Motiven, aber auch mit eigenwilligen Designs aus der Webe-, Färbe- und Lacktechnik wurden über Yokohama oder Kōbe in die USA verschifft. Zur Rationalisierung des Exports wurde die so genannte „import order" eingeführt, über die Kunden auf Basis eines illustrierten Katalogs ihre Bestellungen direkt beim Händler aufgeben konnten. Das Geschäft lief gut, und es wurde immer mehr unglasiertes Porzellan aus Seto benötigt. Der Transport von Keramik aus Nagoya steigerte sich Jahr um Jahr. 1892 wurde daher in dieser Stadt eine Filiale eröffnet, über die man den Einkauf von unglasiertem Porzellan, die Herstellung sowie die Verhandlungen mit den Töpfereien abwickelte.

Vom japanischen zum westlichen Stil

Als Magobei Ōkura 1893 auf der Weltausstellung in Chicago europäische Porzellanwaren im historistisch-neoklassizistischen Stil sah, empfand er die japanischen Maltechniken als rückständig. Er erkannte, dass man mit klassisch japanischen Mustern niemals die westlichen Konsumenten erreichen würde, und fasste den Entschluss, auf westliches Design umzusatteln. Sogleich erwarb er vor Ort westliche Musterentwürfe sowie Materialien und Werkzeuge für die Porzellanbemalung. In Japan versuchte er, die Porzellanmaler von der Übernahme eines westlichen Stils zu überzeugen. Die Handwerker, die keinerlei Erfahrungen mit der europäischen Malerei hatten, setzten sich zunächst heftig zur Wehr. Doch Magobei blieb hartnäckig, und es gelang ihm, sie zu überreden und in der westlichen Kunst zu unterweisen. Viele Handwerker übertrugen zudem ihre jeweiligen traditionellen Techniken auf das westliche Design und kreierten auf diese Weise einen eigenen Stil. So wurden etwa prunkvolle Bemalungstechniken wie „kinmori" (Goldauflage) oder „itchinmori" (auch „dekomori", Dekorauflage) auf die so genannte „fancy ware", also Ziergefäße, Blumenvasen und Zierteller, angewendet. Diese Gegenstände waren in den Vereinigten Staaten sehr beliebt und trugen zum Erfolg der Firma bei.

1895 schuf die New-Yorker Filiale eine eigene Designabteilung, in der japanische Künstler, die man extra in die USA hatte kommen lassen, an Ort und Stelle Muster entwarfen, um dem amerikanischen Geschmack besser gerecht zu werden. Gleichzeitig rationalisierte die japanische Morimura-Gruppe die Bemalung des Porzellans, indem sie die auf Tokio, Kioto und Nagoya verteilten Manufakturen alle nach Shūmokuchō in Nagoya verlegte.

Tafelgeschirr für Amerika und die Verbesserung des weißen Porzellans

Obwohl sich die dekorative „fancy ware" auf dem amerikanischen Markt gut verkaufte, war der Firma bewusst, dass keine weitere Expansion zu erwarten war, solange man sich allein auf diese von der jeweiligen Mode abhängige Sparte verließ. 1894 kam es zu einem Strategiekonflikt zwischen der japanischen Morimura-Gruppe und dem amerikanischen Zweig. Nachdem man sich bei Geschäftspartnern in Kaufhäusern und Fachgeschäften umgehört hatte, kam man schließlich zum Schluss, Tafelgeschirr für den alltäglichen Gebrauch zu produzieren. Doch für Dinner-Service kam nur weißes Porzellan infrage. Das Porzellan aus Seto war jedoch nicht rein weiß, sondern wies einen Grauschleier auf. Aufgrund

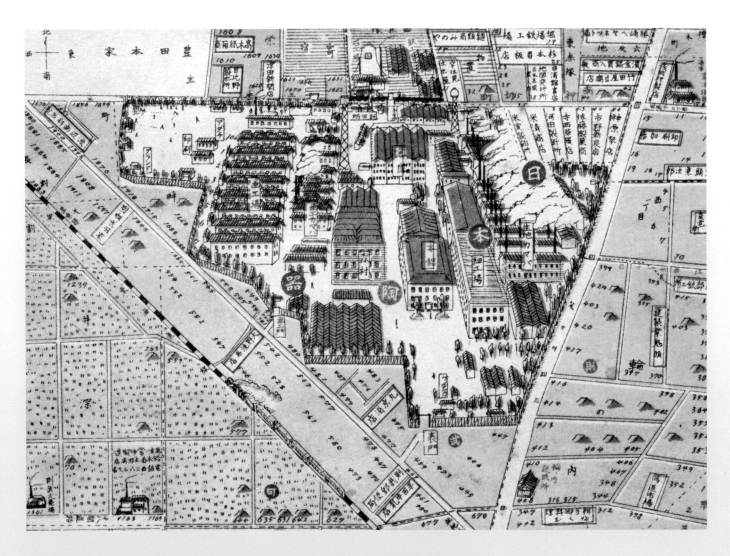

Die 1904 errichtete Porzellanfabrik Nihon Tōki in
Noritake bei Nagoya

Die Gründer der Porzellanfabrik Noritake, Ichizaemon
Morimura (vorne Mitte), Magobei Okura (vorne links)

des New-Yorker Vorschlags wurde mit Experimenten zur Herstellung von weißem Hartporzellan für Tafelgeschirr begonnen, 1896 wurden sogar Techniker nach Europa geschickt, um die dortige Porzellanherstellung zu studieren. Doch auch nach weiteren fünf Jahren wollte die Entwicklung des weißen Hartporzellans nicht gelingen, sosehr man sich auch bemühte.

1902 besuchte der Londoner Unternehmer Rosenfeld die Morimura-Niederlassung in New York und bat um eine Unterweisung in der Gold-, Dekor- und Emailauflagentechnik. Rosenfeld besaß eine Porzellanmanufaktur im böhmischen Karlsbad und exportierte in die Vereinigten Staaten. Er war somit ein Konkurrent der Firma Morimura Brothers, die jedoch bereitwillig kooperierte und eine Inspektion ihrer Fabriken in Nagoya anbot. Bald darauf kamen zwei Söhne Rosenfelds nach Nagoya, wo sie Magobei Ōkura persönlich und ohne Umschweife den europäischen Stil der Porzellanbemalung nahe brachten. Sie erfuhren auch von den mühevollen Entwicklungsversuchen in Bezug auf weißes Hartporzellan, worauf die Japaner prompt einige gute Ratschläge von den Europäern erhielten.

1903 besuchte Magobei Ōkura mit einer Delegation die Viktoria-Porzellanfabrik in Karlsbad und das Chemische Laboratorium für Tonindustrie (besser bekannt als Seeger-Laboratorium) in Berlin, wo er die aus Japan mitgebrachten Rohstoffe analysieren ließ. Aufgrund einer Studie ihrer Mischungsverhältnisse konnte nun endlich unglasiertes weißes Hartporzellan (Nittō 3 – 3 Kiji) hergestellt werden.

Durchbruch mit dem 8-sun-Teller (25-cm-Dinnerteller)
Nachdem die Herstellung von weißem Hartporzellan gelungen war, gründete die Morimura-Gruppe im Jänner 1904 das Unternehmen Japan-Keramik: Im Weiler Noritake (heute ein Stadtteil von Nagoya) wurde eine Porzellanfabrik errichtet, in der Porzellan im westlichen Stil hergestellt wurde. Präsident der Firma wurde der erst 29 Jahre alte Kazuchika Ōkura. Schon im November 1904 wurde der erste kohlebeheizte Brennofen eingeweiht. Die Produktivität der Fabrik war allerdings äußerst gering. Die Hauptartikel der Anfangszeit waren Vasen, Bonbon- und Puderdosen, später kamen Kakao- und Teegeschirr hinzu.

Man versuchte auch, richtiges Tafelgeschirr nach westlichen Standards zu produzieren, doch stellte sich die Herstellung von Tellern mit 25 Zentimeter Durchmesser als Problem heraus. Das weiße Porzellan, das die Techniker in jahrelanger Arbeit entwickelt hatten, war für einen Teller dieser Größe nicht geeignet. Ohne solche Teller ließ sich jedoch kein Tafelgeschirr auf den Markt bringen. Das Schicksal des gesamten Unternehmens schien von dieser Frage abzuhängen. Erst nach einer neuerlichen Erkundungsreise nach Europa und vielen Experimenten war man nach 1913 in der Lage, Teller in notwendiger Größe zu produzieren. 1914 konnte die Firma endlich ihr erstes zwölfteiliges Dinner-Set aus Weißporzellan mit „Sedan"-Muster von Nagoya nach Amerika verschiffen. 20 Jahre mühevoller Entwicklungsarbeit waren vergangen, seit das Unternehmen beschlossen hatte, mit Tafelgeschirr auf dem amerikanischen Markt zu reüssieren.

Neuerungen im Design
Im frühen 20. Jahrhundert gab es eine Tendenz, das Porzellan mit üppigen, goldverzierten Ornamenten zu versehen, da hauptsächlich Ziergegenstände produziert wurden. Dagegen war das Tafelgeschirr im Design sehr schlicht. Teller und Tassen wiesen oft nur eine einfache Randlinie auf, auch wenn in Einzelfällen „fancy ware"-Design auf Tafelgeschirr übertragen wurde. Erst nach und nach wurden die Muster ausgefeilter.

Nun wurde erstmals auch der japanische Markt beliefert, wo in der Oberschicht und in der neuen Mittelklasse zunehmend westliches Geschirr nachgefragt wurde – in Ergänzung zu den traditionellen Tischutensilien.

Unter anderem wurden die „Zweistufencollage" (nidanbari) und die „Dreistufencollage" (sandanbari) mit cremefarbener Bordüre und zarter Musterung als repräsentativ für den japanischen Stil der Porzellangestaltung angesehen und erfreuten sich großer Beliebtheit. Besonders vor dem Krieg war dieses klassische Design vorherrschend, doch wirkt es auch noch heute frisch und unverbraucht. Die Entwürfe aus Noritake folgten auch den neuesten westlichen Trends: In den 1920er und 1930er Jahren kam auch in Japan Art déco in Mode.

Zusätzlich beschäftigte sich das Unternehmen mit der Entwicklung des hochwertigen Knochenporzellans (bone china) und konnte es 1932 erstmals in Japan auf den Markt bringen. Von da an wurde Knochenporzellan auch für Figurinen verwendet, wodurch sich Noritake als Marke für moderne Porzellanherstellung etablierte. Während des Zweiten Weltkrieges mussten sowohl die Herstellung als auch der Export von Porzellan eingestellt werden, doch die Produktion von Knochenporzellan wurde auf Weisung der Regierung fortgeführt, damit die Technologie erhalten bliebe.

Nach Ende des Zweiten Weltkriegs wurde die Firma Noritake mit Bestellungen von in Japan stationierten Soldaten der Alliierten überhäuft. Besonders groß war die Nachfrage nach „Noritake China", das in Amerika bereits einen guten Ruf genoss. Da es aber durch den Mangel an Material und Arbeitskräften äußerst schwierig war, die gleiche Qualität wie vor dem Krieg zu liefern, führte man die neue Edelmarke „Rose China" ein, um Noritake als Qualitätsmarke zu sichern. Erst 1948 tauchte auch die Marke „Noritake China" wieder auf.

Der Fortschritt der Drucktechnik nach dem Zweiten Weltkrieg ermöglichte die Entwicklung verschiedenster Muster. Mit den Veränderungen in Geschmack und Lebensstil wurden Materialien wie Steingut und hitzebeständiges Porzellan entwickelt und die Produktpalette auf Alltagsgeschirr, Geschirr für Hotels und Restaurants oder Bordgeschirr für Flugzeuge ausgedehnt.

Unbenennung in Noritake und neue Geschäftsfelder
1939 machte sich das Unternehmen daran, Schleifsteine, die zum Schleifen der Geschirrböden benötigt wurden, für industrielle Zwecke herzustellen. Als sich die Maschinenindustrie nach dem Krieg erholte und zu expandieren begann, wurde Noritake zum führenden Schleifsteinproduzenten Japans. Zugleich bildeten die in der Porzellanherstellung entwickelten Druck- und Brenntechniken sowie das Wissen über die Rohstoffe die Grundlage für die Ausdehnung des Unternehmens in weitere Geschäftsbereiche, unter anderem Neonröhren sowie Werkstoffe für elektrische Einzelteile und Anlagen. Als Ausdruck dieser Diversifikation und im Hinblick auf die internationale Bedeutung des Konzerns änderte man 1981 den Firmennamen in Noritake Company Limited. Weiterhin wird aber auch hochwertiges japanisches Tafelgeschirr hergestellt, das auf dem Weltmarkt geschätzt wird. Dazu kommen dekorative Figuren – von teuren Spezialitäten und pittoresken Puppen bis zu bunten Souvenirs.

Als Noritake 2004 sein 100. Firmenjubiläum beging, hatte das Unternehmen über 5.000 Muster für westliches Tafelgeschirr hergestellt. Am Ort der 1904 errichteten Fabrik befindet sich heute das Informations- und Rekreationszentrum Noritake Garden. In einem Museum sind epochale Kreationen von „Old Noritake" zu sehen, in einem Craft-Center kann man alle lieferbaren Produkte kaufen. Manche von ihnen sind seit vielen Jahrzehnten unverändert im Angebot.

Literaturangabe:
Noritake 100nen rekishi (100 Jahre Noritake). Noritake Co Ltd, 2005.
Noritake dezain 100nen no rekishi (100 Jahre Noritake Design). Asahi Shinbun sha, 2007.

Dinner-Set „175 White & Gold" – Longseller der Firma
Noritake seit 1912
(3.35)

Noritake Garden, Museum und Erholungspark auf dem
Gelände der ehemaligen Fabrik, 2004

3.32
Die Porzellanfabrik Nihon Tōki in Noritake

Um 1930
Ansichtskarten
Nagoya City Museum

1904 gründeten die Tokioter Unternehmer und Porzellanexporteure Ichizaemon Morimura und Magobei Ōkura in Noritake, einem kleinen Ort bei Nagoya, die Porzellanfabrik Nihon Tōki (Japan-Porzellan). Hier wurde vor allem Tafelgeschirr im westlichen Design für den Export in die Vereinigten Staaten hergestellt, wo man Traditionsfirmen wie Wedgwood aus England konkurrierte

Die Firmengründer wählten Nagoya als Standort, um die Erfahrung der rund um Nagoya, insbesondere in Seto, verbreiteten traditionellen Kunst der Porzellanherstellung nutzen zu können. Schon als sie noch in Tokio ihren Firmensitz hatten, ließen sie von Betrieben in der Region Nagoya unglasiertes Porzellan aus Seto weiterverarbeiten. Für die neue Fabrik holte man auch Porzellanmaler aus Tokio und Kioto, die für den auf dem amerikanischen Markt gefragten, europäischen Malstil umgeschult wurden. Auch mit neuen Herstellungsverfahren wurde experimentiert. Besonders intensiv arbeitete man an der Entwicklung von für den Export geeignetem Hartporzellan, das sich schließlich unter dem Markennamen „Noritake China" (benannt nach dem Standort der Fabrik) etablierte. Damit war die Basis für den raschen Aufstieg des Unternehmens zur führenden japanischen Porzellanmarke gelegt, die Fabrik in Noritake wurde zu einem Großbetrieb. Heute befindet sich in der seit 1904 mehrmals vergrößerten historischen Fabrik das Erlebnismuseum Noritake Garden. TA

3.33
Henkelgefäß mit Frauenporträt

Produktion: 1891–1921
Porzellan, vergoldet und handbemalt, Höhe 37,5 cm, Durchmesser 22 cm
Noritake Company Ltd., Nagoya

Mit solchen Vasen, die sich stilistisch am europäischen Historismus orientierten, hatten die Brüder Morimura im späten 19. Jahrhundert erste Erfolge auf dem US-Markt. Erfolgreiche Modelle blieben über Jahre hinweg im Katalog. Bereits vor der Fabrikgründung in Noritake, als sich der Firmensitz noch in Tokio befand, ließ man derartige Porzellanobjekte von den Spezialisten im Raum Nagoya fertigen.

Das Frauenporträt wurde mithilfe eines aus Deutschland importierten Kopierpapiers auf der Vase aufgebracht, die Gold- und Emailschichten wurden hingegen mit einer speziellen Technik unter Verwendung von Yūzen-Batik auf die Oberfläche des Porzellans appliziert. Die Technik wurde entwickelt von einem der Noritake-Gründer, Magobei Ōkura, der in der Funktion eines Artdirectors tätig war. TA

Entwurf aus einem Vorlagenbuch
(3.34)

Entwurf aus einem Vorlagenbuch
(3.34)

Entwurf aus einem Vorlagenbuch
(3.34)

3.34
Entwürfe aus einem Vorlagenbuch

um 1907
Noritake Company Ltd., Nagoya

Das Buch enthält Vorlagen eines New-Yorker Grafikers.
Man war in Noritake stets darum bemüht, die Erwar-
tungen der amerikanischen Kunden zu erfüllen. Da
japanische Motive wenig Erfolg brachten, konzentrierte
man sich ganz auf Entwürfe im westlichen Geschmack.
Sogar Vasen, Schalen und Teller mit amerikanischen
Landschaften und reitenden Indianern wurden von
Noritake in den USA angeboten. TA

3.35
Dinner-Set „175 White & Gold"

Produktion: 1912 bis heute
Noritake Company Ltd., Nagoya

Erst als die Entwickler von Noritake in der Lage waren, auch große Teller mit einem Durchmesser von
25 Zentimetern serienmäßig zu produzieren, konnten
komplette Sets nach westlichem Standard hergestellt
werden. Nun etablierte sich Noritake endgültig auf dem
amerikanischen Markt. Auch in Japan kam es in der
Oberschicht bald in Mode, westliches Tafelgeschirr zu
verwenden – Noritake wurde zur Kultmarke. Die zeit-
losen Entwürfe aus dem frühen 20. Jahrhundert wurden zu Klassikern und sind bis heute erhältlich. WK

3.36
Tafelgeschirr für das Imperial Hotel in Tokio

1923
Entwurf: Frank Lloyd Wright
Porzellan mit aufgedrucktem Schmelzdekor
Noritake Company Ltd., Nagoya

1916 wurde der amerikanische Architekt Frank Lloyd
Wright mit der Planung einer Hotelanlage in Tokio
beauftragt, 1923 wurde das Imperial Hotel eröffnet.
Wrights Gestaltung umfasste auch die Möblierung und
das Tischgeschirr. Als führender japanischer Porzel-
lanhersteller übernahm Noritake die Fertigung eines
Dinner-Sets, das bis 1967 produziert wurde. Später
folgten Reeditionen. Wrights Geschirr für das Imperial
Hotel gilt als Meisterwerk des modernistischen Design der 1920er Jahre. Asymmetrie und reduziertes
geometrisches Dekor zeugen von der Verschmelzung
japanischer und westlicher Ästhetik. Dem Entwurf
ging eine intensive Befassung des Architekten mit der
japanischen Gestaltungskultur voraus. Im frühen 20.
Jahrhundert hatte Wright in den USA einige Ausstellungen von Holzdrucken der Edo-Zeit organisiert. Auch
in seinen Schriften spiegelt sich Faszination für japanische Räume und Ornamente und deren „Eliminierung
des Belanglosen" wider. IT/WK

3.37
Drei Servierteller im Art-déco-Stil

1920er Jahre
Porzellan, Dekor in Rasterdrucktechnik
Noritake Company Ltd., Nagoya

3.38
Industrieprodukte aus Porzellan

Um 2000
Noritake Company Ltd., Nagoya

Tafelgeschirr und dekorative Porzellanobjekte machen
heute rund 25 Prozent des weltweiten Umsatzes von
Noritake aus und werden in über 100 Länder exportiert, vor allem in die USA und nach Südostasien,
aber zunehmend auch in die arabischen Länder und
nach Russland. Auch in anderen Sparten ist die No-
ritake-Gruppe erfolgreich: Porzellankomponenten für
Industrieprodukte, Schleifscheiben, Dentalmaterialien,
Grafikdisplays für Automobile et cetera. WK

Brother – von der Nähmaschine zu elektronischen Bürosystemen

Kōji Shimaoka

Die Söhne des Nähmaschinenhändlers

Brother ist heute ein diversifizierter internationaler Konzern mit Hauptsitz in Nagoya, der eine große Palette von Produkten anbietet: Nähmaschinen, Drucker, Faxgeräte, integrierte Bürosysteme, aber auch Karaoke-Maschinen und elektronische Gadgets für Kinder. Die Vor- und Frühgeschichte des Unternehmens stellt sich als eine für Japans Industrialisierung typische Pionierlegende dar, in deren Zentrum die Initiative Einzelner steht.

Der Begründer der Firma Brother, Masayoshi Yasui, wurde 1904 in Atsuta Denmachō, einem Stadtteil von Nagoya, geboren. Sein Vater Kanekichi arbeitete in einer Waffenfabrik, sein wahres Interesse galt jedoch der Nähmaschine, die damals in Japan noch ein äußerst seltenes Importgut war. In seinen freien Stunden zerlegte Kanekichi Yasui Nähmaschinen und setzte sie wieder zusammen. Bald übernahm er Reparaturen von ausländischen Nähmaschinen und kaufte schließlich gebrauchte Maschinen, tauschte die schadhaften Teile aus und bot sie zum Verkauf an. Schließlich kündigte er seine Stellung in der Waffenfabrik, baute sein eigenes Haus in eine Werkstatt um und gründete einen eigenen Betrieb: Yasui-Nähmaschinen. Da er jedoch gesundheitliche Probleme hatte, konnte er seine Familie mit zehn Kindern nur mit Mühe versorgen. Sein ältester Sohn Masayoshi wurde daher bereits mit neun Jahren in das Handwerk des Vaters eingeschult. Bald half er regelmäßig in der Werkstatt aus. Als sich Kanekichis Krankheit verschlechterte, lag die Hauptlast des Betriebs auf dem damals zwölfjährigen Masayoshi. Er fehlte häufig in der Schule, und wenn er am Unterricht teilnahm, eilte er in der Mittagspause nach Hause zur Arbeit, um am Nachmittag wieder in die Schule zu laufen. Ein Jahr später übernahm er offiziell die Firma, mit 16 konnte er bereits schwierigste Reparaturen durchführen.

Die Nähmaschinennachfrage war jedoch saisonalen Schwankungen unterworfen. Auch die Reparaturaufträge kamen unregelmäßig. Masayoshi versuchte deshalb eine Zeit lang, bei verschiedenen Maschinenherstellern eine Anstellung zu finden, auch um neue Kenntnisse zu erwerben. Doch musste er dieses Vorhaben wegen der schlechten wirtschaftlichen Lage wieder aufgeben. In dieser Zeit entstand das in der Firmengeschichte bis heute betonte Ziel, „Arbeitsplätze für Menschen zu schaffen, die arbeiten wollen". Eines Tages, so die Maxime des angehenden jungen Unternehmers, sollte Japan auf der Grundlage avancierter Technologie zu einer reichen Wirtschaftsnation werden.

Der Traum von der ersten japanischen Nähmaschine

Masayoshi wollte unbedingt eine eigene Fabrik gründen. Er ging nach Osaka, damals Hauptumschlagplatz für Nähmaschinen, und sammelte dort im Hinblick auf den Vertrieb wertvolle Erfahrungen. Er erkannte, wie nachteilig es für Japan war, dass auf dem Nähmaschinenmarkt – wie auch in anderen Bereichen – ausländische Produkte ein Monopol hatten. Die amerikanische Firma Singer hatte in den 1920er Jahren einen Marktanteil von 95 Prozent. Der japanischen Wirtschaft blieben lediglich Reparatur und Verkauf, und noch gab es niemanden, der ernsthaft an die Fabrikation eigener Nähmaschinen dachte. Durch ein neuartiges System von Ratenzahlungen und ein

ausgeklügeltes Wartungsservice hatte Singer das Vertrauen der Kunden gewonnen und die bis dahin weit verbreiteten Nähmaschinen aus Deutschland verdrängt. Solche Praktiken überzeugten Masayoshi umso mehr von der Notwendigkeit, Nähmaschinen auch auf heimischem Boden herzustellen.

Die Anschaffung von Maschinen und Fabrikeinrichtungen erforderte einen hohen Kapitalaufwand, weshalb Masayoshis Vater der Ambition seines ältesten Sohnes skeptisch gegenüberstand. Dieser war jedoch davon überzeugt, dass Arbeitsenergie wichtiger war als Finanzkapital. Er befasste sich eingehend mit den neuesten Technologien und Fertigungstechniken, um Anregungen für Eigenkonstruktionen zu bekommen. Er setzte anfangs auf die Herstellung von Strohhüten, für die ausschließlich ausländische Nähmaschinen zum Einsatz kamen, und fand heraus, dass für das Formen der Hüte hydraulische Geräte entscheidend waren. Er befasste sich intensiv mit dieser Technik und startete eine eigene Produktion. Inzwischen war auch der Vater, dessen Firma Masayoshi 1925 erbte, von seinem Vorhaben überzeugt.

Nähmaschinen für Strohhüte

Die Herstellung von Nähmaschinen für die Erzeugung von Strohhüten erwies sich als recht lukrativ und half, Grundkapital für weitere Investitionen zu erlangen. Dadurch kam Kanekichi Yasui seinem eigentlichen Wunsch näher, preisgünstige Heimnähmaschinen für den Inlandsmarkt zu produzieren. Noch musste ein Hindernis überwunden werden, nämlich die Kunst des Einsatzhärtens (case hardening). Masayoshi belegte Kurse in Materialkunde, baute einen Ofen aus Ziegeln und experimentierte mit einem Fächer als Blasebalg, bis ihm nach einem Jahr schließlich die Fertigung gelang. Immer noch arbeitete er tagsüber und ging danach in die Abendschule, wo er Plänezeichnen und Buchhaltung lernte.

Um endlich mit einer Nähmaschinenproduktion im großen Stil beginnen zu können, musste das Problem des Marketings gelöst werden. Masayoshi gründete neuerlich eine Handelsfirma (Gebrüder-Yasui-Nähmaschinen), die vorerst amerikanische Nähmaschinen verkaufte. Noch war „Made in Japan" kein Gütesiegel, und die japanischen Kunden misstrauten heimischen Produkten. Ohne Investoren blieb Masayoshi Yasui nichts anderes übrig, als zusammen mit seinen Brüdern aus eigener Kraft etwas herzustellen. Zu dieser Zeit wurden zumeist deutsche Kettenstichnähmaschinen für die Produktion von Strohhüten benützt. Sie waren von minderer Qualität, sodass die Firma Yasui mit Reparaturaufträgen überhäuft war. Mit dem so erworbenen Know-how wuchs die Überzeugung, eine mindestens ebenso gute Kettenstichnähmaschine herstellen zu können. Man entschied sich daher – als Vorstufe zur Heimnähmaschinenproduktion – für die Herstellung von Kettenstichnähmaschinen für die Hutindustrie.

Im Jahr 1927 eröffnete der inzwischen 23-jährige Masayoshi endlich gemeinsam mit seinen Brüdern in Nagoya eine eigene Fertigung für Strohhutnähmaschinen. So mühevoll der Weg bis dahin auch gewesen war, so groß war letztendlich der Erfolg. Zur Erinnerung an das Jahr, in dem die erste japanische Eigenbaunähmaschine auf den Markt kam, erhielt sie den

Die in den 1930er Jahren errichtete Nähmaschinenfabrik Brother

Werkshalle, 1930er Jahre

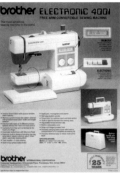

Werbung für Nähmaschinen, nach 1930
(3.39)

Werbung für die Haushaltsnähmaschine „Electronic 4001"
um 1970

Werbung für Laserprinter
um 1995

Namen Shosanshiki-Maschine (Maschine des Jahres Shōwa 3). Obwohl
der Verkauf nur schleppend anlief, wurde schließlich eine große Hutfabrik
komplett mit Shosanshiki-Nähmaschinen ausgestattet. Man erkannte bald,
dass diese Maschinen ungewöhnlich robust waren und dabei zehnmal
mehr als jene aus Deutschland leisteten. Die Zahl der Aufträge stieg
schnell an.

Beginn der Massenproduktion in den 1930er Jahren

Um nun endlich auch Heimnähmaschinen zu erzeugen, musste man ein
gravierendes Problem lösen, nämlich die Entwicklung eines tauglichen
Umlaufgreifers (shuttle hook) – das Herzstück einer Nähmaschine.
Dieser war nur aus minderwertiger heimischer Produktion oder teuer
aus Deutschland und Amerika zu bekommen. Jitsuichi, dem vierten Sohn
Kanekichis, gelang es schließlich nach mühevollem Experimentieren, einen
eigenen Umlaufgreifer zu entwickeln. Die Brüder bauten daraufhin ihre
Fabrik für hydraulische Geräte in eine Produktionsstätte für Umlaufgreifer
um und erledigten dabei sämtliche Arbeiten von der Planung bis zur
Produktion in Eigenregie. Während sich um 1930 Importwaren infolge
der Weltwirtschaftskrise verteuerten, stieg die Nachfrage nach dem
Umlaufgreifer so sehr, dass das junge Unternehmen mit der Produktion
kaum nachkam. Damit war das wirtschaftliche Fundament der späteren
Industriegruppe Brother geschaffen.

Bevor endlich die Produktion des Massenprodukts Heimnähmaschine
beginnen sollte, kam es zum Glück für die Firma Brother zu Streitigkeiten
bei Singer. Nachdem es dem Marktführer gelungen war, in den japanischen
Großstädten Geschäfte zu errichten, ein effektives Vertriebsnetz aufzubauen
und den Markt zu beherrschen, verlangten einige tausend Singer-Vertreter
bessere Arbeitsbedingungen und gingen in Streik. Der Arbeitskampf
dauerte ein halbes Jahr, wobei die japanischen Angestellten eine
Niederlage erlitten und der Großteil des Führungspersonals seine Arbeit
verlor. Auch diese Leute erkannten nun die Notwendigkeit, heimische
Nähmaschinen zu produzieren, und schufen ein landesweites Vertriebsnetz,
das mit der Firma Brother kooperierte, was dieser einen wesentlichen
Entwicklungsschub brachte. 1931 entstand der erste Prototyp einer
Brother-Heimnähmaschine. Es waren elf Jahre vergangen, seit Masayoshi
Yasui beschlossen hatte, eigene Nähmaschinen herzustellen. Ein Jahr
später konnte die Massenproduktion anlaufen.

Sister und Brother

Die Marke Brother entstand mit der Erzeugung der Kettenstichmaschine
Shosanshiki. Der damaligen Mode entsprechend, wählte man eine

englische Bezeichnung. Zunächst sollten die Nähmaschinen aus Nagoya
Sister heißen, da sie hauptsächlich von Frauen benutzt wurden. Diese
Marke war jedoch bereits anderwärtig registriert. Man entschied sich daher
für Brother, um an die vereinten Kräfte der Masayoshi-Brüder zu erinnern.
Dieser Markenname wurde schnell populär.

Die Tatsache, dass die sechs Brüder alle Teilbereiche selbst und ohne
externe Hilfe übernommen hatten – Produktentwicklung, wirtschaftliche
Planung, Errichtung der Betriebsgebäude –, hat für die Firmenphilosophie
bis heute große Bedeutung. Das Prinzip, alles selber zu machen, wurde
zum Leitbild. Dadurch sammelten sich Kenntnisse und Fähigkeiten an, die
sich später auch für die Diversifizierung der Produkte, zum Beispiel für die
Erzeugung von Schreibmaschinen, erfolgreich einsetzen ließen.

Der Sprung auf den Weltmarkt

Nach dem Zweiten Weltkrieg begann eine neue Ära: Bisher wurde fast
ausschließlich für den Inlandsmarkt produziert, nun begann der weltweite
Export. Zu den Haus- und Industrienähmaschinen kamen bald nach westlichem Vorbild hergestellte Schreibmaschinen, aber auch Elektrogeräte
und Strickmaschinen. Für den Überseehandel wurde 1954 eine eigene
Brother International Corporation gegründet. Im selben Jahr begann der
Export in die USA, 1958 kamen Brother-Produkte auch in Europa auf den
Markt. Der Welterfolg stellte sich für das japanische Unternehmen mit dem
englischen Namen – viele Kunden hielten Brother für eine amerikanische
Marke – mit innovativen, neuen Schreibmaschinentypen ein. Seit den
1960er Jahren waren elektrische Schreibmaschinen im Angebot, 1971
kam es zur Markteinführung des weltweit ersten schnellen Matrixdruckers,
1985 begann die Erzeugung von elektronischen Schreibmaschinen.

In den 1990er Jahren gewann der Konzern dank einer Kooperation
mit Centronics durch High-Speed-Tintendrucker zusätzliches Profil.
Unter anderem ist Brother heute der weltweit führende Anbieter von
Namensprintern. In jüngster Zeit definiert sich das japanische Paradeun-
ternehmen, das einen Teil der Produktion nach China ausgelagert hat, aber
weiterhin von Nagoya aus gesteuert wird, nicht mehr über Einzelprodukte,
sondern bezeichnet sich als Anbieter von integrierten Informations- und
Kommunikationssystemen. Manche Erzeugnisse werden nicht international
vertrieben – wie zum Beispiel die Online-Karaoke-Systeme, die in Japan
zum Alltag gehören. 2008 begeht die Brother-Gruppe, die sich längst auch
eine „globale Charta" verordnet hat, ihr 100-Jahr-Jubiläum – auch wenn
die Jahreszahl 1908 nur für die Gründung eines Kleinbetriebs steht und die
Fabrikproduktion erst vor rund 75 Jahren begonnen wurde.

3.39
Werbung für Brother-Nähmaschinen

Nach 1930, Durchmesser 9,3 cm
Nagoya City Museum

1908 gründete Kanekichi Yasui die Handelsfirma Yasui
Mishin (Yasui-Nähmaschinen). Das englische Wort für
Maschine, „machine", wurde in Japan „mishin" ausgesprochen, jedoch ausschließlich auf Nähmaschinen
bezogen. Kanekichi beschäftigte sich zunächst im
Selbststudium mit der Konstruktion von Nähmaschinen
und begann, Reparaturarbeiten für Geräte aus Europa
und Amerika anzubieten. 1925 wurde der Firmenname
in Yasui Mishin Kyōdai Shōkai (Gebrüder Yasui, Nähma-
schinenhandel) umgeändert, 1928 begann man mit der
Erzeugung von Nähmaschinen, die für die Herstellung
von Strohhüten bestimmt waren. Ein Teil des Firmenna-
mens wurde in dieser Zeit zum Markenamen, nämlich
Brother. 1934 wurde die Nihon Mishin Seizō Kabushiki-
gaisha (Japan-Nähmaschinen-AG) gegründet, die auf
die Produktion von Haushaltsnähmaschinen umsattelte.
Dieser Werbezettel stammt aus dieser Zeit. NCM

3.40
**Kettenstichnähmaschine für die Strohhutproduktion
(Shōsanshiki-Maschine)**

1928
Brother Industries, LTD., Nagoya

Angesichts der Tatsache, dass Nähmaschinen aus
Deutschland oder Amerika nach Japan importiert
werden mussten, fassten die Brüder Yasui den Entschluss, „aus einer Importindustrie eine Exportindustrie
zu machen". Nachdem sie aus eigener Kraft sowohl das
technische Know-how als auch die entsprechenden
Einrichtungen für ihre Fabrik realisiert hatten, gelang
es ihnen nach mühevoller Arbeit, im Jahr 1927 eine
Kettenstichnähmaschine für die Produktion von Strohhüten herzustellen. Diese Nähmaschine war das erste
Produkt, das als Zeichen des gemeinsamen Erfolgs der
Brüder unter der Marke Brother auf den Markt kam. MH

3.43
Reiseschreibmaschine EP-20

1982
Brother Industries, LTD.

Während der Schreibmaschinenmarkt von großformatigen, teuren Produkten dominiert wurde, brachte Brother 1982 die bislang kleinste Schreibmaschine der Welt auf den Markt. Sie wurde mit Batterie betrieben und war daher auch für den Gebrauch zu Hause oder im Auto geeignet. Innovativ war das eingebaute Display. MH

3.41
Haushaltsnähmaschine „Typ 15 Modell 70"

1932
Brother Industries, LTD.

Die erste Haushaltsnähmaschine der „Brothers". Um Nähmaschinen für den Haushalt zur Gänze auf heimischem Boden in Massenproduktion herzustellen, erwies sich der rotierende Greifer (shuttle hook), das Herzstück jeder Nähmaschine, als gravierendes Problem. Auf Basis der von Masayoshi Yasui, dem älteren der beiden Firmengründer, eingeführten Oberflächeneinbrenntechnik entwickelte Jitsuichi, der jüngere Bruder, eine Technik für die Massenanfertigung der rotierenden Greifer. MH

3.42
Alphabetische Schreibmaschine JP1-111

1961
Brother Industries, LTD.

Die Schreibmaschine war eines der ersten Produkte, mit denen sich Brother auf dem amerikanischen und europäischen Markt etablierte. Planungen in diese Richtung begannen, als man erkannte, dass Schreibmaschinen für den Bürobedarf immer wichtiger wurden. Beflügelt von den Erfolgen bei der Produktion von Nähmaschinen und Webstühlen, machte man sich daran, die hier entwickelten Technologien auch im Bereich der Bürotechnik anzuwenden. Die tragbare Schreibmaschine JP1-111 war ein Pionierprodukt, das Brother für den internationalen Markt entwickelte. MH

3.44
Mobiler Drucker mit Bluetooth-Interface MW-140BT

2004
1,75 x 10 x 16 cm
Brother Industries, LTD.

Dieses Gerät gilt als der kleinste tragbare Drucker der Welt. In der Jackentasche transportierbar, können auch von unterwegs jederzeit Dokumente auf A7-Papier ausgedruckt werden.

3.45
Wireless-Multifunktionscenter mit DECT-Schnurlostelefon Brother MFC-885CW

2007
47,6 x 18 x 37 cm
Brother Industries, LTD.

Als „cleveres Business-Multitalent" bietet dieses Gerät „all in one": Farbdrucker, Fotodirektdruck, Fax, Telefon, Anrufbeantworter, Farbkopierer und Farbscanner.

Toyota – vom Webstuhl zum Automobil

Kōji Yamada

Sakichi Toyoda, ein japanischer Erfinder

Der Gründer des Toyota-Konzerns, der heute bestimmenden Industriegruppe im Großraum Nagoya, widmete sein Leben der Entwicklung von Webmaschinen. Bereits in jungen Jahren begann sich der 1867 in einem Weiler bei Nagoya als Sohn eines Zimmermanns geborene Sakichi Toyoda dafür zu interessieren, wie man den Webstuhl, an dem seine Mutter in einer Weberei arbeitete, verbessern könnte. 1890 erfand er die „manuelle hölzerne Webmaschine Toyoda", für die er sein erstes Patent erhielt; 1896 folgte die erste kinetische Webmaschine Japans und 1924 schließlich ein automatisiertes Modell. Durch seine bahnbrechenden Erfindungen ermöglichte er den enormen Aufschwung der japanischen Textilindustrie.

1911 errichtete Sakichi Toyoda in Nagoya die „Automatisierte Weberei Toyoda" als Testeinrichtung für automatische Webstühle. Da er nicht wusste, ob beim Weben auftretende Fehler an den damals verwendeten Webmaschinen oder an der Qualität der verwendeten Fäden lag, beschloss er, auf eigene Kosten Rohfäden herzustellen, und ließ 1914 dafür eine Spinnerei errichten. Bald machte das Unternehmen Gewinne, und 1918 wurde die Toyoda Spinn- und Web-AG gegründet. 1924 folgte die Eröffnung des Testwerks Kariya. Hier wurden alle automatischen Webstühle sowie Spinnmaschinen für 20.000 Spulen mehrfachen Tests unterzogen.

1924 war schließlich der damals weltweit leistungsfähigste automatische Webstuhl produktionsreif, die Toyoda-Typ-G-Webmaschine. Diese zeichnete sich dadurch aus, dass sie ohne Pause und Geschwindigkeitsverlust die Richtung des Weberschützen umkehren konnte, während sie automatisch Einschussgarn einspeiste. Wenn auch nur ein Faden riss, wurde dies von der Maschine erkannt und der Webvorgang unterbrochen. Der damals weltweit größte Hersteller von Industriewebmaschinen, die englische Firma Platt Brothers, bezeichnete das Konkurrenzprodukt von Toyoda als „Zauberwebstuhl". Sakichi Toyodas Zielvorgaben lauteten: automatischer Maschinenstopp bei Problemen, keine Produktion von Mangelware. Daraus entstanden später die Slogans „autonome Automation" und „Automatisierung mit menschlichem Faktor" (ninben no tsuita jidōka), die zu Eckpfeilern der Unternehmensphilosophie des modernen Toyota-Konzerns wurden. Sakichi Toyoda starb 1930 63-jährig.

Der Entschluss zur Automobilherstellung

1921 unternahm Kiichirō Toyoda, der als Juniormechaniker in der Firma seines Vaters arbeitete, eine Reise nach Amerika und Europa, um sich über den neuesten Stand der Spinn- und Webindustrie zu informieren. Dort hatten sich Automobile bereits rasant verbreitet, und Kiichirō kam mit dem lebhaften Eindruck nach Japan zurück, dass „jetzt das Zeitalter der Automobile begonnen hat". Als erster amerikanischer Autohersteller betrat 1925 Ford den neuen japanischen Markt und begann, in Japan Billigproduktionsstätten zu errichten; General Motors folgte 1927. Japanische Modelle wie das Automo der Firma Hakuyō oder die Autos der 1926 gegründeten Dat-Automobilproduktionsgesellschaft (später Datsun/Nissan) konnten sich gegen die mächtige amerikanische Konkurrenz nicht durchsetzen.

Als Kiichirō Toyoda 1929 für die internationalen Patentrechte der Typ-G-Webmaschine 100.000 Pfund erhielt, verwendete er dieses Kapital für die Entwicklung eines eigenen Automobils. 1933 wurden die Toyoda-Werke um eine Automobilabteilung erweitert. Japan war zu dieser Zeit noch nicht in der Lage, für die Autoindustrie geeigneten Stahl herzustellen, weshalb Toyoda ein eigenes Stahlwerk für die Produktion von Automobilen errichtete. 1936 wurde schließlich das Montagewerk in Kariya eröffnet, in dem vom Zusammenbau der Karosserie bis hin zur Lackierung alle Schritte der Automobilerzeugung durchgeführt werden konnten.

Vom Toyoda AA Sedan zur Massenproduktion

Aufgrund der veränderten politischen Situation – Japan hatte 1931 die Mandschurei annektiert und stand vor einem Krieg mit China – wurde beschlossen, zuerst mit der Produktion von Lkws zu beginnen. Die Großindustrie war in Japan eng mit der politischen Macht verflochten. Im August 1935 wurde der G1-Lkw fertig gestellt, 1936 folgte der Pkw Toyoda AA Sedan. Bei diesem legendären Modell, das heute in den Toyota-Museen als Ikone präsentiert wird, ließen sich Toyoda und seine Entwickler vom Design des DeSoto Airflow von Chrysler inspirieren, der damals als das modernste amerikanische Modell galt; für den Motor nahm man unter anderem Anregungen von Chevrolet auf. Beim Verkaufsstart entsprach der Preis eines AA Sedan in etwa dem eines Stadthauses, dementsprechend wurde er zum größten Teil als Dienstwagen oder als Taxi verwendet. Bis 1942 wurden 1.404 Pkws hergestellt.

1937 wurde die Automobilsparte zu einem eigenständigen Unternehmen. Beim Wettbewerb für ein Firmenlogo wurde aus den 27.000 Vorschlägen schließlich das in Katakana-Silbenschrift abgefasste Toyota-Logo ausgewählt, bei dem der Schriftzug in einen Kreis eingeschrieben war. „Toyota" wurde der Vorzug vor „Toyoda" gegeben, weil man Schriftzug und Klang als klarer und schöner empfand. Das Unternehmen nannte sich ab nun Toyota Motor Corporation.

1940 übersiedelte Toyota in die Umgebung von Nagoya, nach Koromo. Heute heißt die vom Konzern dominierte Stadt Toyota und hat 400.000 Einwohner. Die Fabrik aus den 1940er Jahren ist heute noch das zentrale Montagewerk am Standort Toyota. Es handelt sich um das erste Werk in Japan, in dem die komplette Herstellung eines Pkw durchgeführt wurde. Es beherbergte über 40 Montagehallen sowie Forschungsabteilungen, eine Teststrecke und soziale Einrichtungen für die anfangs etwa 5.000 Mitarbeiter. Das Gelände umfasste 50 Hektar, von denen 20 Hektar verbaut waren. Anfangs war eine monatliche Produktion von 2.000 Personen- und Lastfahrzeugen geplant.

Das Toyota-Produktionssystem und der „Toyota Way"

Nach dem Vorbild der amerikanischen Massenproduktion investierte man das meiste Kapital in die Vereinfachung und Vereinheitlichung der Herstellungsprozesse sowie in regulierbare Maschinen zur Herstellung von Spezialwerkzeug. Kiichirō Toyoda erstellte jenes Konzept, das auch heute noch einer der Grundpfeiler des Produktionssystems ist: die „Just in time"-

Sakichi Toyoda, Gründer der Toyoda-Webstuhlwerke

Weberei mit Webmaschinen von Toyota, 1920er Jahre

Webmaschine, Modell „Toyoda Automatic Loom Type G"
1924

Weihe-Zeremonie anlässlich der Fertigstellung des
Prototyps Toyota AA, 1935

Die Fabriksanlage in Koromo (später umbenannt in Toyota-City), um 1950

Produktionshalle, 1980er Jahre

Fließbandproduktion, um 2000

Produktion, bei der Lagerkosten und Lagerfläche gespart werden können. Zudem wurde die Fließbandproduktion implementiert und ein Kontrollsystem getestet, das eine konsequente und lückenlose Beaufsichtigung der Fertigung ermöglichte. Seit den 1970er Jahren gilt das „Jidoka"-Prinzip, mit dem fehlerhafte Teile sofort ausgeschieden werden können.

Das Toyota-Produktionssystem fand in der ganzen Welt Beachtung und wurde in allen Produktionsstätten des rasch wachsenden Konzerns permanent weiterentwickelt. Es beruht auf dem Aufbau und der Aufrechterhaltung eines beständigen Produktionsflusses. Entscheidend ist, dass die Maschinen, sollte ein Fehler auftreten, sofort anhalten und dass jeder Produktionsprozess genau dann, wenn er gebraucht wird, im jeweils benötigten Umfang ausgeführt wird („Pull"-System). Das kostengünstige Toyota-System wurde immer wieder in griffige und weltweit propagierte Formeln wie die bereits erwähnte „Automatisierung mit menschlichem Faktor" gepackt. Im 2001 veröffentlichten Konzept „Toyota Way" finden sich die Parolen „ständige Verbesserung" und „Respekt für die anderen Menschen". Schlüsselbegriffe in diesem Mission-Statement sind „Herausforderung", „direkte Erfahrung vor Ort" oder „Teamwork".

Toyota wird zur Weltmarke

Anfänglich produzierte Toyota – die Marke ist eng mit der nationalen Identität Japans verzahnt – ausschließlich für den zivilen und militärischen Inlandsmarkt. Zum wichtigsten Modell der Nachkriegszeit – die Toyota-Produktion war 1947 wieder aufgenommen worden – wurde die chromblitzende Limousine Toyopet Crown. Ab 1957 kam der Crown als erstes japanisches Automobil auch in den USA auf den Markt. Wenige Jahre machte Toyota auch in Brasilien, Thailand und anderen Schwellenländern den westlichen Marken Konkurrenz. Die erste Fabrik außerhalb Japans wurde 1963 in Melbourne eröffnet.

Lange wurde die japanische Konkurrenz unterschätzt. Als in den späten 1960er Jahren der Export nach Europa begann, schien es noch unvorstellbar, dass Japan zum führenden Automobilerzeuger der Welt werden würde. Entscheidend für den internationalen Durchbruch japanischer Marken wie Toyota, Mazda und Mitsubishi war die Entwicklung von preisgünstigen, soliden und pannensicheren Klein- und Mittelklassewagen. Zum Türöffner für Europa und zum verlässlichen Rückgrat Toyotas wurde der erstmals 1967 als kleiner Hecktriebler produzierte Toyota Corolla („die Küchenmaschine unter den Autos", Ani Reng 2007 in *Datum*), der in Österreich 1971 auf den Markt kam und bis heute zahlreiche Modellgenerationen durchlaufen hat. Mit 30 Millionen Fahrzeugen wurde der Corolla

zum meistverkauften Auto der Welt – vor den VW-Langzeitmodellen Käfer und Golf.

Seit den 1990er Jahren setzt Toyota nach dem Welterfolg mit Kompaktmodellen, Geländewagen (Land Cruiser) und Transportern auch auf größere Modelle. Mit der Submarke Lexus wurde – vor allem in den USA – das Luxussegment besetzt. Auch durch den Einstieg in den Rallyesport und die Formel 1 wurde das Image verändert. Zuletzt war es der von Toyota entwickelte, ökologisch günstigere Hybridantrieb (Hybrid Synergy Drive), mit dem der Konzern weltweit für Schlagzeilen sorgte und zum führenden Anbieter von Hybridfahrzeugen wurde.

Größter Automobilkonzern der Welt

Die Toyota Motor Corporation feierte 2006 den 70. Jahrestag ihrer Gründung. Im Laufe dieser sieben Jahrzehnte musste der Konzern auch mit Problemen fertig werden: etwa mit den großen Streiks in den 1950er Jahren, die den Fortbestand der Firma bedrohten, oder den Ölkrisen in den 1970er Jahren. Letztere führten allerdings dazu, dass Benzin sparende japanische Kleinwagen in den Vereinigten Staaten reüssieren konnten. Eine Folge davon waren freilich Exportprobleme in den 1980er Jahren, als die USA den Import japanischer Autos erschwerten.

In den vergangenen Jahrzehnten betrat Toyota zahlreiche neue Geschäftsfelder außerhalb der Automobil- und Textilmaschinenindustrie, unter anderem in den Bereichen Finanzdienstleistung, Wohnbau, Robotik, Informationsübertragung, Bootsbau, Biotechnik und ökologische Anlagen. Zudem hält die Toyota-Gruppe, die heute mehr als 500 Tochterfirmen umfasst, die Mehrheit an Daihatsu Motors und ist unter anderem an den Konzernen Fuji Heavy Industries und Isuzu Motors beteiligt. Innerhalb und außerhalb Japans arbeiten rund 300.000 Menschen für Toyota.

Nachdem Toyota bereits der profitabelste und, gemessen am Börsenwert, größte Automobilhersteller der Welt war, rückte der Konzern 2007 mit rund 9,4 Millionen verkauften Fahrzeugen auch im Absatz an die Spitze (bisher General Motors). Laut der „Fortune Global 500"-Liste ist die Toyota Motor Corporation der achtgrößte Konzern der Welt.

Die Zentrale des Konzerns wurde 2007 von Toyota nach Nagoya verlegt und befindet sich heute im Toyota Tower, dem höchsten Gebäude der Stadt.

Werbeprospekt für Toyota Corolla, 1960er Jahre
(3.55)

3.46
Webschiffchen und Fadenspule der Toyoda-Typ-G-Web-maschine

Holz, 4 x 35,5 x 4 cm; Länge: 15,5 cm, Durchmesser: 2,5 cm
Toyota Commemorative Museum, Nagoya

Die Webmaschine der Reihe G ist eine Ikone der japa-nischen Industriegeschichte. Nachdem Firmengründer Sakichi Toyoda 1896 mit dem „Power Loom" den ersten maschinenbetriebenen Webstuhls Japans entwickelt hatte, war 1924 der damals weltweit leistungsfähigste automatische Webstuhl produktionsreif. Die Richtung des Webschiffchens konnte ohne Pause und Ge-schwindigkeitsverlust wechseln, während automatisch Einschussgarn eingespeist wurde. Erstmals fand mit Toyodas Typ G eine in Japan entwickelte Industriema-schine auch international Beachtung. WK

3.47
Modell des Toyoda AA Sedan von 1936

Maßstab 1 : 5, 35 x 35 x 95 cm
Toyota Automobile Museum, Nagoya

Das „Urmodell" des Automobilkonzerns Toyota. Kiichirō Toyoda war Chefingenieur in den von seinem Vater gegründeten Toyoda-Webstuhlwerken, als er sich entschloss, in die Automobilherstellung einzusteigen und nach amerikanischem Vorbild ein in Japan herge-stelltes, für die breite Masse bestimmtes Automobil zu entwickeln. 1934 waren die Entwicklungsarbeiten am Motor fertig gestellt, 1936 ging mit dem AA Sedan der erste Toyota in Produktion. Der Motor hatte 3.389 Ku-bikzentimeter Hubraum und 65 PS. Der Toyoda AA war nicht nur das erste Serienfahrzeug von Toyota, sondern auch das erste Automobil, das ausschließlich für den japanischen Markt produziert wurde. 50 Jahre nach der Einführung des legendären Ur-Toyota wurden drei maßstabgetreue Modelle und fünf Modelle im Maßstab eins zu fünf für museale Zwecke nach den Originalplä-nen gebaut. Eine dieser Eins-zu-eins-Repliken nimmt heute den Ehrenplatz im Toyota-Automobilmuseum ein. KY

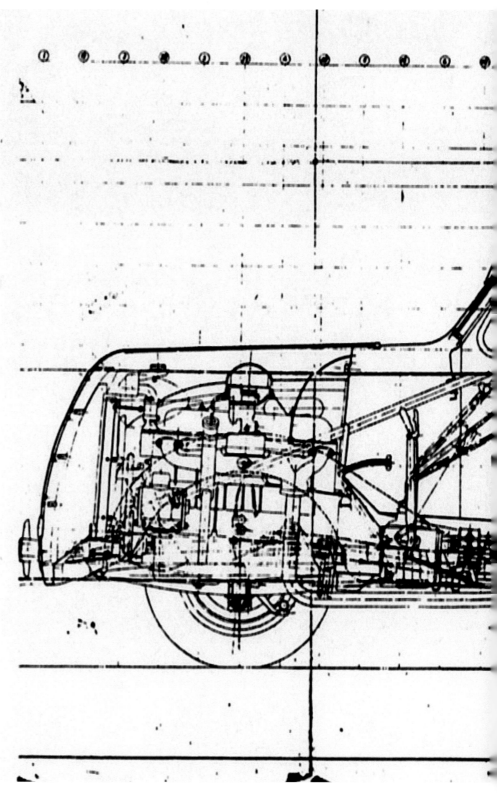

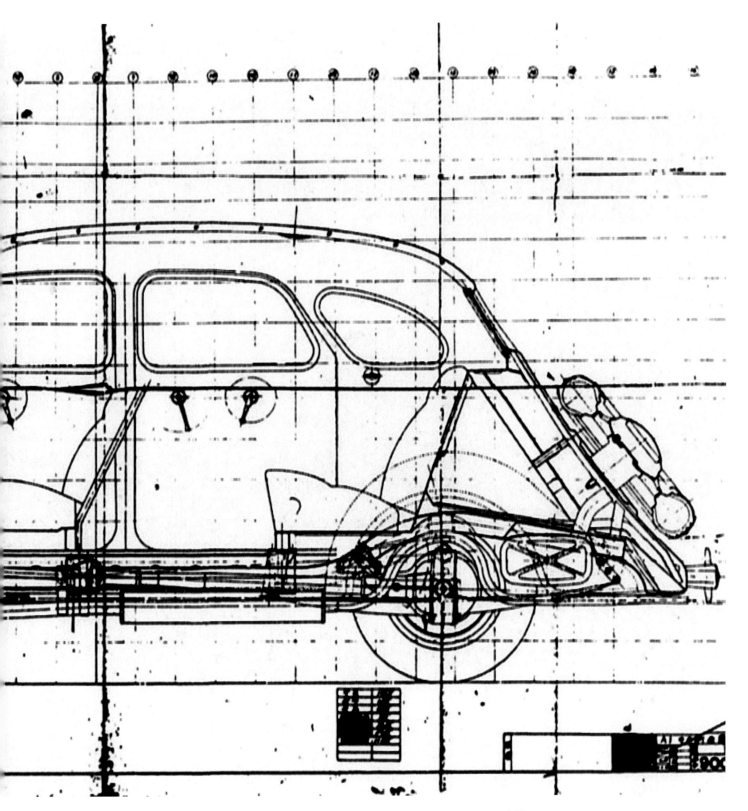

3.48
Konstruktionszeichnung für den Toyoda AA Sedan

1930er Jahre
Reproduktion
Toyota Automobile Museum, Nagoya

Der Toyoda AA Sedan war der erste Personenkraftwa-
gen der Firma Toyota und kam ab 1936 auf den Markt.
Kiichirō Toyoda hatte sich die neuesten amerikanischen
Automobiltypen zum Vorbild genommen. Das Stromlini-
endesign war vom De Seto Airflow inspiriert, der Motor
von Chevrolet. KY

3.49
Modell des Toyota Landcruiser von 1955

Maßstab 1 : 5
Toyota Automobile Museum, Nagoya

3.50
Toyota Corolla

Baujahr 1971
1.345,5 x 150,5 x 195,5 cm
Toyota Frey Austria GmbH, Wien

Mit 32 Millionen verkauften Fahrzeugen ist der 1967
erstmals produzierte Toyota Corolla die erfolgreichste
Modellreihe der Automobilgeschichte – vor Golf und
Käfer von VW. Mit ihm begann der Welterfolg von
Toyota. Der unverwüstliche Corolla („Blumenkrone"),
der in vier Jahrzehnten viele Typenwechsel durchlief,
gilt nicht nur als ein Pionier der japanischen Mobilität,
sondern steht mit seinem Image als pannensicherstes
Auto der Welt für die Beständigkeit japanischer Autos.
IT

3.51
Toyota Corolla

1974
Plakat, 102,5 x 72,5 cm
Toyota Automobile Museum, Nagoya

Der japanische Wirtschaftsaufschwung ab der Mitte der
1950er Jahre führte zu einer Stärkung des Mittelstan-
des und damit zu einer wachsenden Nachfrage nach
Autos der 1.000-Kubikzentimeter-Klasse. Die allgemeine Motorisierung Japans begann 1966, als Nissan den
Sunny (1.000 Kubikzentimeter) und Toyota den Corolla
(1.100 Kubikzentimeter) auf den Markt brachte.
Das Plakat zeigt einen Corolla der dritten Generation.
Er bot im Vergleich zum ursprünglichen Modell mehr
Fahrsicherheit und einen größeren Innenraum. Da in
dieser Zeit der Ölschock und die Abgasbelastung wichtige Kriterien für die Automobilproduktion darstellten,
war die Reduktion neuer Modelle angesagt. Das Poster
zeigt daher das neue Modell nicht von außen, sondern
betont den „Spielraum" im Inneren des Wagens. KY

3.52
Toyota Celica

1970
Plakat, 102,5 x 72,5 cm
Toyota Automobile Museum, Nagoya

Als die Generation des Babybooms der 1960er Jahre zum Erwachsenenalter heranreifte, begann die Nachfrage nach Coupés anzusteigen. Der Celica war die Antwort Toyotas auf diesen Trend. Er besaß den Unterbau der gleichzeitig herausgebrachten Limousine Carina, wurde aber mit einer auffallenden Coupéform ausgestattet und war damit Japans erstes „pony car". Der Wagen machte auch dadurch auf sich aufmerksam, dass man einzelne Bestandteile wie Motor, Schaltung, Karosserie, Innenausstattung et cetera frei auswählen konnte. In Japan erlangte der Motorsport anlässlich des ersten heimischen Autorennens im Jahr 1963 unter Jugendlichen große Popularität. Auch dieses Plakat evoziert aufgrund seiner Gestaltung mit einem Rennfahrer Assoziationen an ein Autorennen. ᴋʏ

3.53
Japan in the Passing Lane. An Insider's Account of Life in a Japanese Auto Factory

Satoshi Kamata
Paperbackausgabe, London, Boston, Sydney: Unwin Paperbacks 1985 (Erstausgabe 1983)
Fachbereichsbibliothek Ostasienwissenschaften der Universität Wien

Satoshi Kamata (geboren 1938) gilt als der japanische Günter Wallraff. Wie dieser arbeitete er in verschiedenen Betrieben, ohne seine Identität preiszugeben, und veröffentlichte anschließend kritische Berichte über seine Erlebnisse. Sein 1973 auf Japanisch veröffentlichter Bericht über Toyota wurde 1982 als *Japon. L'envers du miracle* ins Französische und 1983 als *Japan in the Passing Lane. An Insider's Account of Life in a Japanese Auto Factory* ins Englische übersetzt, gerade zu einem Zeitpunkt, als im Westen das Interesse am Wirtschaftswunderland Japan an seinem Höhepunkt angelangt war. sʟ

Freitag, 22. September
Ich bin müde. Ich kann mir nicht vorstellen, dass jemand noch müder ist als ich. Ist es das, was man als „arbeitsintensiv" bezeichnet? Ich habe mir nie vorgestellt, dass eine Arbeit so anstrengend sein kann, dass man sich nicht eine Sekunde lang ausrasten kann. Der einzige Trost ist, dass ich jetzt weniger rauche. Eine Zigarette vor der Arbeit, eine vor dem Mittagessen, eine danach, eine, wenn die Arbeit nachmittags wieder beginnt, und eine nach der Arbeit. Fünf Zigaretten in der Fabrik, aber keine während der Arbeit. Im Heim mache ich nichts außer schlafen. Arbeit sollte Abwechslung beinhalten, sollte manchmal sehr stressig sein und dann wieder gemächlicher, mit gelegentlichen Zigarettenpausen und Zeit für einen kurzen Plausch mit den Kollegen. Was aber ist das für eine Arbeit? Toyota hat diesen Job so gestaltet, dass ein Arbeiter nur dann mit dem Fließband mithalten kann, wenn er ständig mit größtmöglicher Anstrengung bei höchster Geschwindigkeit arbeitet. Siebeneinhalb Stunden während der ersten Schicht und acht Stunden lang während der zweiten, abgesehen von den Überstunden, kommt man sich so vor, als wäre man an das Fließband angebunden, völlig erschöpft nach Atem ringend.

Mittwoch, 11. Oktober
Ich machte eine Überstunde und arbeitete bis Mitternacht. Danach folgten weitere 30 Minuten Aufräumen. Als ich mit Yoshizaki nach Hause fuhr, erzählte er mir, dass sie im August oft sechs (!) Überstunden gemacht hatten: zwei Stunden am Fließband, vier Stunden, um fehlerhafte Teile zu reparieren.

Samstag, 21. Oktober
Jeden Tag, wenn ich arbeite, warte ich auf:
- den 15. Februar (den Tag, an dem mein Vertrag endet, ich frei sein werde, einen Bonus von 43,30 Dollar bekommen und Anspruch auf Arbeitslosenunterstützung haben werde),
- das Wochenende (an dem ich mich ausruhen werde),
- das Ende der Arbeit (wenn ich heimgehen und schlafen werde),
- die Mittagspause (wenn das Band abgedreht wird und ich mich niedersetzen, eine rauchen und Pause machen kann).
Nur so kann ich mich dazu zwingen, von Sekunde zu Sekunde und von Minute zu Minute weiterzuarbeiten und die Zeit vorbeigehen zu lassen.

Aus dem Englischen übersetzt von SL

3.54
Das Auto-Ungeheuer Toyota (Toyota ōto animaru)

Hirasawa Masao
Tokio: Verlag Aki Shobō, 1980
Fachbereichsbibliothek Ostasienwissenschaften der Universität Wien

Ein sehr kritisches Buch über den Autohersteller Toyota von einem freien Journalisten, der zuvor bereits ähnlich kritische Bücher über Matsushita Denki, den bei uns als National bekannten Elektrogerätehersteller, die Kosmetikfirma Shiseidō sowie den Whiskey- und Getränkeerzeuger Suntory verfasst hatte. Der Autor versteht sein Buch als ein Korrektiv zu den zahlreichen unkritischen Büchern von Wissenschaftlern über die Toyota-Produktionsweise beziehungsweise die hoch gelobte „kanban-shiki"-Methode, mit deren Hilfe die unproduktiven Zeiten minimiert werden, nach Meinung des Autors allerdings einseitig auf Kosten der Zulieferer und der Arbeiter. sʟ

Verkaufsprospekte
(3.55)

Verkaufsprospekte
(3.55)

品質と価格で奉仕するトヨタ

TOYOTA MOTOR

3.55
Verkaufsprospekte

1964–1974
Toyota Frey Austria GmbH, Wien

Diese Prospekte der Modelle Crown, Publica, Corona
und Corolla waren für den japanischen beziehungsweise englischsprachigen Markt bestimmt. Auch das
Werbematerial, mit dem Toyota-Importeur Frey für den
1971 erstmals in Österreich angebotenen Corolla warb,
war anfangs englischsprachig. Erst nach einigen Monaten wurde ein deutschsprachiger Prospekt aufgelegt. IT

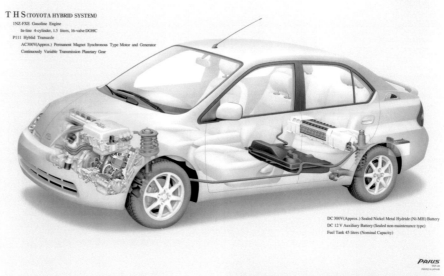

TOYOTA TECHNICAL EDUCATION PROGRAM

T H S (TOYOTA HYBRID SYSTEM)
1NZ-FXE Gasoline Engine
In-line 4-cylinder, 1.5 liters, 16-valve DOHC
P111 Hybrid Transaxle
AC300V(Approx.) Permanent Magnet Synchronous Type Motor and Generator
Continuously Variable Transmission Planetary Gear

DC 300V(Approx.) Sealed Nickel Metal Hydride (Ni-MH) Battery
DC 12 V Auxiliary Battery (Sealed non-maintenance type)
Fuel Tank 45 liters (Nominal Capacity)

3.56 a–b
Aus der Firmenchronik von Toyota Frey

Fotografien
Toyota Frey Austria GmbH, Wien

1970 übernahm die 1936 als Mechanikerwerkstätte
gegründete Firma Frey, bis dahin NSU-Importeur, die
Generalvertretung der damals in Österreich noch unbe-
kannten Automarke Toyota. Bereits im September 1972
wurde der 10.000. Toyota in Österreich verkauft. 1989
traf das 200.000. Fahrzeug der Marke Toyota, ein Corolla RV Wagon 4WD, in Österreich ein. Dieses Modell
wurde ab diesem Jahr auch von ARBÖ und Gendar-
merie als Einsatzfahrzeug verwendet. 1999 erhielt der
Prius als erstes in Serie gefertigtes Hybridfahrzeug der
Welt den ARBÖ-Umweltpreis. Bis 2007 wurden 500.000
Toyotas nach Österreich importiert. IT

a
„Vertragsunterzeichnung in Tokio", 1970

b
„Der 200.000. Toyota kommt nach Österreich", 1989

3.57
**Hochleistungsbatterie eines Toyota Prius mit Hybrid-
antrieb**

2003
70 x 40 x 20 cm
Toyota Frey Austria GmbH, Wien

1997 kam der Prius als erstes serienmäßiges Hybridfahrzeug auf den Markt. Die neue Generation des Prius
ist mit der Toyota-Hybrid-Synergy-Drive®-Technologie
ausgestattet, die einen Verbrennungs- mit einem Elektromotor verbindet. Benzin- und Elektromotor sowie
Batterie funktionieren als jeweils in sich geschlossene
Systeme. Der Benzinmotor treibt – neben den Rädern –
einen Generator an, der Strom für den Elektromotor
liefert und, wenn nötig, die Batterie auflädt. So muss
der Prius nicht wie ein Elektrofahrzeug extern aufge-
laden werden. Er kann dank der integrierten Batterie
auch ausschließlich vom Elektromotor angetrieben
werden und bewegt sich dann bis zu einer Geschwindigkeit von circa 45 Stundenkilometern nahezu lautlos
und absolut emissionsfrei. Die Nickel-Metallhybrid-
Batterie ist im Unterboden des Kofferraums installiert.
Mittlerweile wurden weltweit über 1,2 Millionen
Hybridfahrzeuge verkauft. IT

3.58
THS Toyota Hybrid System

Plakat, 60 x 85 cm
Toyota Frey Austria GmbH, Wien

3.59
**Toyota Beef-Curry, Toyota Chicken-Curry, Toyota
Vegetable-Curry**

Souvenirs aus dem Toyota Commemorative Museum in Nagoya
18 x 13,5 x 2,5 cm
Wien Museum

Bei diesen Toyota-Souvenirs handelt es sich um
Fertigmahlzeiten. Auf der Verpackung werden den
unterschiedlichen Speisen historische Automodelle
zugeordnet. Für die teuerste Fleischsorte, Beef-Curry,
ist die Ikone des Unternehmens, der Toyoda AA Sedan,
Werbeträger. Vegetarier greifen zum Paket mit dem
Corolla. IT

Modernes Großstadtleben
in den 1920er und 1930er Jahren

Von 1920 bis 1930 stieg die Einwohnerzahl Nagoyas durch Eingemeindungen und Zuwanderung von 430.000 auf 1,12 Millionen. Diese quantitative Veränderung bedeutete zugleich auch einen qualitativen Wandel: Das Konsum- und Unterhaltungsangebot nahm zu und stand kaum mehr dem von Tokio und Osaka nach. Ein Zeichen für die neue Zeit war die Eröffnung des ersten großen modernen Kaufhauses, des Matsuzakaya, im Jahr 1922. Eine neue Mittelschicht von Frauen und Männern in White- und Grey-Collar-Berufen – Lehrer und Lehrerinnen, Telefonistinnen, Busbegleiterinnen, Sekretärinnen, Krankenschwestern, Angestellte und Beamte – war bei der Einführung neuer Konsum- und Unterhaltungstrends tonangebend.

Den „goldenen zwanziger Jahren" in Deutschland entspricht in Japan die „eroguro nansensu jidai", die „erotisch-groteske Unsinnsepoche", die mit dem Kriegsausbruch in China im Sommer 1937 ein jähes Ende fand. Gekennzeichnet sind diese Jahre von einer umfassenden Verwestlichung der populären Kultur: westliche Kleidung für beide Geschlechter, moderne westliche Frisuren für Frauen, Grammofon und Schallplatte, Jazzmusik und zeitgenössisches westliches Design. Gesellschaftstanz, amerikanische und europäische Filme und Cafés wurden von der Jugend begeistert übernommen. Die neuen Tendenzen wurden von den Stadtverwaltungen jedoch besorgt beobachtet und überwacht.

Symbolisch für diese neue Kultur sind „moga" und „mobo", Begriffe, die aus den japanisierten Abkürzungen der englischen Wörter „modern girl" und „modern boy" hervorgegangen sind. Wenn „moga" mit Bubikopf und „mobo" im schicken Anzug – vielleicht sogar Händchen haltend – auf Nagoyas Paradestraße Hirokōji flanierten und danach einen Film von Charlie Chaplin besuchten, stellte das für Japans Traditionalisten eine ungeheure Provokation dar. SL

3.60
Rechnungsbuch eines Freudenhauses

1893
43,9 x 52,7 cm
Nagoya City Museum

Freudenviertel waren im Nagoya der Edo-Zeit (1600 bis 1868) grundsätzlich verboten. Unmittelbar nach dem Ende der Edo-Zeit, im Jahr 1873, genehmigte die Stadtverwaltung allerdings die Errichtung von 40 Bordellen nördlich des Ōsu-Kannon-Tempels. 1876 wurde das Freudenviertel nach Asahi Kuruwa verlegt. In seiner Glanzzeit gab es dort 173 Etablissements mit 1.730 Geishas und Freudenmädchen. Das Kinbarō (Haus der goldenen Wellen) beschäftigte laut Rechnungsbuch über 30 Mädchen. Eines davon war die viele Jahre später als Tänzerin berühmt gewordene Schönheit Kingo, die zusammen mit zwei Kolleginnen aus Tokio und Osaka zu den „drei berühmtesten Geishas des Landes" zählte. Sie ist auch für ihre Affären mit Premier Prinz Kinmochi Saionji (1849 bis 1940) oder General Prinz Kotohito Kan'in (1865 bis 1945) bekannt. 1919 wurde das Freudenviertel Asahi Kuruwa zum Schutz der öffentlichen Moral nach Nakamura im Westen der Stadt verlegt. NCM

3.61 (Abb. S 82)
„Das Freudenhaus Kinbarō"

1893
Flugzettel, Farbholzschnitt, 43,9 x 57,2
Nagoya City Museum

3.62
Die Tōyō-Halle

1899
Kupferstich, 47,2 x 63,6 cm
Nagoya City Museum

Die Tōyō-Halle befand sich im heutigen Stadtviertel Sakae im Zentrum Nagoyas und war die größte Veranstaltungshalle der Stadt. Sie wurde 1897 eröffnet, brannte aber bereits sechs Monate später wieder ab. In dem weitläufigen Garten von etwa 20.000 Quadratmetern befanden sich zwischen Teichen und Hügeln auch 58 Pavillons. Das Hauptgebäude war damals mit 21 Metern das höchste der Stadt. Im unteren Stockwerk befanden sich 20 mit Tatami ausgelegte Gästezimmer, das obere Stockwerk bestand aus einer einzigen, 1.300 Quadratmeter großen Halle, die ebenfalls mit Matten ausgelegt war. Im Garten wurden im Frühling Blumenschauen veranstaltet, im Sommer konnte man Bootsfahrten unternehmen. Daneben gab es Imbissbuden, ein Thermalbad und Spielhallen. NCM

3.63 (Abb. S 80)
Das Misonoza-Theater
1897
Kupferstich, 41,4 x 52 cm
Nagoya City Museum

Die Theaterbühnen der Edo-Zeit waren alle äußerst einfach. Erst als in der Meiji-Zeit das Theater westlicher Prägung Verbreitung fand, kam es zur Errichtung wesentlich aufwändigerer Theaterbauten. Das Misonoza-Theater in der Hanazono-Straße, das 1897 fertig gestellt wurde, war eines dieser neuen Theater. Es war ein einstöckiges Holzhaus, dessen Fassade mit Stuckwerk im Renaissancestil ornamentiert war, sodass der Eindruck eines Steinhaus entstand. Während des Zweiten Weltkriegs brannte das Theater ab, wurde jedoch in der Nachkriegszeit am gleichen Ort wieder errichtet und wird heute noch bespielt. NCM

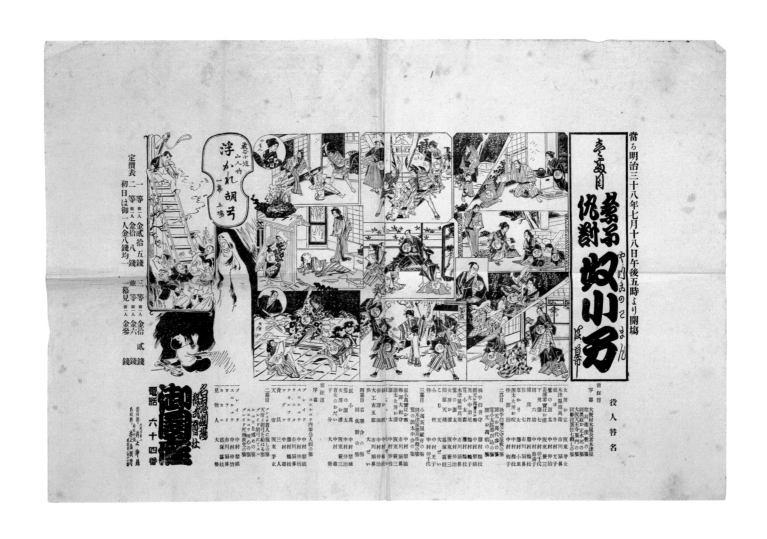

3.64
Programm des Misonoza-Theaters

1905
45 x 68 cm
Nagoya City Museum

3.65
Programm des Shinmoriza-Theaters

1931
46,2 x 64 cm
Nagoya City Museum

Das Kabuki-Theater, eine der traditionellen Theaterfor-
men Japans, erlebte in der politisch unruhigen Phase
der späten Edo-Zeit (19. Jahrhundert) einen Nieder-
gang. Als sich die gesellschaftspolitischen Verhältnisse
in der Meiji-Zeit wieder normalisierten, kam es zu einer
Renaissance des Kabuki-Theaters. Neben westlich be-
einflussten Kabuki-Stücken wurden aber auch Stücke
mit rein westlichen Themen aufgeführt.
Das Programm des Shinmoriza-Theaters bezieht sich
auf ein Theaterstück in sechs Akten, das auf einem
Fortsetzungsroman basiert, der in der *Shin Nagoya
Shinbun* (Neuen Nagoya-Zeitung) erschienen war. SL/YT

3.66 (Abb. S 81)
„Die 47 Samurai" (Kanadehon Chūshingura)

1929
Theaterprogramm, 22,3 x 15,1 cm
Nagoya City Museum

Die Erzählung von den 47 Samurai, die ihren Herrn
rächen, zählt heute wie damals zu den beliebtesten
dramatischen Stoffen. 1929 wurden für die Dauer von
sechs Monaten alle zwölf Akte des Kabuki-Stücks
aufgeführt. Zu dieser Zeit bestanden die Theaterpro-
gramme nicht mehr aus losen Blättern, sondern bereits
aus gebundenen Heften. NCM

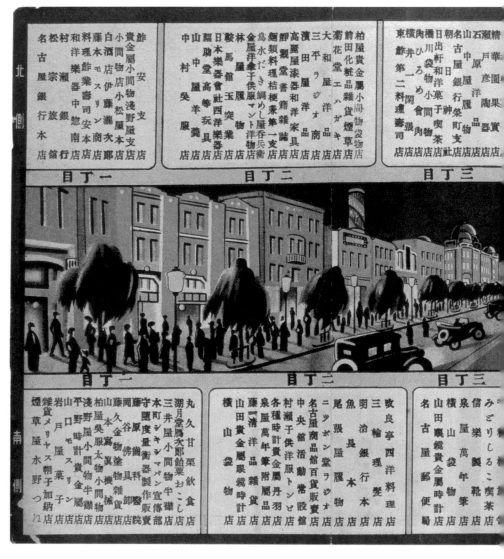

3.67 (Abb. S 50)
Stadtführer von Hirokōji und Sakae-machi

1925–1927
15,4 x 37,9 cm
Nagoya City Museum

Die Hirokōji-Straße wurde ab der Meiji-Zeit zum be-
lebtesten Ort Nagoyas. Erstklassige Restaurants und
Konditoreien, Bekleidungsgeschäfte und Kunsthand-
werksläden reihten sich hier aneinander. Flanieren auf
der Hirokōji-Straße zählte bald zu den beliebtesten
Vergnügungen der Bewohner Nagoyas. YT

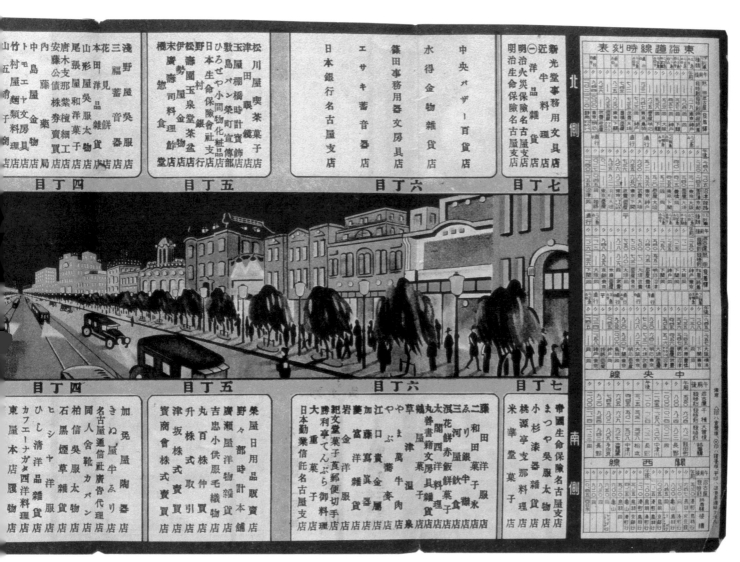

3.68
Das Kaufhaus Matsuzakaya

1910
Modell, 78 x 85 x 49 cm
Nagoya City Museum

3.69
Das Kaufhaus Matsuzakaya

1910
Ansichtskarte
Nagoya City Museum

Das Kaufhaus Matsuzakaya existierte unter dem Namen „Bekleidungshaus Itō" bereits in der Edo-Zeit. Damals befand es sich in Chaya-machi. In der Meiji-Zeit übersiedelte das Unternehmen in das Stadtzentrum, in die Hirokōji-Straße. Am 1. März 1910 wurde ein Neubau der Firma an der südwestlichen Ecke der Kreuzung Hirokōji-Straße und Ōtsu-Straße in Sakae-chō fertig gestellt. Bei dem Gebäude handelte es sich um einen dreistöckigen Holzbau im Renaissancestil. Aus einem Bekleidungshaus, in dem man noch am Boden sitzend verkauft hatte, war ein Kaufhaus westlicher Prägung geworden. Im obersten Stockwerk befand sich ein Theatersaal, wo die Besucher kostenlos verschiedenen Veranstaltungen beiwohnen konnten. NCM

3.70
Das neue Kaufhaus Matsuzakaya

um 1930
Ansichtskarte
Nagoya City Museum

Mit den Jahren wurde das Kaufhaus zu klein, und 1925 wurde ein neuer Betonbau unter dem Namen Matsuzakaya in der Minami-Ōtsu-Straße eröffnet. Die Pläne zu diesem Gebäude stammten ebenso wie die für den Tsurumai-Park von Teiji Suzuki, der an der technischen Hochschule von Nagoya Architektur lehrte. NCM

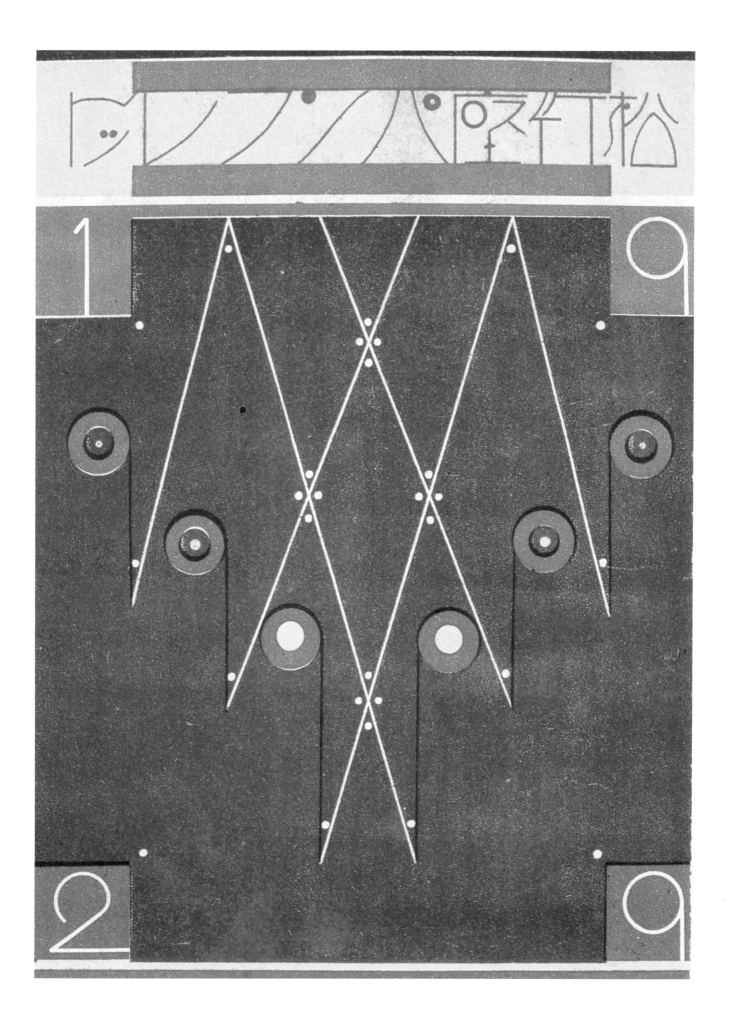

Werbezettel von Kaffeehäusern und Bars
(3.71)

Werbezettel von Kaffeehäusern und Bars
(3.71)

3.71 (Abb. S 78)
Werbezettel von Kaffeehäusern und Bars

Um 1931/1933
Nagoya City Museum

In den 1920er und 1930er Jahren entstanden die ers-
ten Kaffeehäuser in Tokio und etwas später in weiteren
Großstädten, auch in Nagoya. Es wurde zunächst nur
Kaffee serviert, doch mit der Zeit schenkte man auch
Alkoholika aus und unterschied nicht mehr zwischen
Cafés und Bars. Typisch für diese neuen Cafés waren
die Kellnerinnen, die auch für das erotische Flair der
Lokale sorgen sollten. Nach einer Erhebung aus dem
Jahr 1934 gab es in ganz Japan an die 30.000 Cafés,
allein in Tokio arbeiteten etwa 24.000 Kellnerinnen. In
Nagoya befanden sich die Cafés hauptsächlich rund um
die Hirokōji-Straße, aber auch in Ōsu und Endōji. NCM

3.72 (Abb. S 23)
„Der Groß-Nagoya-Marsch" (Dai-Nagoya Kōshinkyoku)

1931
Musik: Shinpei Nakayama, Text:Yaso Saijō
Verlag: Victor
Sepp Linhart, Wien

1928 wurde der „Marsch von Dōtonbori", dem Vergnügungsviertel der Stadt Osaka, ein Hit, worauf bald
der „Marsch von Asakusa", dem Vergnügungsviertel
von Tokio, folgte. Schließlich landeten der Komponist
Shinpei Nakayama und der Texter Yaso Saijō mit dem
„Marsch von Tōkyō" (1929), in dem die populäre Kultur des Tokio der 1920er Jahre zum Thema gemacht
wurde, einen ganz großen Hit und Evergreen. Das war
auch der Anlass für die Produktion zahlreicher weiterer
„Märsche", die nicht unbedingt im Marschtempo geschrieben waren. Nagoyas Einwohnerzahl hatte 1929
eine Million überschritten, was wohl Grund genug war,
einen Marsch auf „Groß-Nagoya" zu schreiben.
Obwohl Komponist und Texter dieses Schlagers die-
jenigen waren, die bereits den Marsch von Tokio
zum Erfolg geführt hatten, war der „Marsch von Groß-
Nagoya" bei weitem nicht so erfolgreich. Es war aber
der erste bekanntere Schlager über Nagoya, dem
dann der „Pantaihaku kōshinkyoku" (Pan-Pacific-
Peace-Exposition-Marsch, 1937), der „Nagoya Boogie"
(1949), das „Nagoya chikatetsu no uta" (Lied von der
Nagoya-U-Bahn, 1958), der „Imaike ondo" (1961) des
aus Nagoya gebürtigen Duos The Peanuts, der „Nagoya
Blues" (1971) und viele andere folgten. Das Cover des
Notenhefts zeigt eine junge Frau, die einem Flapper
im Westen entspricht, also einer modernen Frau mit
kurzem Rock und Bubikopf. Nagoya ist auf traditionelle
Weise durch die Burg symbolisiert. SL

3.73 (Abb. S 34)
Männlicher und weiblicher „shachi"

um 1910
Ansichtskarte
Sepp Linhart, Wien

Die offensichtlich für Besucher Nagoyas angefertigte
Karte im Prägedruck enthält genaue Angaben über die
Größe und die Menge der für die beiden Fabelfische
verwendeten Goldblättchen. SL

3.74
Der Higashiyama-Park

Nach 1937
4 Ansichtkarten
Nagoya City Museum

Der im März 1937 eröffnete Higashiyama-Park befindet
sich am östlichen Stadtrand von Nagoya und ist eine
Zusammenlegung des botanischen Gartens und des
Tiergartens, der aus dem Tsurumai-Park hierher verlegt
wurde. Nach dem Vorbild des deutschen Tierparks
Hagenbeck wurden erstmals Freigehege für Löwen und
Eisbären angelegt, was für die Tiergärten Japans eine
bahnbrechende Neuerung darstellte. Vor dem Zweiten
Weltkrieg war der Zoo von Nagoya mit mehr als 700
Tierarten der größte Tierpark Ostasiens. Während des
Kriegs mussten viele Tiere auf Befehl der Armee getö-
tet werden, und es kam überdies zu Futterknappheit,
sodass bei Kriegsende lediglich zwei Elefanten, ein
Affe, zwei Kraniche, 20 Wildenten und ein Schwan
noch am Leben waren. Während die anderen Tiergärten Japans ihre Elefanten aus „Sicherheitsgründen"
getötet hatten, durften sie im Higashiyama-Zoo von
Nagoya am Leben bleiben. In der Nachkriegszeit reisten
Kinder aus ganz Japan mit Sonderzügen an, die als
„Elefantenzüge" bezeichnet wurden, um diese Tiere zu
bestaunen. Das große Glashaus, das zur Eröffnung des
botanischen Gartens errichtet wurde, ist inzwischen
70 Jahre alt und erhielt 2006 das Prädikat „wichtiges
Kulturgut". NCM

3.75
Tourismusfolder „Ansicht des goldenen Schlosses und der berühmten Orte von Nagoya" (Kinjō oyobi Nagoya meisho zu)

1911
38 x 53 cm
Verlag: Zentarō Toyamada
Sepp Linhart, Wien

Dieser billige Druck diente den Besuchern der Stadt Nagoya als Orientierungshilfe und zeigt die um 1910 besonders geschätzten Sehenswürdigkeiten.

3.76
Nagoya Pan-Pacific Peace Exposition

1937
Postkartenset, bestehend aus Umschlag, einer Panorama-Ansichtskarte und sechs Ansichtskarten (Friedensturm, Osttor, Industriehaupthalle, Pavillon für Land- und Forstwirtschaft, Pavillon der ausländischen Nationen, Blick von der Friedensbrücke auf das Ausstellungsgebäude)
Sepp Linhart, Wien

Die im Frühjahr 1937 in Nagoya abgehaltene Pan-Pacific Peace Exposition hatte zwei Ziele: Sie sollte der Erhaltung des Friedens und der industriellen Entwicklung der an den Pazifik angrenzenden Staaten dienen. Mit etwa 30 teilnehmenden Ländern und fast fünf Millionen Besuchern hatte die Ausstellung den Charakter einer kleinen Weltausstellung. Wegen des im Sommer ausbrechenden Kriegs mit China geriet die riesige Ausstellung, deren Symbol der Friedensturm war, aber bald in Vergessenheit. Das Ansichtskartenset zeichnet sich durch eine sehr sachliche, moderne Gestaltung aus und erinnert an europäisches Design jener Zeit. SL

3.78
Kofferaufkleber mit Signet der Nagoya Pan-Pacific Peace Exposition

1937
Durchmesser: 12,2 cm
Nagoya City Museum

3.79 (Abb. S 54)
Programmzeitung der Nagoya Pan-Pacific Peace Exposition

1937
28 x 36,2 cm
Nagoya City Museum

Neben den Ausstellungspavillons der teilnehmenden Länder gab es auch einen Vergnügungspark und mehrere Theaterbühnen. Täglich fanden verschieden Events statt, und man konnte sogar mit einem Flugzeug das 500.000 Quadratmeter umfassende Ausstellungsgelände umkreisen. NCM

3.77
Eröffnungsfeier der Nagoya Pan-Pacific Peace Exposition, 1937

Plakat
Städtisches Archiv Nagoya

NAGOYA IM ZWEITEN WELTKRIEG

Ende der 1920er Jahre wurde auch Japan von der Wirtschaftskrise erfasst. Eine Lösung des Problems sahen viele japanische Militärs in einer weiteren Expansion auf dem Kontinent. Im September 1931 besetzten japanische Truppen einen großen Teil der Mandschurei und errichteten im Nordosten Chinas einen Marionettenstaat. In der Folge kam es immer wieder zu Kampfhandlungen zwischen Japan und China. Als eigentlicher Beginn des Zweiten Sino-Japanischen Kriegs (Nitchū sensō), der im asiatischen Raum den Ausbruch des Pazifikkrieges markiert und in Japan auch als Beginn des Zweiten Weltkrieges gilt, wird der 7. Juli 1937 angesehen. An diesem Tag kam es an der Marco-Polo-Brücke bei Peking zu einem Feuergefecht zwischen japanischen und chinesischen Soldaten. Dieses Ereignis wurde später als „Zwischenfall an der Marco-Polo-Brücke" bezeichnet.

Zu Beginn des Krieges tendierten die Vereinigten Staaten dazu, Japan zu unterstützen. Doch die amerikanischen Ölinteressen in China ließen die Stimmung schnell umschlagen: Die USA sperrten nun ihrerseits die Ölausfuhren nach Japan und zwangen auch Großbritannien, die Commonwealth-Staaten und Niederländisch-Indien, ihre Öllieferungen nach Japan einzustellen. In dieser Zwangslage entschloss sich die japanische Regierung zu einem Überraschungsangriff gegen die USA, um diese damit an den Verhandlungstisch zu zwingen. Mit dem Luftangriff auf den amerikanischen Marinestützpunkt Pearl Harbor am Morgen des 7. Dezember 1941 begann der Krieg im Pazifik. Einen Tag später unterschrieb Präsident Franklin D. Roosevelt die Kriegserklärung an Japan und besiegelte damit den Eintritt der Vereinigten Staaten in den Zweiten Weltkrieg. Zeitgleich erklärten Großbritannien, die Niederlande sowie acht weitere Staaten Japan den Krieg. Ab Mitte 1942, nach der Seeschlacht bei den Midway-Inseln, führte Japan nur noch einen Verteidigungskrieg. Mit dem Bombardement von Städten auf der Südinsel Kyūshū im Juni 1944 wurde Japan selbst zum Kriegsschauplatz.

Nagoya war als Zentrum der Rüstungsindustrie von den Angriffen der US-Luftwaffe besonders stark betroffen. Mit der Bombardierung der Mitsubishi-Werke im Bezirk Higashi-ku, in denen die „Zero Fighter" (Codename Zeke) hergestellt wurden, begannen im Dezember 1944 die systematischen Luftangriffe. Ab März 1945 setzte die US-Luftwaffe Brandbomben über den Wohngebieten ein. Nagoya wurde systematisch dem Erdboden gleichgemacht, zu Kriegsende waren 40 Prozent der Stadtfläche abgebrannt, Altstadt und Burg zerstört. Für die verwüsteten Städte Japans – Nagoya und Osaka waren stärker betroffen als Tokio – wurde ein eigener Begriff geprägt: „yakinohara" oder „verbrannte Ebenen". EF/IT

4.1
Paket mit „Liebesgaben"

Um 1940
Arbeit eines Schulkindes
Baumwolle
Nagoya City Museum

So genannte Liebesgaben wurden von den Schülern
im Unterricht hergestellt. Die Bilder und Glücksbringer
wurden den Soldaten an der Front zur moralischen
Unterstützung geschickt. NCM

4.2
Senninbari (Tausend-Menschen-Stickerei)

1944
Baumwolle
Nagoya City Museum

4.3
Senninbari (Tausend-Menschen-Stickerei)

1937
Feldpostkarte
Nagoya City Museum

Senninbari (Stiche von tausend Menschen) waren weiße Stoffstücke, auf die Frauen mit einem roten Faden
1.000 Stiche mit einem Knoten stickten. Die Soldaten
an der Front banden sich diese Stoffteile in der Hoffnung um den Leib, sie würden die feindlichen Kugeln
abhalten. In Japan stellten Frauen diese Senninbari
her, um sie Verwandten oder Nachbarn mitzugeben,
die einberufen worden waren. In belebten Geschäftsstraßen wie der Hirokōji-Straße oder auf dem Platz vor
dem Atsuta-Großschrein drängten sich Frauen, die sich
gegenseitig um Stiche für ihre Senninbari baten. NCM

4.4 a–b
„9. Dezember 1943 – Tag der Mobilisierung"

Fotografien
Nagoya City Museum

a
Abschiedsszene vor dem Zug im Bahnhof von Nagoya

b
Student aus Nagoya, der, die japanische Fahne zur
Schärpe gebunden, in den Krieg zieht

Mit dem Ausbruch des Sino-Japanischen Krieges im
Juli 1937 begann ein langer, verlustreicher Stellungs-
krieg, der sich mit Beginn des Pazifischen Krieges im
Dezember 1941 noch weiter verschlimmerte. Die Folge
war, dass nun auch Studenten eingezogen wurden. Der
Student, der auf den Fotografien zu sehen ist, stammte
aus Nagoya und studierte 1943 an der philosophischen
Fakultät der Kaiserlichen Universität Tokio im zweiten Jahr Geschichte. Auch er musste sein Studium
abbrechen, da er als aktiver Soldat rekrutiert wurde.
Wie damals allgemein üblich, kehrte er am Vortag des
Einrückungsbefehls mit der japanischen Fahne als
Schärpe nach Hause zurück, um sich von seiner Familie und den Nachbarn zu verabschieden. Er hatte sich
entschlossen, eine Ausbildung als Marineoffizier anzu-
treten. Am 9. Dezember 1943 fuhr ein Sondermilitärzug
vom Bahnhof Nagoya in Richtung Ōtakeshi (Präfektur
Hiroshima) ab, wo die Marineeinheiten stationiert
waren. Da es verboten war, den Bahnsteig zu betreten,
mussten die Familienangehörigen und die Verwandten
von einem westlich des Bahnhofs gelegenen Feld aus
dem abfahrenden Zug nachwinken. NCM

4.6
Überreste der 1945 zerstörten „shachi"

Gold
Burghauptmannschaft von Nagoya

Auch die goldenen „shachi" wurden beim Luftangriff vom 14. Mai 1945 zerstört. Durch die Druckwellen der Explosionen wurden die goldenen Schuppen der Fische im Umfeld der Burg verstreut, einige wurden in einem Kiefernhain gefunden. Die verkohlten Überreste wurden von der amerikanischen Besatzungsmacht beschlagnahmt und erst später der Stadtverwaltung zurückgegeben. Aus diesen Überresten wurde später die Spitze einer Fahnenstange für die Stadtflagge hergestellt. NCM

4.5 (Abb. S 53)
Die Bombardierung der Stadt Nagoya, 1945

4 Fotografien
Nagoya City Museum

Die gezielten Luftangriffe vom 14. Mai 1945 auf das Zentrum Nagoyas lösten verheerende Flächenbrände aus. Die Luftaufnahme dokumentiert die systematische Bombardierung der Altstadt. Die Fotografien zeigen die Flächenbrände im Zentrum und die in Flammen stehende Burg, die bis auf die Grundmauern abbrannte. NCM

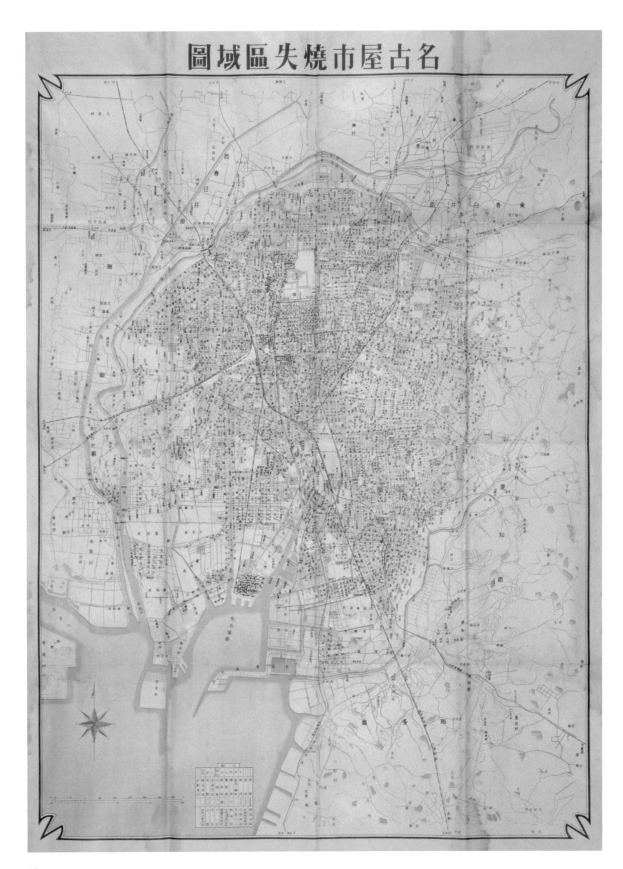

4.7
Karte mit den Kriegsschäden in Nagoya

1946
108,7 x 76,5 cm
Nagoya City Museum

Auf dem Plan sind die abgebrannten Bezirke hellrosa
eingezeichnet.

4.8 (Abb. S 55–57)
Kriegsschäden in Nagoya 1945/1946

8 Fotografien
Nagoya City Museum

Die unmittelbar nach dem Krieg entstandenen Fotos
zeigen die Drastik der Zerstörungen in verschiedenen
Vierteln der Stadt. Da die meisten Gebäude aus Holz
waren und bis auf die Grundmauern abbrannten, ist
das Schadensbild anders als jenes in von Brandbomben zerstörten europäischen Großstädten, bei denen
die Ruinen der gemauerten Gebäude stehen blieben.
Das erklärt, warum in Japan verwüstete Stadtviertel
als „verbrannte Ebenen" (yakinohara) bezeichnet
werden. NCM

4.9
Das zerstörte Matsuzakaya-Kaufhaus

1945
Kenkichi Sugimoto
Aquarell und Kreide auf Papier, 52,8 x 41 cm
Nagoya City Art Museum

4.10
Modell des Mitsubishi A6M2b Zero Fighter

Firma Tamiya
Maßstab: 1 : 32

Die 1920 gegründeten Mitsubishi-Flugzeugwerke in
Nagoya waren Japans zweitgrößte Flugzeugfabrik. Das
Kampfflugzeug der Type 0, das bei den Alliierten unter
dem Codenamen „Zeke" geführt wurde und unter den
amerikanischen Soldaten als „Zero Fighter" bekannt
war, wurde in Nagoya entwickelt. Von 1940 bis 1945
produziert, war es anfangs das modernste Kampfflugzeug der Welt, mit dem auch Pearl Harbor bombardiert
wurde. Ab etwa 1943 konnten Briten und Amerikaner
überlegenere Kampfflugzeuge zum Einsatz bringen.
Gegen Kriegsende wurde die inzwischen technisch
unterlegene Maschine auch für Kamikaze-Operationen
eingesetzt. IT

4.11
Fahrrad aus Flugzeugaluminium

Um 1947
hergestellt von den Mitsubishi-Werken Nagoya
Nagoya City Museum

Die Mitsubishi-Werke waren während des Zweiten
Weltkriegs Japans führender Erzeuger von Kampfflug-
zeugen. Nach Kriegsende wurde die Flugzeugproduktion
von der amerikanischen Besatzungsmacht untersagt.
Viele Techniker wechselten von der Flugzeugher-
stellung zur Automobilindustrie. Dieses Fahrrad aus
Duraluminium mit vernietetem Rahmen basiert auf
Technologien des Flugzeugbaus. Mitsubishi produzierte
für den Nachkriegsmarkt auch Motorroller. NCM

Nagoya nach dem Krieg
(4.12)

4.12
Nagoya nach dem Krieg

1950er Jahre
Shōmei Tōmatsu
10 Fotografien: „Kriegsversehrter 1" (1951), „Kriegsversehrter
2" (1951), „Schlafender Bub mit Krücke" (1952), „Das Ōsu-
Kannon-Tempel-Fest" (1952), „Familie" (1952), „Wiederaufbau
in Nagoya" (1952), „In einem Schrein in Kobo-dashi" (1955),
„Das Kaikeiza-Theater" (1956), „Bau der 100-m-Straße"
(1958), „Wiederaufbau der Burg von Nagoya" (1958)
Aichi Prefectural Museum, Nagoya

Shōmei Tōmatsu (geboren 1930 in Shindeki-machi,
Nagoya) ist einer der bedeutendsten japanischen
Fotografen seiner Generation. Die in den späten 1940er
und frühen 1950er Jahren entstandenen Straßenfotos
aus Nagoya stellen seine erste wichtige Werkgruppe
dar. Während der Kriegsjahre wurde der damalige Mit-
telschüler eingezogen, um in einem Rüstungsbetrieb zu
arbeiten. Auch musste er mit Bambusspeer und Holz-
gewehr in Erwartung einer amerikanischen Invasion
trainieren. Wie er später erzählte, blieb er während der
nächtlichen Luftangriffe zu Hause, statt in einem Bun-
ker Schutz zu suchen, und stellte einen großen Spiegel
neben das Fenster, um die niedrig fliegenden B29-
Bomber zu beobachten, die die Stadt abfackelten. In
seinen frühen Werken fotografierte der Autodidakt die
Nachkriegsnot und die ersten Wiederaufbauaktivitäten,
zunächst in seiner Geburtsstadt Nagoya, wo er als
Student einen Fotoklub gründete. Nach einem Wirt-
schaftsstudium arbeitete er für einen Verlag in Tokio,
für den er 1956 zwei Fotobände über Flutkatastrophen
in Japan und die Porzellanstadt Seto gestaltete. 1966
entstand der Fotoband *11:02 Nagasaki*, in dem er die
Schrecken des Atombombenabwurfes über Nagasaki
dokumentierte. IT

NAGOYA VON
1945 BIS HEUTE

Sofort nach 1945 setzten großzügige Neuplanungen ein. Die Kriegszerstörungen boten die Gelegenheit, eine Idealstadt für zwei Millionen Einwohner neu anzulegen. Einerseits wurde beim Wiederaufbau an frühere Konzepte angeknüpft, andererseits galt – wie in vielen europäischen und nordamerikanischen Städten – die Stadtplanungsdoktrin der internationalen Moderne: funktionale Trennung in Zonen für Einkaufen, Arbeiten, Wohnen und Erholung, regelmäßiger Bebauungsraster und ein weitläufiges, streng hierarchisiertes Straßennetz. Die alte urbane Struktur wurde weitgehend überformt, vertraute Viertel verschwanden von der Stadtkarte.

Zum Symbol des neuen Nagoya wurden die „100-Meter-Straßen", zwei überdimensionale Magistralen, die die Stadt in Nord-Süd- und Ost-West-Richtung durchschnitten. Weiters waren 42 Hauptstraßen erster Ordnung und 53 Hauptstraßen zweiter Ordnung vorgesehen, aber auch große Parks und neue Wohngebiete am Stadtrand. So wurde Nagoya zum Vorbild für die japanische Großstadtentwicklung der Nachkriegsära.

Der wirtschaftliche Aufschwung führte an der Pazifikküste Japans zu einer fast durchgehenden Verstädterung der Küstenebenen. 1960 zählte Nagoya 1,6 Millionen Einwohner, zehn Jahre später wurde die Zwei-Millionen-Grenze überschritten. Noch stärker aber wuchsen die Städte im Umland. Rund um Nagoya entstand eine weitmaschige Agglomeration mit einem Durchmesser von zirka 40 Kilometern. Heute leben dort mehr als acht Millionen Menschen. Doch die Zeit der wachsenden Städte ist in Japan vorbei: Die Bevölkerung stagniert, der hohe Anteil an alten Menschen stellt die Gesellschaft vor neue Probleme.

Typisch für das Stadtbild von Nagoya sind auf Stelzen geführte Autobahnen. Die Einwohner sprechen manchmal von einem „endlosen Dorf". Einzelne Hochhäuser wurden zu weithin sichtbaren Stadtzeichen, doch eine metropolitane Skyline gibt es erst in Ansätzen. Im japanischen Vergleich ist Nagoya der Paradefall einer Autofahrerstadt. Die massiven Umweltprobleme haben jedoch zu einem Umdenken geführt. Heute gilt Nagoya als ökologische Musterstadt. Investoren hingegen fordern, neben den bestehenden unterirdischen auch Fußgängerzonen in einzelnen Straßen zu schaffen. WK

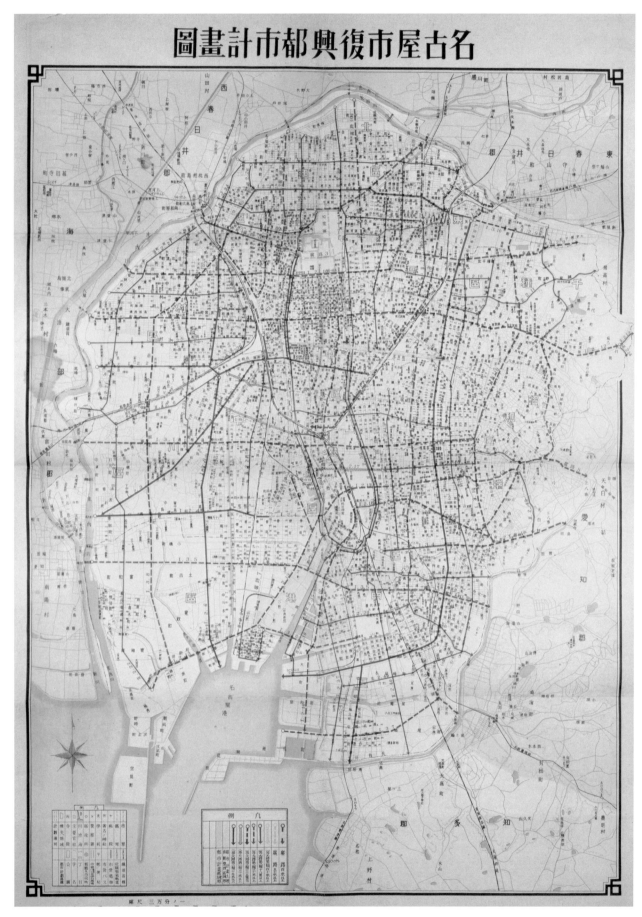

Wiederaufbauplan der Stadt Nagoya
(5.1)

Bodenumlegung in Nagoya (Detail eines Stadtplans)
(vgl. 5.2)

5.1
Wiederaufbauplan der Stadt Nagoya

1948
Amt für den Wiederaufbau Nagoyas
Maßstab 1:30.000
76,6 x 54,2 cm
Nagoya City Museum

Der 1946 beschlossene Wiederaufbauplan zeigt das
Ziel einer völligen Neustrukturierung Nagoyas und
die radikale Großzügigkeit des stadtplanerischen
Ansatzes. Statt der kleinteiligen Bebauungsstruktur
der Vorkriegsstadt und der unregelmäßigen Verläufe
vieler kleiner Straßen und Gassen (vgl. Stadtplan mit
Bombenschäden, Exponat Nr. 4.7) sollte die zukünftige
Stadtform ein kompromissloses rechtwinkeliges Gitter
zur Grundlage haben. Das Rückgrat bilden streng hie-
rarchisierte Hauptstraßen erster und zweiter Ordnung.
Die dominanten Achsen sind die beiden – auch aus
Gründen des Katastrophenschutzes – auf 100 Meter
verbreiterten Magistralen Hisaya-dōri (von Osten nach
Westen) und Wakamiya-dōri (von Norden nach Süden).
„Der 1946 beschlossene Wiederaufbauplan, der auch
Gebiete jenseits der Stadtgrenzen einbezog, sollte den
Grüngürtel der Stadt erhalten, die Verhüttelung am
Stadtrand vermeiden und dennoch einer Bevölkerung
von zwei Millionen gerecht werden. Er beinhaltete unter
anderem folgende Punkte: Überprüfung der bestehen-
den Einteilung in Industriebezirke, Geschäftsviertel und
Wohngebiete (60 Prozent der Gesamtfläche); Priorität
der Konsumgüterindustrie; neue Bezirkseinteilung;
Ausbau der Verbindungen zu den Satellitenstädten;
bodenrechtliche Umlegung von abgebrannten Grundstücken; je eine Grundschule pro 10.000 Quadratmeter;
Zusammenlegung der Friedhöfe zu einem ‚Zentralfriedhof‘.“ (Hiroshi Ishihara, Nagoya Urban Institute)
Die prekäre finanzielle Lage zwang zu einigen Rück-
nahmen der Planungsziele. Entscheidend für die Umsetzung der Planung war ein 1949 von der japanischen
Regierung beschlossenes Sonderplanungsgesetz für
den Wiederaufbau zerstörter Städte. HI/WK

5.2
Plan für die Stadtentwicklung

1955
Stadtverwaltung Nagoya
72 x 80 cm
Nagoya City Museum

Der Bedarf an Bauland war enorm, sollte doch in den
zentralen Vierteln und in den umliegenden Industrie-
und Wohnvierteln alle 500 Meter eine breite Hauptstraße verlaufen, wodurch sich die Straßenfläche verdop-
pelte. Dazu kamen Flächen für neue Parkanlagen, einen
Zentralfriedhof und vor allem für neue Wohngebiete.
In Japan gilt Nagoya als „Stadt der Bodenumlegungen".
Denn das wichtigste Steuerungsinstrument für den Zu-
gewinn von öffentlichem Bauland und die Verdichtung
der Stadt war die ab 1955 konsequent angewendete
„Bodenumlegung" (land readjustment), die als „Mutter
der Stadtplanung Nagoyas" gilt. In keiner Großstadt
Japans wurde dieses Verfahren zur systematischen
Neuordnung von Bauland so rigoros angewendet. Es
handelt sich um ein kompliziertes Austausch- und
Ausgleichsverfahren von Grundstücken zwischen Stadt
und privaten Eigentümern, um Hindernisse für die
Infrastrukturerneuerung zu beseitigen. Die Grundidee
der Bodenumlegung à la Nagoya bestand darin, dass
private Grundeigentümer durch den Austausch zwar
verkleinerte, aber hochwertigere Parzellen erhalten
sollten. Auch Austauschzahlungen waren vorgesehen.
Alte Viertel, die im Weg standen, wurden „saniert". Das
„Bodenumlegungsgesetz" ermöglichte die „Umsiedlung" von Gebäuden, also Abriss und Neubau. HI/WK

5.3
Modell der 1953 eingeführten Straßenbahn des Typs 1800

Nach 1953
Maßstab 1:10
50 x 25 x 128 cm
Verkehrsamt der Stadt Nagoya

Nach dem Zweiten Weltkrieg hatte man im öffentlichen
Verkehr einerseits mit den Kriegsschäden und dem
Mangel an Ersatzteilen zu kämpfen, andererseits war
man mit einem stark ansteigenden Beförderungsbedarf
konfrontiert. Nachdem sich das Chaos der unmit-
telbaren Nachkriegszeit gelegt hatte, wurde unter
Einbeziehung neuester Technologien das Modell 1800
entwickelt, das wegen seiner Geräuscharmut auch als
„Geräuschlos-Bahn" bezeichnet wurde. Die 1953/1954
hergestellten 25 Garnituren prägten für lange Zeit das
Straßenbild Nagoyas.
Die zunehmende Kritik, die Straßenbahn sei zu langsam, führte ab 1965 zu einem Rückgang der Fahrgäste.
Da man außerdem zu der Ansicht gekommen war, die
Straßenbahn behindere den Autoverkehr, wurde sie
1974 endgültig eingestellt.
1957 wurde die erste U-Bahn-Linie zwischen dem
Hauptbahnhof und dem Einkaufsviertel Sakae-machi
eröffnet, auf der gleichen Strecke, auf der 1898 die
erste Tramway verkehrte. Heute gibt es vier städtische
U-Bahn-Linien mit einer Gesamtlänge von rund 90
Kilometern. NCM

5.4
„Geschäftszentrum"

Um 1955
Tamiji Kitagawa (1894–1989)
Aquarell, 21,5 x 30,5 cm
Nagoya City Art Museum

Dargestellt ist das Einkaufs- und Vergnügungsviertel
Sakae-machi, das sich seit der Meiji-Zeit zu einem
vitalen Zentrum entwickelt hat und als „Mitte" Nagoyas
gilt. WK

5.5
„Öffentliches Wohngebäude"

Um 1955
Shizen Shimatani (1904–1993)
Aquarell, 24,5 x 35,6 cm
Nagoya City Art Museum

In den 1950er Jahren wurden Satellitenstädte errichtet, die mit mehrgeschoßigen Wohnblocks ähnlich gestaltet waren wie die kommunalen Neubaugebiete, die
damals auch an den Rändern europäischer Großstädte
entstanden sind. Das 1956 im Osten Nagoyas fertig
gestellte Viertel Chikusadai galt als beispielhaft und
wurde zum Vorbild für viele andere japanische Städte.
Neben Wohnhäusern gab es eine komplette Infrastruktur mit Schulen, Einkaufszentrum und Park. WK

5.6
„Der Bahnhof Nagoya"

Um 1955
Sangorō Suzuki (1902–1985)
Öl auf Leinwand, 33,0 x 45,0 cm
Nagoya City Art Museum

Das Stationsgebäude aus den späten 1930er Jahren
wurde 2000 von einem Büro- und Shoppingkomplex
mit zwei über 200 Meter hohen Hochhäusern ersetzt. WK

5.7
Der Taifun in der Bucht von Ise, 1959

Morgen- und Extraausgabe der *Chūbu Nihon Shinbun* vom
27. September 1959
Nagoya City Museum

Am Abend des 26. September 1959 richtete ein Taifun,
der auch als Ise-Bucht-Taifun bekannt wurde, in der
Region Tōkaidō mit dem Zentrum Nagoya einen noch
nie da gewesenen Schaden an. Die Naturkatastrophe
forderte insgesamt 5.098 Tote und Vermisste, allein in
Nagoya gab es 1.909 Opfer. Mehr als 310.000 Häuser
wurden von den Fluten weggerissen. Die Morgenausga-
be der *Chūbu Nihon Shinbun* berichtete von 272 Toten
und Vermissten, die Extraausgabe von 376. Daran kann
man erkennen, dass zu diesem Zeitpunkt das vollständige Ausmaß der Katastrophe noch nicht klar war. NCM

台風15号の被害ますます広がる

中部日本新聞

号外

昭和四

月日
号外

汽船が堤防を破壊

田で 百人水死か

海岸の堤防ズタズタ

守山でも九人か―死

長良川あふれる

死傷千、百
四十

被害、愛知県が八割しめる

愛知県海部郡蟹江町周辺の水害地

鳥駒機

東海道線の復旧は
早くてきょう午後

名古屋市南　橋

市電
バス
ストップ

Der Taifun in der Bucht von Ise, 1959
(5.7)

Stadtleben in Nagoya
(5.8)

Stadtleben in Nagoya
(5.8)

5.8 a–v (Abb. S 58)
Stadtleben in Nagoya

1963–1974
Jirō Teranishi
Fotografien
Nagoya City Museum

Der 1931 geborene Jirō Teranishi beginnt bereits mit
neun Jahren zu fotografieren. Zeit seines Lebens bleibt
die Fotografie seine Leidenschaft. In den späten 1940er
Jahren legt er sich eine Profikamera, eine Mamiya, zu.
Das ehrgeizige Ziel, die Kriegszerstörun-gen in Nagoya
zu dokumentieren, scheitert an dem schlechten Roh-
filmmaterial. 1950 wird Jirō Teranishi als Beamter
beim Magistrat angestellt. Dort gründet er einen Fotoklub, der wöchentliche Stadtrundgänge für die Hobby-
fotografen der Stadtverwaltung organisiert. 1960 wird
er Mitglied der jungen Fotogruppe Vivo, zu der auch
Shōmei Tōmatsu gehört, der großen Einfluss auf Jirō
Teranishi ausübt. In dieser Zeit entsteht Shōmei
Tōmatsus berühmte Serie „Alltag eines Sektionschefs".
Schließlich kündigt Jirō Teranishi beim Magistrat, um
freier Fotograf zu werden. Zu seinem 75. Geburtstag
widmet ihm das Nagoya City Museum eine Ausstellung.
IT

5.9
**The Metropolitan Nagoya Land Readjustment and
Development Subdivision Plan**

2004
77 x 105 cm
Wien Museum

Bis 1981 wurden zirka 41.000 Gebäude „verlegt",
um Land für neue Straßen und einen regelmäßigen
Stadtgrundriss zu gewinnen. Beseitigt werden sollten
„Problemzonen mit mangelhaften Straßenverhältnissen
und veralteter Bausubstanz". Auch nach dem offiziellen
Ende des Bodenumlegungsprogramms blieb die Me-
thode des „land readjustment" wichtigste Grundlage
der Stadtplanung, um den Wildwuchs der boomenden
Stadt zähmen zu können. Erst seit 1972 gibt es eine
Unterteilung der Stadt in differenzierte Flächennutzungszonen. WK

5.10
Plan des Hafens von Nagoya

Aus: Folder „Willkommen im Hafen Nagoya"
2005
36 x 50 cm

Das durch Landaufschüttungen vergrößerte Hafenareal
umfasst heute rund 4.100 Hektar und erstreckt sich
weit über die Stadtgrenzen Nagoyas hinaus. Während
der alte, stadtnahe Hafenbereich für Freizeitangebote
genutzt wird (Aquarium, Riesenrad, „italienisches Dorf"
mit Restaurants), hat sich der eigentliche Hafenbetrieb
auf künstliche Halbinseln verlagert.
Mit einem Umschlag von 150.000 Millionen Tonnen ist
der Hafen von Nagoya heute der größte Handelshafen
Japans. Im Export gehen die meisten Waren in die USA,
nach Australien und China. WK

Materialien zur Stadtentwicklung
Skyline von Nagoya, 2007
(5.11)

■土地区画整理手法による市街地の整備状況
Urban development by land readjustment

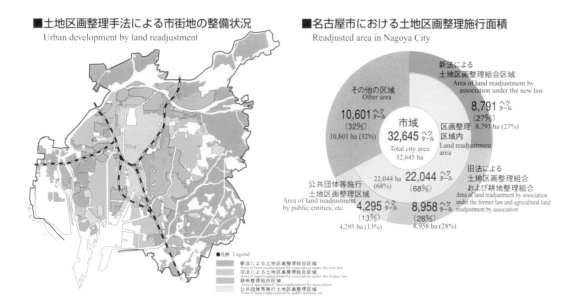

■名古屋市における土地区画整理施行面積
Readjusted area in Nagoya City

その他の区域
Other area
10,601 ヘクタール
（32%）
10,601 ha (32%)

新法による
土地区画整理組合区域
Area of land readjustment by
association under the new law
8,791 ヘクタール
（27%）
区画整理 8,791 ha (27%)

市域
32,645 ヘクタール
Total city area
32,645 ha

区画整理
区域内
Land readjustment
area

公共団体等施行
土地区画整理区域
Area of land readjustment
by public entities, etc.
4,295 ヘクタール
（13%）
4,295 ha (13%)

22,044 ヘクタール
22,044 ha （68%）
(68%)

8,958 ヘクタール
（28%）
8,958 ha (28%)

旧法による
土地区画整理組合
および耕地整理組合
Area of land readjustment by association
under the former law and agricultural land
readjustment by association

■ささしまライブ24地区区域図
Sasashima Live 24 District

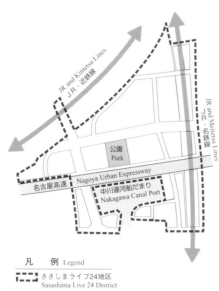

久屋大通公園（オアシス21）イメージ図　Image of Hisaya-odori Park (Oasis21)

志段味ヒューマンサイエンスタウンイメージ図
Image of Shidami Human Science Town

市街地の開発と整備
64

Urban Development and Improvement

Materialien zur Stadtentwicklung
Stadtansichten von Nagoya, 2007
(5.11)

5.11
Materialien zur Stadtentwicklung seit 1990

Diverse Broschüren, Pläne, Prospekte, Werbeblätter und Fotos
vom Nagoya Urban Institute, der Stadtverwaltung, dem Touris-
musamt und privaten Investoren.

Bis 1989 war ein 102 Meter hoher Wohnturm das
höchste Gebäude der Stadt. Er stand in unmittelbarer
Nähe eines Gebiets mit flacher, traditionell japanischer
Bebauung. Jahrzehntelang stand die Infrastrukturpla-
nung im Vordergrund, für Fragen der Stadtbildqualität
gab es wenig Sensibilität. Unter dem Motto „Design
City" kam es in den 1990er Jahren zu einem Umdenken
hin zu „qualitativem Wachstum". Vor allem im Stadtzentrum wurden spektakuläre Projekte realisiert; die
Überbauung des Bahnhofs mit über 200 Meter hohen
Hochhaustürmen gab Nagoya ein neues Wahrzeichen.
Erst in den allerletzten Jahren entstanden „signature
buildings", zum Beispiel der Lucent Tower, der 247
Meter hohe Komplex Midland Square und – 2007
bezogen – der Toyota Tower mit dem Headquarter des
Konzerns. Für solche Projekte werden von der Stadtplanung „Sonderzonen" ausgewiesen. Nachdem in der Zeit
der „bubble economy" der 1980er Jahre explodierende
Bodenpreise Wohnfunktionen fast völlig aus dem
Stadtzentrum verdrängt hatten, setzt die Stadt heute
auf eine Renaissance der Innenstadt. Shopping und
Officing sollen mit angenehmer, urbaner Atmosphäre
ergänzt werden. Großinvestoren, die immense Areale
neu bebauen, tauschen ihre Baurechte mit der Zusage
ab, Fußgängerzonen und Parks zu errichten. wk

5.12
Pachinko-Automat „Kleines Ding"

1946
Hersteller: Firma Masamura, Nagoya
81 x 30 x 52 cm
Shōichi Masamura, Nagoya

Pachinko ist ein Spiel, bei dem kleine Metallkugeln, die man vor Spielbeginn kauft, mittels eines Hebels (in Japan „lever" genannt) aus der linken unteren Ecke des Spielfelds nach oben geschossen werden, damit sie schließlich in Trichtern oder Speziallöchern – so genannten „pockets" – landen. Gelingt dies, wird eine bestimmte Menge an neuen Kugeln ausgegeben, die in ein Becken am unteren Rand des Geräts fallen. Verfehlt eine Kugel das „pocket", so verschwindet sie als „Niete". Das Spiel endet, wenn alle Kugeln aufgebraucht sind. Bleiben Kugeln über, so kann man sie gegen einen Preis eintauschen.
Dieser in Nagoya hergestellte, frühe Pachinko-Automat stammt noch aus der Zeit vor der Einführung des „Masamura Gauge"-Systems. Im Spielfeld befinden sich, gleichmäßig verteilt, zahlreiche Nägel. Ob die Kugel das „pocket" findet oder nicht, hängt weniger vom Geschick des Spielers als vom Zufall ab. WM/IT

Nagoya – „Mekka des Pachinko"

„An der Kasse kauft man eine Anzahl von Metallkugeln; vor dem Apparat führt man dann mit der Hand die Kugeln einzeln in die Öffnung ein, während man mit der anderen einen Hebel betätigt und die Kugel damit durch ein System von Hindernissen schleudert. Wenn der Impuls richtig war, setzt die geschleuderte Kugel einen Regen anderer Kugeln frei, die einem in die Hand fallen. Dann braucht man nur noch von vorn zu beginnen – es sei denn, man zieht es vor, seinen Gewinn gegen eine nichtige Belohnung einzutauschen."
Roland Barthes, *Das Reich der Zeichen*, 1970

Das Glücksspiel Pachinko, das schon die japanische Populärkultur der 1920er und 1930er Jahre geprägt hatte, erlebte in der Nachkriegszeit seinen Höhenflug. Für die durch ein strenges Rationierungsprogramm unter Hunger leidende Bevölkerung war das Spiel eine Möglichkeit, sich den Alltag mit Zigaretten oder Schokolade zu versüßen. Auch Frauen zog es in die Pachinko-Hallen – nicht nur, um durch das Spiel dem Alltag zu entfliehen, sondern auch, um mit einem möglichen Gewinn in Form von Lebensmitteln den kargen Speiseplan aufzuwerten.

Die Produktion der Automaten begann in der frühen Nachkriegszeit. Für Nagoya, das mit 380 Spielhallen schon damals den Ruf der „Hauptstadt des Pachinko" hatte, wurde die Pachinko-Industrie essenziell. Etwa 70 Prozent der Gesamtproduktion Japans kam in den 1950er Jahren aus Nagoya. Die ständig steigende Nachfrage und Gewinnspannen von 120 bis 200 Prozent boten auch kleineren Unternehmen die Möglichkeit, sich auf dem Markt zu etablieren. Die Verkaufsgewinne der Produzenten bereicherten 1953 die Stadtkasse um 200 Millionen Yen an Steuereinnahmen. In der Stadt selbst waren etwa 30.000 Automaten installiert. WM/IT

5.13
Der Pachinko-Automat Typ „Masamura Gauge All 15"

1950
Hersteller: Firma Masamura, Nagoya
81 x 52 x 30 cm
Shōichi Masamura, Nagoya

Shōichi Masamura besaß in Nagoya eine Spielhalle und eine Fabrik, wo er an der Verbesserung des Spielsystems arbeitete. Das Ergebnis seiner jahrelangen Bemühungen wurde erstmals 1949 unter dem Namen Masamura-Lehre (Masamura geji) der Öffentlichkeit vorgestellt und brachte seinem Erfinder die Beinamen „Urahn des Pachinko" und „Pachinko-König" ein. Shōichi Masamura führte ein völlig neues Arrangement von Nägeln, Löchern und zusätzlichen Gimmicks der Masamura-Lehre ein, das auch heute noch charakteristisch für die meisten Pachinko-Automaten ist. Im Gegensatz zu früher, wo der Zufall eine große Rolle gespielt hatte, war jetzt die Geschicklichkeit des Spielers ausschlaggebend. Diese Veränderungen machten Pachinko zu einem attraktiven Spiel für Erwachsene. Die Muster, in die Shōichi Masamura die Nägel setzte, unterteilten die Spielfläche in verschiedene Bereiche. Fielen früher die Kugeln wie ein Wasserfall nahezu unkontrollierbar durch den Nageldschungel, so mussten jetzt vom Spieler Dralleffekte, Neigung und Richtung der Nägel und anderer eingebauter Elemente berücksichtigt werden. Durch geschicktes Abschießen konnte der Lauf der Kugeln beeinflusst werden. WM/IT

5.14
In einer Pachinko-Halle

2007
DVD, 3 min
Nagoya City Museum

5.15 (Abb. S 79)
Werbung für Pachinko-Hallen

Postwurfsendungen, gesammelt im November 2007
Wien Museum

Der Pachinko-Automat Typ „Masamura Gauge All 15"
(5.13)

„Metropolengefühl: Man fährt ununterbrochen von einem Ort zum anderen, wechselt mehrmals die Züge und Transportlinien. Kaskaden von akustischen und optischen und körperlichen Eindrücken. Lichter und Zeichen, die Bedeutung tragen, aber dem Unwissenden nur Farbe und Glitzer sind."

Sabine Scholl, *Sprachlos in Japan*, Wien 2006

5.16 (Abb. S 61–64)
Im Ōsu-Kannon-Viertel

2007
Fotografien von Sabine Scholl
13 × 7 cm
Sabine Scholl, Berlin

Die Schriftstellerin Sabine Scholl war 2003 Universitätslektorin in Nagoya. Notizen aus dieser Zeit finden sich im Buch *Sprachlos in Japan* (Verlag Sonderzahl, Wien 2007). 2007 verbrachte Scholl abermals einige Monate in Nagoya. Bei diesem Aufenthalt entstand ihr Beitrag zu diesem Katalog, der das Leben und Treiben im ehemaligen Vergnügungsviertel Ōsu-Kannon beschreibt. Bei ihren Streifzügen entstanden auch „schnelle" Fotografien: billige Läden, Lokale, Straßenszenen – aber auch die Spuren von Immigranten aus Brasilien, von denen viele in Ōsu leben. Es handelt sich um Nachfahren von ehemaligen japanischen Auswanderern. WK

5.17
Fußballdress von Ivica Vastić aus seiner Zeit bei Nagoya Grampus Eight, 2003

Rahmen mit Trikot: 59,5 × 51 × 5 cm
Ivica Vastić, Linz

Der Klub Nagoya Grampus Eight gehört der ersten Generation von Fußballklubs an, die 1993 an der Gründung der professionellen J. League beteiligt waren. „Grampus" ist der englische Begriff für das Klubmaskottchen Orca und eine Anspielung auf das Stadtsymbol Nagoyas, die fischartigen Fabelwesen. Die einem Kreis eingeschriebene Ziffer Acht (maru hachi) ist ein Zeichen der Provinz Owari und seit 1907 das offizielle Logo der Stadt Nagoya. Wichtigster Sponsor ist der Toyota-Konzern, der für das Team im benachbarten Toyota ein spektakuläres Stadion errichten ließ. Große Konkurrenz erhält der Fußballsport durch das in Nagoya sehr beliebte Baseball. Während die Chūnichi Dragons mit sieben Titeln das zweiterfolgreichste Team in der Geschichte der Central League stellen und 2007 sogar die Japan Series gewonnen haben, ist das Fußballteam weitaus weniger erfolgreich. Die Blütezeit erlebte Nagoya Grampus Eight Mitte der 1990er Jahre unter dem französischen Trainer Arsène Wenger und dem englischen Superstar Gary Lineker. Der österreichische Stürmer Ivica Vastić wechselte 2002 für eine Saison von Sturm Graz zu Grampus Eight. WM

5.18 (Abb. S 84)
„Auf Wiedersehen, IVO! Wir werden Dich nie vergessen!"

2003
Fotocollage
42 × 29,7 cm
Ivica Vastić, Linz

Ivica Vastić spielte in der Saison 2002/2003 bei Nagoya Grampus Eight als Stürmer mit der typischen Goalgetter-Nummer 9. „Am Anfang war ich eher unbekannt. Aber mit vielen Toren und einer guten Leistung wurde ich schnell populär", erinnerte sich Vastić. Durch die WM 2002 in Japan/Südkorea erlebte der Fußball damals einen Popularitätsschub, auch in Nagoya. Die Fankultur beschreibt Vastić als äußerst positiv: „Fußballer werden in Japan sehr respektvoll behandelt, es gab eine große Euphorie. Das Stadion war fast immer ausverkauft." Diese Fotocollage erhielt Ivica Vastić bei seinem Abschied im Jahr 2003 vom Fußballklub Nagoya Grampus Eight. PS

Die „grüne" Expo

Die Weltausstellung 2005 fand in der Präfektur Aichi statt, in einem Waldgebiet nahe von Nagoya: Unter dem Motto „Weisheit der Natur" sollten nach Jahrzehnten der Umweltzerstörung „grüne Botschaften" lanciert werden: Wie kann der Mensch im Einklang mit der Natur leben? Und was können neueste Technologien, zum Beispiel soziale Roboter, dazu beitragen? Proteste von Umweltschützern, die auf die Gefährdung einer in diesem Wald lebenden Vogelart hinwiesen, führten zu einer Flächenreduzierung des Expo-Areals.

Neben Themenparks und einer „Wald-Erlebnis-Zone" standen spektakuläre Pavillons von Hitachi, Mitsui, Toshiba oder Toyota im Zentrum der Aufmerksamkeit. Shōichirō Toyoda, der Patriarch des Toyota-Konzerns, war einer der Initiatoren, im Großraum Nagoya eine Weltausstellung abzuhalten und damit dessen Internationalität zu steigern. Die Expo war Anlass, auf einer aufgeschütteten Insel einen neuen Großflughafen zu errichten, den Central Japan International Airport.

Die Weltausstellung von Aichi, an der 121 Länder teilnahmen, war mit 22 Millionen Besuchern vor allem in Japan sehr erfolgreich. Fünf Prozent der Besucher kamen aus dem Ausland. Fast alle Bauten wurden wieder demontiert, das Areal wurde zu einem Erholungsgebiet erklärt. WK

5.19
„Expo Eco Map"

2005
36,3 × 51,3 cm
Katharina Steinkellner, Wien

Das Motto „Weisheit der Natur" der von 25. März bis 25. September 2005 dauernden Expo sollte den Besuchern „das Bewusstsein und die Schuld gegenüber der Natur" nahe bringen. Das im Zentrum des Geländes situierte Global House und die künstliche „Biolunge" – eine zwölf Meter hohe Pflanzenwand, die auf Knopfdruck Sauerstoff spendete – waren ganz in diesem Sinn. In einer so genannten Waldentdeckungszone für Kinder und Erwachsene wurde auf spielerische Art zu mehr Umweltbewusstsein erzogen. Um die baulichen Eingriffe möglichst reversibel zu halten, errichtete man einen Promenadenweg auf Stelzen, der zu den Ausstellungspavillons führte. Zum Gelände gelangte man mit dem ersten Magnetschwebezug Japans, auf dem Gelände selbst standen den Besuchern von Toyota entwickelte vollautomatische, fahrerlose Busse mit Hybridantrieb zur Verfügung. Unmittelbar nach dem Ende der Expo begannen die Abrissarbeiten, und das Gelände wurde in einen Park umgestaltet. IT

5.20
Souvenirs und Informationsmaterial von der Expo Aichi

2005

Katharina Steinkellner, Wien

Die Japanologin Katharina Steinkellner war als Projektleiterin des Österreich-Pavillons mehrere Monate in Nagoya. Zu sehen sind Broschüren, Orientierungshilfen und Folder, aber auch eine kleine Auswahl von Souvenirs, die auf der Expo angeboten wurden. Die grellgrünen Expo-Maskottchen Kiccoro, ein neugieriges, lustiges Waldkind, und Morizo, ein weiser Waldopa, symbolisieren die Ökothematik. Ein weiteres beliebtes Andenken war ein Mammut, das ebenfalls in allen Variationen erhältlich war. „Vorbild" war ein im sibirischen Eis gefundener Mammutschädel, der sich zu einer der Hauptattraktionen der Expo entwickeln sollte. IT

chickens suit ®

www.chickenssuit.com

Brand new!
新登場！

Forget about DADAism. Believe in GAGAism.
ダダイズムよさらば。ガガイズム万歳。

the suit
perfect fit via the "wing-support-cut," easy to put on due to the breast zipper and the pullbutton system in the crotch. on the tail area, the suit is open to enable tail-feathers to move freely and perfectly in the light.

スーツ
翼を支える裁断による完璧なフィット性、胸部のジッパーと股間部分の押し ボタン式構造による簡単な装着。臀部には、尾羽の美しさを際立たせるよう に開口部が設けられています。

the DVD
let yourself be enchanted by the film "ERNI" shot at vienna's most beautiful locations. lean back and enjoy the animated music video "chickens suit" from the band cosmic eggs out of palermo.

DVD
ウィーンの選りすぐりのロケ地で撮影された映画『アーニー・あるいは如何にして日本人がチキンスーツを発明したか』に魅了されてください。ゆったりと椅子にもたれて、パレルモのロコスミック宇宙・エッグ玉子によるチキンスイート楽曲のアニメ・ミュージック・ビデオをご鑑賞ください。

the trend
first suits sighted in milan, new york or tokyo? become part of this fashion revolution! receive envious looks from those whose chickens are still "without"!

トレンド
最初にこのスーツが目撃されるのはミラノでしょうか？あるいはニューヨークそれとも東京？あなたも、このモード革命の参加者になりましょう！自分のニワトリがまだこれを身につけていない人々から、羨望の眼差しを集めることは間違いありません！

the warning notice
appeal to the desires of your chicken. what you like may not be what your precious likes! only the perfectly styled chicken is a happy chicken. let the individuality of your chicken run free!

警告
あなたのニワトリの意欲を検討してください。あなたが気に入るものが、必ずしもあなたの愛しいペットちゃんの趣味に合っているとは限りません！完璧なスタイルの描はご満足なニワトリちゃんだけです。幸福感に浸ることのできるニワトリです。ニワトリちゃんの個性のままに、自由にさせてあげてください。

the designs
five different models will be available in the first season in selected luxury stores as well as in the internet.

デザイン
第一期にはら5種類のモデルが、厳選された専門店での販売、またはインターネットでのご注文によってお買い求めいただけます。

5 models available　5種類のモデルが選べます。

5.21 a–d
Edgar Honetschläger in Kooperation mit Wilhelm Mahringer
Chickens Suits ®

2005
Modelle: Japan, Austria, Camouflage, Hairy, Knitted
Diverse Materialien
Leihgabe des Künstlers

Erstmals nicht gebraten, sondern bewundert und bestaunt, standen die Nagoya Kochin – eine Hühnerrasse, die bereits in der Meiji-Zeit von einem Samurai gezüchtet worden war und die nach wie vor Ingredienz vieler kulinarischer Spezialitäten der Stadt ist – im Mittelpunkt einer Modeschau. 20 Hühner posierten als Models in einer Fashionshow im Österreich-Pavillon der Expo 2005 in Aichi/Nagoya. Modische Kleidung für kosmopolitische Hühner braucht eigentlich niemand, einer Marketingstrategie gelingt es allerdings, das Bedürfnis danach zu wecken. Als Persiflage auf künstlerische Vermarktungsmechanismen und als ironischer Kommentar auf das Mission-Statement der Expo 2005 können Edgar Honetschlägers *Chickens Suits* ® verstanden werden, die ebendort erstmals der Weltöffentlichkeit präsentiert wurden. In Kooperation mit Willi Mahringer entwarf Edgar Honetschläger Hühnerkleidung, die an einem österreichischen Huhn, Erni aus dem Wienerwald, entwickelt und von der Designerin Ulli Ko genäht wurde. Fünf „items" gehörten zu der ersten Kollektion: das japanische und das österreichische „Nationaldress", ein „suit" für kältere Tage und zwei Tarnversionen, „Hairy" und „Camouflage". Die Modeschau fand im Österreich-Pavillon vor dem Hintergrund einer künstlichen Schneelandschaft samt integrierter Rodelbahn statt. Die Pavillonhostessen, die, dem Österreichklischee folgend, in Dirndln gekleidet waren, assistierten bei der Schau. Somit ergänzten sich das Präsentationskonzept der Österreichischen Wirtschaftskammer und die Intention der künstlerischen Aktion ideal. IT

5.22
Edgar Honetschläger
„Erni"

2005
Regie: Edgar Honetschläger
Kurzfilm: Hdv/dgi beta auf DVD, 7 min
Produzenten: EDOKO INSTITUTE und MOKKA

In dem Kurzfilm, der ebenfalls auf der Expo uraufgeführt wurde, präsentiert Erni – das Huhn aus dem Wienerwald – die erste Kollektion der *Chickens Suits* ® an prominenten Wiener Schauplätzen: vor der Gloriette in Schönbrunn und im Palais Liechtenstein ebenso wie im Wienflusskanal und im Wiener Musikverein. IT

Edgar Honetschläger
„Erni"
(5.22)

5.23
Edgar Honetschlägers Chickens Suits® Fashionshow im
Österreich-Pavillon auf der Expo Aichi

2005
Ausschnitte von internationalen Fernsehberichten (NHK-Japan,
ORF u. a.)
DVD, 3 min

Umweltbelastung
und Mülltrennung

Der rasante wirtschaftliche Aufstieg Japans und das unkontrollierte Wachstum in den Ballungsräumen führten bereits in den 1950er und 1960er Jahren zu schweren Umweltschäden. Seit den 1970er Jahren ist Umweltschutz ein wichtiges Thema. Im Großraum Nagoya bemühte man sich im größten japanischen Kombinat Yokka'ichi erfolgreich um eine Verringerung des Schadstoffausstoßes. In Nagoya selbst führten in letzter Zeit vor allem Müllprobleme zum Umdenken. 1999 erklärte die Stadt den „Abfall-Ausnahmezustand", nachdem der Plan einer Landaufschüttung im Meer, die als Mülldeponie genutzt werden sollte, gestoppt worden war. Die Stadtverwaltung führte ungewöhnlich strenge Vorschriften für die Mülltrennung ein, die in Japan große Beachtung fanden. Tatsächlich konnte das Abfallvolumen innerhalb weniger Jahre deutlich verringert werden. Heute positioniert sich Nagoya als „Musterstadt der Mülltrennung".

Bis 2010 soll auch der Schadstoffausstoß der Autos um 20 Prozent gegenüber 1990 verringert werden. Aber noch benützen die Bewohner von Nagoya für ihre täglichen Fahrten das Privatauto wesentlich häufiger als jene von Tokio oder Osaka. Das geht einerseits auf die weitmaschige Zersiedelung von den 1950er bis zu den 1980er Jahren zurück, andererseits auf das dichte Netz von breiten Schnellstraßen, die auch im Stadtzentrum relativ flüssigen Verkehr garantieren. Mit einiger Verspätung wurde der öffentliche Nahverkehr den Bedürfnissen einer sich ins Umland ausdehnenden Megalopolis angepasst. Heute gibt es in der Acht-Millionen-Menschen-Region ein leistungsfähiges System von Metro, Schnellbahnen und Vorortlinien. WK

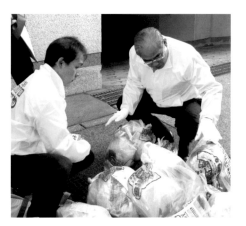

5.24
Der Bürgermeister von Nagoya als Promotor der Umweltgesinnung

Fotografien der Presseabteilung des Rathauses
Nagoya City Museum

Gezeigt wird der amtierende Bürgermeister der Stadt Nagoya, Takehisha Matsubara, unter anderem beim Anpflanzen von Bäumen, beim Mülltrennen und gemeinsam mit Al Gore, dem ehemaligen amerikanischen Vizepräsidenten und Friedensnobelpreisträger 2007. IT

5.25
Eiji Ina
Waste: Finely Crushed Glass Bottles

1993
Farbfotografie
130 x 105 x 5 cm
Leihgabe des Künstlers

Der 1957 in Nagoya geborene und derzeit in Tokio lebende Fotokünstler Eiji Ina hat seit den 1990er Jahren
Industrieabfälle und Zivilisationsmüll der japanischen
Massenkonsumgesellschaft zum Thema gemacht. Für
die Serie *Waste* reiste er durch ganz Japan. Das Werk
mit einer Halde von Glasflaschenchips entstand in
einem Recyclingbetrieb in Kawasaki-City. IT

5.26 (Abb. S 59)
Anleitung zur Mülltrennung für Haushalte
Plastiktüten für die Mülltrennung in Nagoya

2007
42 x 28,5 cm
Wien Museum

„Ich verbringe viel Zeit mit dem Studium des Merk-
blattes für Mülltrennung. Sammeltonnen existieren
nicht, deshalb muss der Abfall in der engen Wohnung
sortiert und gelagert werden und wird dann jeweils
an bestimmten Tagen an bestimmten Sammelplätzen
abgeholt. Lange diskutiere ich mit meinen Nachbarn,
wie verschiedene Müllstücke einzuschätzen wären. Ist
das eine PET-Flasche? Was gilt als Verpackung? Der
Unterschied zwischen Karton- und Papiermüll? Und so
weiter. Für jede Sorte Abfall müssen Plastiktüten mit
verschiedenfarbigen Aufdrucken verwendet werden.
Auf dem Weg in die Universität bewundere ich perfekt
gebündelte Zeitungsstöße, die vor den Haustüren zum
Abholen bereitliegen und Teil einer ästhetischen Instal-
lation zu sein scheinen, nicht Dinge zum Wegwerfen."
(Sabine Scholl, *Sprachlos in Japan*, 2007) Das Infor-
mationsblatt listet auf, wann und wo welche Abfälle
abgeholt werden. Grundsätzlich wird zwischen „wert-
vollen Materialien" (erste Spalte, blau) und „Müll" (erste Spalte, rot) unterschieden. In der blauen Spalte sind
in der ersten Zeile unter anderem Behälter aus Plastik
(zum Beispiel Verpackungen von tiefgekühlten Reisge-
richten, Nudelschüsseln, Flaschen für Waschmittel und
Bodylotion) angeführt. Weitere blaue Zeilen betreffen
die Säcke für Behältnisse aus Papier, PET-Flaschen
(„Bitte drücken sie die Flasche möglichst klein zusammen!"), leere Flaschen („In keinen Sack, sondern direkt
in den blauen Korb!") und leere Dosen (in manchen
Stadtbezirken sollen diese in den vorgesehenen Plas-
tiksack gegeben werden, in anderen in einen Korb). Die
rote Zeile betrifft verbrennbaren Müll, vor allem aus
der Küche, die grüne Zeile nicht verbrennbaren Müll,
wobei nach Größe (über oder unter 30 Quadratzenti-
meter) unterschieden werden soll. Ein großer Teil des
Informationsblatts behandelt verschiedene Kategorien
von Sperrmüll, der vom Handel zurückgenommen
werden muss: „Im Fall von selbst zusammengebauten
Geräten, von Geräten von nicht mehr existenten Her-
stellern und von aus dem Ausland importierten Geräten: zum PC-3R-Förderungszentrum 03-5282-7685.
Bitte verwählen Sie sich nicht!" Für den Fall, dass
man einen Ort entdeckt, „an dem rechtswidrig entsorgt
wird", möge man ein Fax an eine angegebene Nummer
schicken. Die Anfangssilben der Ziffern dieser Nummer
ergeben den Satz: „Ich hasse rechtswidrig entsorgten
Müll." SL/WK

5.27 (Abb. S. 8-11, 58, 79, 85, 97-104)
Nagoya 2007

Fotografien der Stadtlandschaft und des Alltagslebens
Hideaki Sugiura
Nagoya City Museum

Um die scheinbar grenzenlose Weite der Stadtlandschaft Nagoyas zu erfassen, werden in Publikationen
und in PR-Darstellungen häufig Luftaufnahmen eingesetzt. Ein anderer Weg, um die unspektakuläre und
effizient organisierte Vitalität des urbanen Lebens
abzubilden, sind Alltagsszenen im öffentlichen Raum.
Für diese Ausstellung hat Hideaki Sugiura, der Fotograf
des Nagoya City Museum, einen Querschnitt durch das
Stadtleben fotografiert. WK

Eine Stadt
der öffentlichen
Wohlfahrt und
Sicherheit

Eine Stadt
des erfüllten
Lebens

Bevölkerung

Eine Stadt
der Industrie- und
Informations-
technologie

Eine Stadt
der Umwelt-
verträglichkeit

Industrie

Nagoya
eine Stadt, die die
Bewohner lieben und
auf die sie stolz sind

Umwelt

Eine Stadt des
internationalen
Austausches

Eine Stadt der
Geräumigkeit und
des Komforts

Kultur

Eine Stadt
der Vitalität

Eine Stadt
der Kultur

5.28
Eight Images of an Ideal Nagoya in 2010

Grafische Darstellung der stadtplanerischen Visionen
Aus: *Planning for Nagoya 2002*, herausgegeben vom City
Planning Department der Stadt Nagoya

Diese Zukunftsvision basiert auf dem im Jahr 2000
beschlossenen Nagoya New Century Plan.

バター味
だぎゃあ。

金シャチ
の
たまごサブV

The "deliciousness" cultivated by nature
and the sun is the best in the world.

5.29
Running shachi – Nagoyas Wahrzeichen als Souvenir und Werbeträger

Diverse Objekte, erworben 2007 in der Burg von Nagoya

Die japanische Bezeichnung für Souvenir, „omiyage", leitet sich von „miya" (Schrein) ab und erinnert an die religiösen Ursprünge des Andenkenkultes. Man besuchte einen Schrein oder Tempel und brachte von dieser Wallfahrt ein Andenken mit. Heute bezieht sich „omiyage" nicht nur auf religiöse, sondern auf Andenken aller Art. Oft sind es bekannte regionale Produkte (meibutsu), die zu Souvenirs einer Region oder eines Orts geworden sind. Für Stadtmarketing und die Entwicklung neuer Tourismusdestinationen sind daher Produkte mit lokalem Bezug essenziell, denn das Einkaufen von Souvenirs ist integraler Bestandteil des Reisens. Dementsprechend spezialisiert sind Japans Tourismus- und Souvenirindustrie. Die „shachi", Nagoyas Wahrzeichen, werden daher in allen erdenklichen Materialien und Preiskategorien angeboten oder zieren die Verpackungen lokaler Spezialitäten wie Nagoya-Miso oder Kishimen-Nudeln. IT

ANHANG

Das Nagoya City Museum

Yūji Taneda

Gründung

In den späten 1960er Jahren entschloss sich die Stadtregierung zur Errichtung einer Veranstaltungshalle und eines kulturhistorisch ausgerichteten Museums, das vor allem die Geschichte der Stadt dokumentieren sollte. 1972 wurde dafür ein Grundstück auf dem Gelände der ehemaligen Universitätsklinik ausgewählt. Noch während der Planungsphase für das sechsstöckige Museumsgebäude mit einer Gesamtfläche von 18.108 Quadratmetern und einem eigenen Restauranttrakt wurden auf dem Gelände einige Galerien eröffnet. Bei der Eröffnung im Jahr 1977 war das Nagoya City Museum das drittgrößte kulturhistorische Museum Japans. Die ursprünglich vorgesehenen Baukosten hatten sich allerdings auf 9,38 Milliarden Yen vervierfacht. Grund dafür war unter anderem die Ölkrise, die auch für eine Bauverzögerung von einem Jahr verantwortlich war.

Sonderausstellungen

Mit einer Ausstellung archäologischer Funde aus Taiwan wurde das Museum eröffnet. In den folgenden 30 Jahren wurden insgesamt 280 Ausstellungen verschiedenen Formats gezeigt, 44 waren Übernahmen aus dem Ausland. Die Ausstellungen thematisieren die Kulturgeschichte aller Kontinente, am häufigsten werden asiatische und vor allem chinesische Exponate gezeigt. Selbst die 16 Ausstellungen aus Europa hatten zumeist Japan oder China zum Thema. Fünf Ausstellungen europäischer Museen und Sammlungen präsentierten deren eigene Kultur: 1977 war die nationale Zentralbibliothek in Rom mit einer Ausstellung über Wissenschaft und Technik Italiens zu Gast, 1985 das Pariser Musée Rodin mit einer Schau über den Bildhauer, 1990 das Museo Nazionale Etrusco di Villa Giulia (Rom) mit Kulturschätzen Etruriens.

Zweimal präsentierte das Historische Museum der Stadt Wien (heute Wien Museum) Ausstellungen zu österreichischen Themen: „Die Hauptstadt des Habsburgerreichs – Geschichte und Kunst Wiens" (1997) und „Reise ins Wien des 19. Jahrhunderts – Aufblühen des Biedermeiers" (2003). 1999 war in Wien erstmals eine Ausstellung mit Beständen das Nagoya City

Museums zu sehen, „Samurai und Bushido – Der Spiegel Japans". Dieser Ausstellungsaustausch zwischen den Stadtmuseen von Nagoya und Wien war Basis eines im Jahr 2000 geschlossenen Abkommens, mit dem die beiden Institutionen zu internationalen Schwestermuseen erklärt wurden. Schon 1984 war das Nagoya City Museum in Los Angeles und Mexiko-Stadt mit Ausstellungen präsent.

Dauerausstellung

Ein Jahr nach der Fertigstellung des Museumsgebäudes wurde die Dauerausstellung eröffnet, die auf der Arbeit einer eigens gegründeten „Forschungsgruppe für Sozialkunde an städtischen Grund- und Mittelschulen" basiert. Insgesamt wurde am Konzept der permanenten Ausstellung mit dem Titel „Geschichte von Owari – von den Anfängen bis zur Gegenwart" acht Jahre lang gearbeitet. Dabei nahm man im Besonderen auf die didaktischen Anforderungen des Schulunterrichts Rücksicht. SchülerInnen sind nach wie vor eine der wichtigsten Zielgruppen des Museums. Zwischen 1988 und 1989 wurde die Dauerausstellung überarbeitet und neu gestaltet.

Sammlungen

Heute befinden sich in den Depots des Museums rund 200.000 inventarisierte Objekte aus den Bereichen Archäologie, Geschichte, Volkskunde und Kunst. Bei der Gründung des Museums gab es noch keine Sammlungen, diese mussten erst durch Ankäufe und Schenkungen aufgebaut werden. Parallel dazu wurden die Kulturschätze der Stadt systematisch erfasst. Zu diesem Zweck wurden 1970 und 1971 sowohl archäologische Grabungen durchgeführt als auch Recherchen in Shintō-Schreinen, buddhistischen Tempeln und privaten Sammlungen. 1973 wurden zwei Kommissionen gegründet, die die Suche nach Sammlungsgut zur Aufgabe hatten. Dank deren Hilfe sowie durch direkt von der Stadt angekaufte Objekte konnten 1977, zum Zeitpunkt der Fertigstellung des Museums, ungefähr 4.500 Objekte beziehungsweise 28.000 Einzelstücke als inventarisiert gelten. 30 Jahre später, im März des Jahres 2007, war diese Zahl auf 19.000 Objekte oder 215.000 Einzelstücke angewachsen.

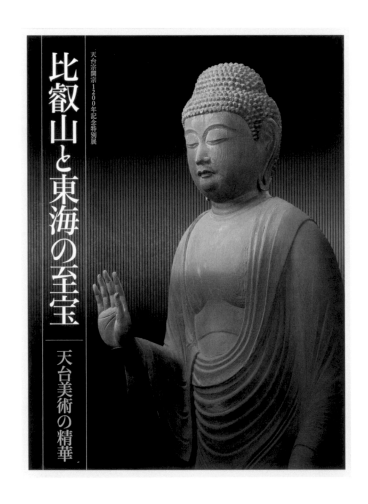

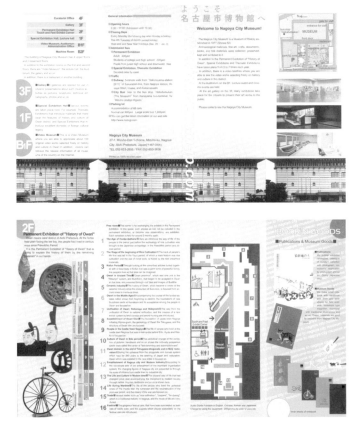

	Nagoya	Japan	Weltgeschichte
1600			
	1600 Tadayoshi Matsudaira, der 4. Sohn von Ieyasu Tokugawa, wird mit der Stadt Kiyosu belehnt	1600 Entscheidungsschlacht bei Sekigahara endet mit Sieg Ieyasu Tokugawas	
		1601 Ieyasu führt entlang des Tōkaidō ein Postbotensystem ein	
		1603 Ieyasu wird Shōgun	
	1607 Tod von Tadayoshi; Yoshinao Tokugawa, der 9. Sohn Ieyasus, übernimmt die Burgstadt Kiyosu		
	1608 Landvermessung der Provinz Owari durch Tadatsugu Ina		
	1610 Baubeginn der Burg Nagoya; Umsiedlung der Stadt Kiyosu nach Nagoya		
1600 ~ 1649	1612 Fertigstellung der Türme und Befestigungsanlagen der Burg	1612 Das Shogunat verbietet die christliche Religion	
		1615 Fall der Burg von Osaka, Auslöschung des Geschlechts der Toyotomi	
			1616 Beginn der Qing-Dynastie
			1618 Beginn des 30-jährigen Krieges
EDO ZEIT	1619 Errichtung des Tōshōgū-Schreins im Sannomaru-Trakt der Burg		
			1620 Die Pilgrim Fathers aus England fahren mit der Mayflower nach Amerika
		1637 Shimabara-Aufstand	
		1639 Das Shogunat verbietet portugiesische Schiffe in japanischen Häfen	
		1643 Verbot des Verkaufs von Reisfeldern	
	1649 Fertigstellung neuer Reisanbauflächen in Atsuta		
	1660 Brandkatastrophe in Nagoya mit mehr als 200 abgebrannten Häusern		
	1666 Das Daimyat (Fürstentum) Owari stellt zum ersten Mal Papiergeld aus		
1649 ~ 1699		1687 Shōgun Tsunayoshi verbietet per Gesetz grausames Verhalten gegenüber Tieren.	
			1688 Ausbruch der Glorreichen Revolution (Glorious Revolution)

	Nagoya	Japan	Weltgeschichte
			1701 Ausbruch des Spanischen Erbfolgkrieges
1700 ~ 1749		1702 Die 47 Rōnin ermorden Kōzukenosuke Kira	
		1716 Yoshimune wird Shōgun, Beginn der Kyōho-Reformenen	
	1730 Muneharu Tokugawa wird Daimyō		
	1739 Muneharu zieht sich auf Befehl des Shōgun aufs Altenteil zurück		
			1740 Ausbruch des Österreichischen Erbfolgkrieges
	1761 Munemutsu Tokugawa wird Daimyō		
			1765 James Watt erfindet die Dampfmaschine; Beginn der industriellen Revolution in England
1749 ~ 1799	1781 Verwaltungsreform in Owari		1776 Amerikanische Unabhängigkeitserklärung
	1783 Errichtung der Daimyatsschule Meirindō		
		1787 Sadanobu Matsdaira beginnt mit den Kansei-Reformen	
	1792 Einführung von „kome kitte" („Reismarken" für die Aufbewahrung von Reis)		1789 Französische Revolution
			1814 Sturz Napoleons; Beginn des Wiener Kongresses
			1815 Schlacht bei Waterloo
		1828 Der Japanforscher Philipp Franz von Siebold wird des Landes verwiesen	
	1832 Wegen der großen Hungersnot wird Reis in Hirokōji ausgeteilt		
			1840 Opiumkrieg zwischen Großbritannien und der Qing-Dynastie
1800 ~ 1849		1841 Beginn der Tenpō-Reformen unter Tadakuni Mizuno	
	1842 Auflösung der Gilden, Einrichtung einer landesweiten Gewerbekammer (Kokusankaisho)		
		1853 Der amerikanische Kommodore Perry landet im Hafen von Uraga; der russische Admiral Putjatin trifft mit dem Schiff in Nagasaki ein	1853 Ausbruch des Krimkrieges

EDO ZEIT

	Nagoya	Japan	Weltgeschichte
EDO ZEIT		1860 Attentat auf Großkanzler Naosuke Ii (Sakuradamon-Zwischenfall)	1861 Ausbruch des amerikanischen Sezessionskrieges
	1864 Yoshikatsu Tokugawa zieht gegen das Fürstentum Chōshū ins Feld und wird Gouverneur	1867 Wiederherstellung der kaiserlichen Herrschaft unter Kaiser Meiji	
1850 ~ 1899	1868 Repressalien gegen Anhänger des Shogun (Aomatsuba-Zwischenfall)	1868 Beginn des Boshin-Krieges (zwischen Meiji-Truppen und Shogunat und seinen Anhängern)	
1868	1871 Abschaffung des Feudalsystems, Errichtung der Präfektur Nagoya		1870 Ausbruch des Deutsch-Französischen Krieges
	1872 Ausstellung der goldenen „shachi"-Fische in Tokio; Präfektur Nagoya wird in Präfektur Aichi unbenannt	1872 Einführung des allgemeinen Schulsystems	
		1873 Grundsteuerreform	
	1889 Nagoya wird zur Stadt erklärt	1889 Proklamation der Meiji-Verfassung	
	1891 Großes Erdbeben von Nōbi		
MEIJI ZEIT	1898 Inbetriebnahme der ersten Straßenbahn	1894 Sino-Japanischer Krieg	
		1904 Beginn des Russisch-Japanischen Krieges	
	1907 Atsuta-chō wird Nagoya angegliedert; Eröffnung des Hafens Nagoya		
	1908 Einteilung Nagoyas in die Bezirke Ost, West, Mitte, Süd		
	1910 10. Landesmesse der Kansai-Region im Tsurumai-Park	1910 Korea wird japanische Kolonie	
			1911 Xinhai-Revolution in China
	1914 Brandanschlag auf die Bahn wegen zu hoher Tarife; Wasser- und Abwassersystem geht in Betrieb		1914 Beginn des Ersten Weltkrieges
1900 ~ 1949			1917 Russische Oktoberrevolution; Vertrag von Versailles
1912	1918 Unruhen wegen der Reisversorgung		
	1922 Kommunalisierung der Straßenbahn		
TAISHŌ ZEIT		1923 Großes Erdbeben von Tokio	
		1924 Finanzkrise	

		Nagoya	Japan	Weltgeschichte
TAISHŌ ZEIT				
		1925 Nagoyas Rundfunkanstalt (JOCK) geht auf Sendung		
		1928 Messe zur Inthronisierungsfeier des Tennō		
1926				1929 Beginn der Weltwirtschaftskrise
		1930 Inbetriebnahme des städtischen Buswesens; Fertigstellung des Nakagawa-Kanals		
			1931 „Mandschurischer Zwischenfall" (Beginn des Zweiten Sino-Japanischen Krieges)	
		1933 Eröffnung des neuen Rathauses		1933 Hitlers Ernennung zum Reichskanzler, Machtübernahme der Nationalsozialisten
		1935 Higashiyama-Park wird eröffnet		
	1900 ~ 1949	1937 Freigabe der Sakura-Straße, Eröffnung der panpazifischen Friedensausstellung im Minato-ku; Nagoya vergrößert sich von 4 auf 10 Bezirke		
				1939 Beginn des Zweiten Weltkrieges
			1941 Rationalisierung von Lebensmitteln, Angriff auf Pearl Harbor; Beginn des Pazifischen Krieges	
SHŌWA ZEIT		1944 Nagoya vergrößert sich um drei weitere Bezirke; Volksschulkinder werden aus der Stadt evakuiert; amerikanische B29-Bomber zerstören Mitsubishi-Werke; Tōnankai-Erdbeben		
		1945 Luftangriffe auf die Stadt; die Burg geht in Flammen auf; Einmarsch der amerikanischen Truppen in Nagoya	1945 Atombomben auf Hiroshima und Nagasaki; Japan akzeptiert Potsdamer Abkommen (bedingungslose Kapitulation)	1945 Konferenz von Jalta; bedingungslose Kapitulation Deutschlands; Potsdamer Konferenz
			1946 Agrarreform; Proklamation der japanischen Verfassung	
				1949 Gründung der Volksrepublik China
				1950 Beginn des Koreakrieges
			1951 Unterzeichnung des Friedensvertrages von San Francisco; Unterzeichnung des japanisch-amerikanischen Sicherheitsvertrages	
		1954 Fertigstellung des Fernsehturmes		
		1955 Diverse Vorstädte werden eingemeindet	1955-1993 Ununterbrochene Dominanz der konservativen liberal-demokratischen Partei LDP	
			1956 Japan wird Mitglied der Vereinten Nationen	

Nagoya	Japan	Weltgeschichte
1957 Inbetriebnahme der Untergrundbahn		
1959 Die Stadt wird durch einen Taifun im Golf von Ise schwer beschädigt; der Burgturm wird wiederaufgebaut		
1963 Eingemeindung von Moriyama und Narumi		
1964 Eingemeindung von Arimatsu und Ōtakaryō	1964 Olympische Sommerspiele in Tokio; Inbetriebnahme des Tōkaidō-Shinkansen-Superexpresszugs	
		1965 Amerikanische Bombardements von Nordvietnam
		1966 Beginn der chinesischen Kulturrevolution
	1968 Japan erzielt das zweitgrößte BNP der Welt und überholt die BRD	
1969 Einwohnerzahl übersteigt 2 Millionen		1969 Mondlandung der Apollo 11
	1970 Eröffnung der Expo in Osaka	
	1972 Rückgabe Okinawas (bisher amerikanisch besetzt)	
	1973 Erster Ölschock	1973 Vierter Nahostkrieg
		1973 Weltweite Ölkrise
1974 Abschaffung der Straßenbahn		
1975 Nagoya hat nun 16 Bezirke		
1977 Eröffnung des Museums der Stadt Nagoya		
		1979 Sowjetische Invasion in Afghanistan
		1980 Erster Golfkrieg
1989 Internationale Designausstellung anlässlich des Jubiläums „100 Jahre Stadt Nagoya"		
	1990 Platzen der Seifenblasen-wirtschaft, Beginn einer langen Rezessionsphase	1990 Deutsche Wiedervereinigung
		1991 Zweiter Golfkrieg; Auflösung der Sowjetunion
	1995 Großes Erdbeben von Kōbe	
		2001 Terroranschläge in den USA (11. 9.)
		2003 Beginn des Irakkrieges
2005 Aichi-Expo in der Nähe Nagoyas		

1955
~
1999

1989

HEISEI
ZEIT

Leihgeber

Aichi Prefectural Museum of Art
Brother Industries Ltd.
Edgar Honetschläger / EDOKO INSTITUTE VIENNA
Hōsa Bibliothek, Nagoya
Eiji Ina
Fachbibliothek für Ostasienwissenschaften – Japanologie, Wien
Kazuo Kandutsch
Keizō Kitajima
Sepp Linhart
MAK – Österreichisches Museum für angewandte Kunst / Gegenwartskunst
Shōichi Masamura
Mitsuzoin Tempel
Nagoya Castle Administration Office
Nagoya Castle Promotion Association
Nagoya City Archives
Nagoya City Art Museum
Nagoya City Museum
Nagoya Urban Institute
Noritake Co., Limited
Österreichische Nationalbibliothek
Sabine Scholl
Katharina Steinkellner
Toyota Automobile Museum
Toyota Commemorative Museum
Toyota Frey Austria
Transportation Bureau City of Nagoya
Ivica Vastić

Danksagung

Lothar Beckel
Noriko Brandl
Christine Frisinghelli
Edgar Honetschläger
Hiroshi Ishihara
Hinako Kasagi
Wolfram Manzenreiter
Katharina Steinkellner
Brigitte Steger
Johannes Wieninger

© 2008 Wien Museum und Verlag Anton Pustet, Salzburg

Bibliografische Information Der Deutschen Bibliothek
Die Deutsche Bibliothek verzeichnet die Publikation in der Deutschen Nationalbibliografie;
detaillierte bibliografische Daten sind im Internet über http://dnb.ddb.de abrufbar.

Gedruckt in Österreich
1. Auflage